문명의 안식처, 이집트로 가는 길

◀필레섬의 이시스 신전 기둥.

문명의 안식처,
이집트로 가는 길

정규영 지음

르네상스

저자와의 짧은 대담

Q. 현대 이집트인은 조상들이 남긴 유적들에 대해 어떤 감정을 갖고 있나요?

A. 대다수의 현대 이집트인들은 조상이 남긴 문화유산을 자랑스럽게 여기고 있습니다. 그들은 이집트를 방문하는 사람들이 이집트의 문화유산에 감탄하고 찬사를 아끼지 않는 것을 보았으며, 그들이 뿌리고 가는 돈이 자신들의 수입을 올려 준다는 것을 확실히 깨닫고 있습니다. 그러나 이집트인들 중에는 정부가 장려하는 관광사업이 이집트의 국교 이슬람에 위배된다고 보는 사람들도 있습니다. 이들은 아주 보수적인 무슬림들로 흔히 서구인들에 의해서 과격 이슬람 단체 혹은 극렬 이슬람 단체라고 불리기도 합니다. 대다수 국민들의 생각과 달리 이들은 외국인 관광객이 이집트의 이슬람적 사회분위기를 해치고(술을 마신다든지 혹은 노출을 심하게 한다든지), 외국인들이 뿌린 외화는 부도덕한 현정권의 군과 경찰에 의해 결국 자신들의 이슬람적 요구를 짓밟는 총과 칼이 되어 돌아온다고 생각합니다.

Q. 교수님께서 둘러보신 이집트의 유적들 중에서 가장 뛰어난 유적은 어느 것이라고 생각하십니까?

A. 이집트의 유적 중에서 압권이라면 당연히 피라미드를 들고 싶습니다. 보면 볼수록 신비함이 더해 가는 피라미드는 건설에 사용된 엄청난 석재와 건설 부지의 정확한 선정, 기하학적 아름다움 등 약 5000년 전의 건축물이라고 보기에는 믿어지지 않는 점이 많습니다. 또 19세기 초에 건설된 무하마드 알리 모스크는 피라미드보다 덜 알려져 있지만, 카이로 시내에 있어 접근하기는 쉬운 유적입니다. '알라바스터' 모스크라는 이름에 걸맞게 하얀색 대리석이 사용된 이 모스크는 이집트의 이슬람 유적 중 손꼽히는 유산입니다. 이 모스크의 정원에서 내려다보는 카이로의 전망은 언제 보아도 훌륭합니다.

추천의 글

　한국과 이집트 사이에 관광과 문화교류가 최근 매우 활발해진 가운데, 이집트의 역사 유적지를 한국 독자들에게 소개한 이 책을 추천하게 되어 대단히 기쁩니다.

　이 책의 저자인 정규영 박사는 이미 다른 어떤 책보다 사실적이고 객관적으로 이집트를 묘사한 책을 저술한 바 있습니다. 이 새로운 책은 정규영 박사가 이집트에서 약 7년 동안 유학하면서 유적지를 직접 방문하고 실제로 경험한 내용을 바탕으로 쓴 것이므로 그 의미가 더욱 크다고 생각합니다.

　지면을 빌어 이집트 문명을 한국에 소개하기 위해 그간 정규영 박사가 기울여 온 노력을 높이 평가하는 바입니다. 의심할 여지없이 정규영 박사의 이런 노력은 고대 문명의 요람지인 이집트에 관심을 갖고 계시는 한국인들이 이집트를 보다 잘 이해하는 데 큰 기여를 할 것입니다.

　이집트와 이집트 문명을 자세하고 현장감 있게 소개한 이 책의 출간을 다시 한번 축하드리며, 이 책을 통해 한국과 이집트 사이에 관광과 문화교류가 더욱 활발해지길 바랍니다.

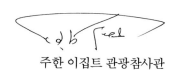

주한 이집트 관광참사관

이삼 카부

□■ 차   례

추천사

제1부 신들의 공간

13 ·········· 1. 역사의 실재에 쏟아지는 거대한 빛의 기둥
75 ·········· 2. 신, 인간 그리고 죽음의 형이상학
99 ·········· 3. 신에게 바쳐진 지상 최대의 역사役事
111 ·········· 4. 태양의 아들 람세스 대왕의 열정

제2부 인간의 공간

125 ·········· 1. 오천년 파라오 문명의 종착지
135 ·········· 2. 영원한 삶과 죽음의 상형문자 피라미드
165 ·········· 3. 카이로에 입성한 베들레헴의 아기 예수
181 ·········· 4. 찬연한 이교도들의 문명
215 ·········· 5. 오천년 파라오 문명의 발원지

제3부 역사의 공간

1. 알렉산드로스와 클레오파트라 ⋯⋯⋯⋯⋯⋯⋯⋯⋯ 231
2. 파라오 신전의 열쇠 상형문자와 샹폴리옹 ⋯⋯⋯⋯ 255
3. 제국주의와 파라오의 후예들 ⋯⋯⋯⋯⋯⋯⋯⋯⋯ 267
4. 수에즈 운하의 수문장 두 도시 이야기 ⋯⋯⋯⋯⋯ 281

제4부 은총의 공간

1. 척박한 땅에서 살아가는 사람들 ⋯⋯⋯⋯⋯⋯⋯⋯ 291
2. 가나안으로 간 두 아이의 아버지 모세 ⋯⋯⋯⋯⋯ 303
3. 변방을 울린 성녀 캐더린의 기도 ⋯⋯⋯⋯⋯⋯⋯ 309

글을 마치며
연대표
찾아보기

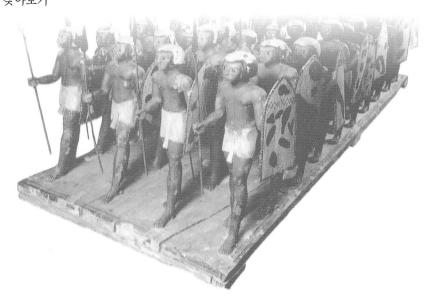

▲람세스2세의 부인 네페르타리 무덤의 매장실 전경.

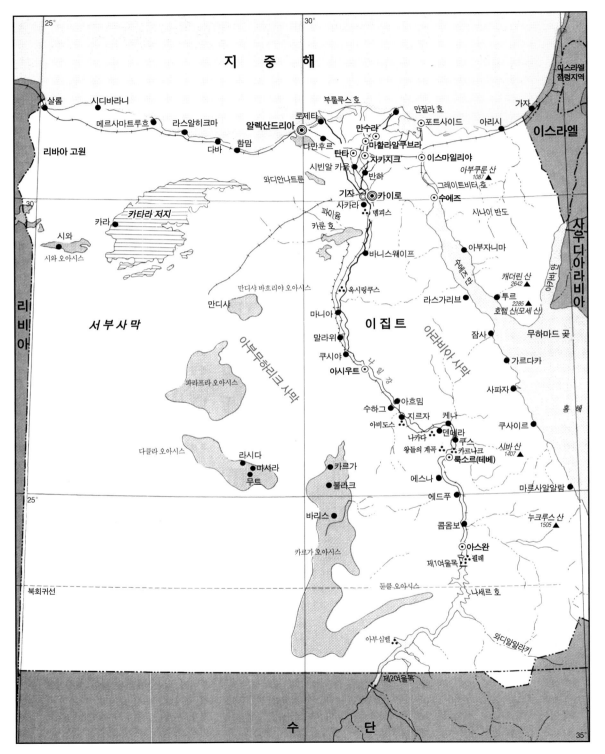

지　중　해

이스라엘
점령지역

살롬
시디바라니
메르사마트루흐
라스알히크마
알렉산드리아
로제타
부룰루스 호
만질라 호
가자
포트사이드
아리시
이스라엘

리비아 고원
다바
함맘
다만후르
만수라
마할라알쿠브라
탄타
이스마일리야
사우디아라비아

시빈알 카움
자카지크
반하
아부쿠룬 산
1087 ▲

와디안나트룬
기자
카이로
그레이트비터 호

카타라 저지
사카라
멤피스
수에즈
그레이트비터 호

카라
시나이 반도

시와
시와 오아시스
파이윰
카룬 호
아부자니마
캐더린 산
2642 ▲

만디샤 바흐리야 오아시스
바니스웨이프
라스가리브
투르
2285 ▲
호렙 산(모세 산)

만디샤
옥시링쿠스
무하마드 곶

서 부 사 막
마니아
이 집 트
잠사

파라프라 오아시스
말라위
가르다카

쿠시야
사파자

아시우트
홍 해

아흐밈
쿠사이르

다클라 오아시스
수하그
지르자
케나

라시다
마사라
무트
아비도스
나카다
덴데라
루소

왕들의 계곡
카르나크
시바 산
1407 ▲

카르가
룩소르(테베)

불라크
에스나
마르사알알람

바리스
에드푸

콤옴보
누크루스 산
1505 ▲

아스완

제1여울목
필레

카르가 오아시스

북회귀선
둔쿨 오아시스
나세르 호

와디알알라키

아부심벨

제2여울목

수　　단

리
비
아

아부무하리크 사막

아라비아 사막

나 일 강

홍 해

수 에 즈 만

아 카 바 만

▶메디나트 하부에 있는 람세스 3세의 신전 기둥.

제1부
신들의 공간

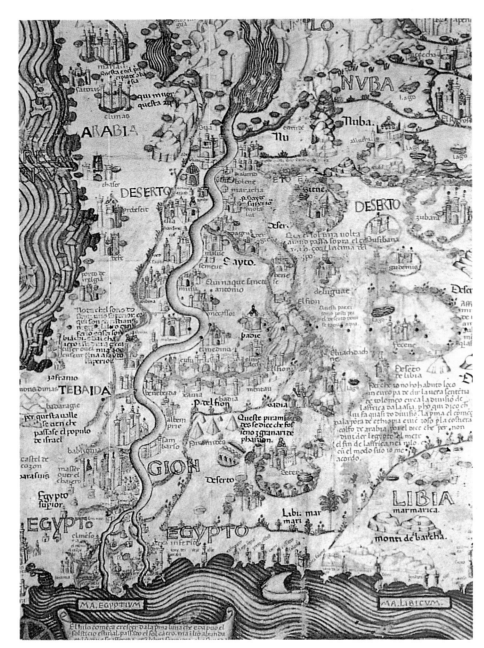

▲16세기에 그려진 이집트 지도.

1. 역사의 실재에 쏟아지는
거대한 빛의 기둥

이집트 문명의 모태, 나일 강

이집트의 지도를 살펴보면 국토의 한가운데를 남에서 북으로 나일강이 흐르고 있다. 나일강을 중심으로, 동부와 서부지역은 전부 사막으로 나타난다. 이집트의 거의 모든 도시들은 총 연장 6,600킬로미터로 세계에서 제일 긴 나일강변에 위치하고 있고, 6천만 명에 달하는 인구도 대부분 나일강변에서 살고 있다.

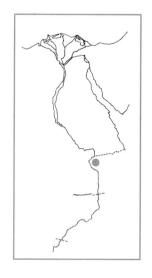

   그러므로 이집트를 방문하는 사람은 누구나 '나일강이 곧 이집트요, 이집트가 곧 나일강' 이라는 표현이 전혀 과장된 것이 아님을 느낄 수 있다. 나일강이 이집트와 이집트인들의 삶과 사상속에 얼마나 깊게 뿌리내리고 있는지, 또 이집트인들이 나일강에 얼마나 의존하고 있는지 아는 것은 그리 어려운 일이 아니리라. 나일강이 없다면 이집트는 100% 사막이었을

◀나일강의 석양.

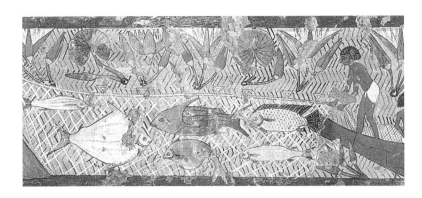

▶나일강 범람기에 물고기를 잡는 모습을 그린 벽화.

것이다. 일년 내내 거의 비 한 방울 내리지 않는 이집트는 전국토의 95%가 사막이다. 외국인의 단순한 생각으로, 메마른 사막이 대부분인 이집트 땅에 고대의 찬란한 문명이 발생하였다는 것은 쉽게 이해가 되지 않는 대목이다. 그러나 이집트 땅에는, 발굴되어 세상에 모습을 드러낸 5,000년이 넘는 유적들이 즐비하다. 뿐만 아니라 모험심과 예지에 넘치는 발굴가들을 기다리며 사막의 모래와 나일 유역의 진흙 속에 파묻힌 채, 아직 햇빛을 보지 못한 유적들도 엄청날 것이 틀림없다. 이집트의 찬란한 고대문명이 '홍수' 때문이었다는 것도 잘 이해가 되지 않는다. 나일강은 매년 여름, 상류에 내린 엄청난 비 때문에 정기적으로 범람하였다. 이 홍수 때 떠내려온 기름진 흙 덕택에 이집트인들은 항상 풍년을 이룰 수 있었다. '홍수' 하면 언제나 농사를 망치게 하고 가옥을 침수시키는 재앙을 연상시키는 사람들에게는 잘 이해가 되지 않는 대목이다.

이집트의 도시들이 그렇듯이 유적지들도 남에서 북으로 흐르는 나일강 유역을 따라 산재하고 있다. 그렇기 때문에 나일 제방을 따라 걷거나 상류에서 출발한 돛단배에 몸을 싣기만 하면 이집트 유적지를 대부분 감상할 수 있다. 길잃을 것을 염려하거나, 힘들게 노를 저을 필요도 없다. 무심코 걷다가 길을 잃으면 푸른숲이 보이는 나일강 쪽으로 돌아오면 되고, 물 흐르는 대로 배를 내버려 두면 카이로와 알렉산드리아에 도착할 수 있다.

이집트를 찾는 방문객 중에는, 카이로 시市 외곽 지역에 있는 기자의 피

▲파피루스 앞에 모습을 드러낸 하토르.

라미드와 스핑크스만 보고 서둘러 이집트를 떠나는 사람들이 많다. 그러나 남부의 아부심벨, 아스완, 룩소르 등지에도 파라오 시대의 빛나는 유적지들이 많다. 이런 유적지를 보지 않고 이집트를 떠나는 사람들을 보면 언젠가 다시 이집트에 돌아올 것이라는 생각을 하게 된다. "나일강 물을 마신 사람은 반드시 나일강에 다시 돌아온다."라는 속담이 말해주듯이.

*파피루스 나일강가의 늪지에서 자라는 미나리과 식물의 일종인 파피루스는 이집트의 대표적인 수출품 중에 하나였다. 온전한 종이를 만들기 위해 약 40cm로 토막을 내어, 가늘게 결대로 쪼개어 판자 위에 올려놓고 망치로 두드려 평평하게 하였다. 그런 후 그 위에 직각 방향으로 한 겹을 더 포개어 이것을 물에 적셔 압력을 가하면, 식물의 진이 녹아 달라붙어 하얀 종이가 되었다.

나일강을 따라 역사는 시작되고

이집트 땅에 언제부터 사람들이 살았는지 정확히 알 수는 없다. 역사학자들에 따르면, 기원전 3,200년경 이집트 남부에서 이른바 '햄족'이라 불리는 사람들이 이주해 왔는데, 이들이 나일강 유역에 정착하면서 세계 4대 문명 중 하나인 이집트 문명이 탄생한 것으로 알려져 있다.

나일강의 기름진 흙은 원시 상태의 햄족에게 농사를 가능하게 해주었고, 그물을 던지는 사람에게는 언제나 많은 물고기를 선물해 주었을 것이다. 무덤 벽화에 그려진 나일강은 언제나 '물 반 고기 반'인 상태로 나타난다. 뿐만 아니라 나일 유역에 우거진 *파피루스는 종이의 원료가 되어 일찍부터 이집트인들에게 기록하는 생활을 가능하게 했다. 영어의 '페이퍼 (paper 종이)'가 '파피루스papyrus'에서 유래하였다는 것은 그래서 당연한 일인지도 모르겠다. 한마디로 말해, 나일강은 고대 이집트 인들에게 필요한 모든 것을 제공하였다고 볼 수 있다.

▼나일강에서 물고기를 잡는 모습의 부조.

이집트땅은 나일강에 정착한 햄족의 무리 중 *메네스 혹은 나르메르라고 하는 지도자에 의해 최초로 통일이 됐는데, 그가 바로 이

*메네스 Menes(? ~ ?) BC 2925년에
활동한 통일 이집트의 첫 번째 왕이다.
학자에 따라 나르메르, 아하 등의 이름
을 가진 왕과 동일인으로 추정하기도
한다. 상·하 이집트를 통일하여 중앙
집권적 군주국으로 만들었다고 한다.
전쟁과 행정적 조치로써 이집트를 통
일하고 수도를 현재의 카이로 근처인
멤피스에 세웠다.

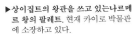

▶상이집트의 왕관을 쓰고 있는 나르메
르 왕의 팔레트. 현재 카이로 박물관
에 소장하고 있다.

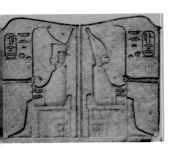

▲하이집트 왕관(적색왕관 왼쪽)과 상
이집트 왕관(백색왕관 오른쪽)을 쓴
제12대 왕조 세소스트리스 3세가 새겨
진 부조.

집트 최초의 통일 왕조인 제1왕조의 시조이다. 메네스에 의해 시작한 제1
왕조 이래로, 이집트 땅에는 보통 '(고대)파라오 시대'라고 불리는 30개
의 파라오 왕조가 이어진다. 이 30개의 파라오 왕조는 흔히 고왕국 시대,
중왕국 시대, 신왕국 시대로 분류되는데 고왕국 시대는 제3왕조~제6왕
조, 중왕국 시대는 제11왕조~제12왕조, 신왕국 시대는 제18왕조~제20
왕조를 포함하는 시기이다. 고왕국과 중왕국 사이에는 제1중간기라고 하
는 혼란한 왕조들이 있었고, 중왕국과 신왕국 사이에는 제2중간기라고 불
리는 이방민족이 지배한 왕조들이 있었다.

이집트를 통일한 메네스는 오늘날 카이로에서 남쪽으로 22킬로미터 떨
어진 *멤피스를 이집트 최초의 수도로 결정했다. 수도 멤피스는 이후 900

◀아스완 하이댐 Aswan High Dam
나일강을 가로지르는 석괴 댐이다.
약 10억 달러의 경비가 들었고 이 댐
의 저수지인 나세르 호수의 총용적
은 1,690억㎥이다. 이 댐은 이집트
의 엄청난 경제적 혜택을 제공하였
으며, 해마다 발생하는 나일강 홍수
를 사상 처음으로 통제하였다.

년 동안 이집트의 수도로 번창하였으나, 정권의 흥망성쇠에 따라 다른 지
역으로 수도가 옮겨가게 된다. 그리고 한번 떠난 수도가 멤피스로 돌아오
는 일은 그 후로 다시는 일어나지 않았다.

그러나 멤피스를 떠난 수도들은 남쪽의 테베(Thebes 현재의 룩소르)에
서 북부의 알렉산드리아 사이를 오르내렸지만, 나일강 유역을 벗어나는
일은 없었다. 장구한 세월 동안 이집트의 도시들이 항상 나일강 유역에서
흥망성쇠를 거듭하였음은 앞에서 말한 바와 같다.

나일강은 신의 선물

예로부터 나일강의 중요성은 나일강 유역에서 생산되는 풍부한 식량과 관
련을 맺어왔다. 1902년 아스완 댐의 건설과 1971년 아스완 하이댐의 건설
이 있기 전, 나일강은 매년 6월말 상류에 내린 엄청난 비 때문에 정기적으
로 범람했는데, 이 범람은 이집트인들에게는 재앙이 아니라 오히려 축복
을 가져다주었다. 상류에서 쓸려온 유기질이 풍부한 검붉은 흙 케미가 범
람이 끝난 후 그대로 침전되어 농사짓기에 적합한 퇴적층이 만들어졌기
때문이다.

즉 케미가 가라앉은 농토는 매우 비옥하여 특별히 거름을 주지 않더라

*멤피스 Memphis 고대 이집트 고왕국
의 수도 (BC 2575~2130경) 나일 삼
각주 남쪽의 나일강 서쪽 연안에 위치
하고 있다. 도시의 원래 이름은 '하얀
벽'으로 아마도 이 이름의 유래는 회
반죽을 칠한 벽돌로 벽을 쌓은 왕궁을
가리키는 것일 수도 있다.

▶나일강의 범람을 상징하는 하피 신들의 행렬.

도 농작물이 잘 자라주었을 뿐만 아니라, 작물을 수확할 때까지 적당한 수분을 함유하고 있어서 물을 주지 않아도 항상 풍년을 가져다주었다. 그리하여 나일강 유역은 이곳을 찾는 사람에게 항상 먹을 것이 풍부한 곡식창고와 같은 구실을 하였다.

　세계의 다른 강들, 예를 들어 홍수가 나면 모든 것을 휩쓸어 버렸던 중국의 황하강이나 메소포타미아의 유프라테스강은 주민들에게 공포의 대상이었다. 그러나 나일강의 경우 홍수와 범람은 주민들의 간절한 기원이었다. 아스완에 두 개의 댐을 건설하여 이제는 범람이 없어진 지 오래 되었으나, 아직도 이집트인들은 나일강의 범람을 잊지 못한다. 아니, 영원히 나일강의 범람을 축복으로 기억할 것이다.

　나일강은 또한 남한 면적의 열 배나 되는 이집트 땅을 남북으로 연결해주는 교통로로써 매우 중요하였다. 이집트는 예로부터 남부 이집트와 북부 이집트 두 지역으로 나뉘어 있었는데, 약 1,000킬로미터에 달하는 이두 지역간을 왕래할 때 육로보다도 나일강을 이용하는 편이 더 쉽고 안전했다. 다시 말해, 나일강은 고대 이집트 시대에 고속도로와 같은 구실을 하였다고 볼 수 있다.

◀나일강의 수위를 측정하는 아스완
나일로메타.

카이로의 변두리에 위치한 기자의 피라미드를 건설하는 데 쓰인 돌은
남쪽으로 약 900킬로미터 떨어진 아스완의 채석장에서 가져온 것이라고
한다. 이 돌은 나일강의 범람기에 선박을 이용하여 운반하였다는 것이 정
설이다. 고대 세계의 불가사의 피라미드조차도 나일강이 없었다면 존재할
수 없었다니, 이집트인들에게 나일강의 중요성은 아무리 강조해도 지나치
지 않을 것이다.

고대 이집트인들은 매년 나일강의 범람을 기원하였으므로 나일강의 수
위에 깊은 관심을 보였다. 나일강 수위의 측정은 일찍이 이집트 최초의 통
일 왕조인 제1왕조부터 시작하였다고 한다.

현재 카이로시 로다 섬의 남쪽 끝에 있는 나일로메타Nilometer는 강의
수위를 측정한 대표적 유적지이다. 나일강의 수위가 약 8미터 높이에 도
달하면 이집트인들은 '나일강이 약속을 지켰다'라고 말하며 기뻐하였다.
강물이 넘친다는 것은 풍년을 예고하는 것이다. 고대 이집트인들은 다가
올 풍요의 한해를 기념하여 축제를 벌였다.

이집트인들의 생활에서 나일강을 분리하여 생각할 수 없는 사실을 감안
할 때, 나일강이 신으로 숭배되었다고 해서 이상할 것은 없다.

실제로 이집트인들은 예로부터 나일강을 하피 신, 그의 아내를 레바티 신이라 부르며 신성하게 여겼다. 이집트 역사상 최초로 유일신 아톤(또는 아톰)을 숭배하였던 파라오 아크나톤은 '세계의 다른 민족들은 비를 가지고 있지만 비가 오지 않는 이집트 사람을 위해 아톤 신은 나일강을 주었다'라고 말하기도 하였다.

한편, 나일강이 최고위로 범람하는 8월에 처녀를 나일강에 제물로 던졌다는 이야기(나일 신부의 이야기)가 있으나 이것이 사실이 아니라는 것이 학계의 중론이다.

이집트학 학자들은 '나일 신부의 이야기'가 그리스 역사학자 플루타르코스에 의해 만들어져 후세의 로마인들이 이 이야기를 인용하였을 뿐 제물로 바쳤다는 증거나 기록은 하나도 없다고 말한다.

제20왕조 *람세스 3세로 소급하는 파피루스 기록을 보면, 나일강 유역의 여러곳에 만들어진 나일신 하피의 성소에 무화과나무로 만든 하피 신과 부인 레바티의 상이 있었다고 한다.

매년 하지가 시작될 무렵 벌어지는 하피 축제 때 이집트인들은 오래된 이 신상神像들을 강에 던지고 새 신상을 성소에 모셨다. '나일 신부의 전설'은 아마도 이런 풍습에서 후세의 이집트인들이 지어냈을 가능성이 크다.

룩소르로 들어가는 백 개의 문

룩소르Luxor가 이집트 역사에서 크게 부상한 것은 신왕국 시대에 들어서이다. 중왕국 시대 제12왕조 이후에 아시아계의 *힉소스 족이 침투함으로써 이집트는 약 200년 동안 쇠퇴기에 접어든다. 앞에서 말한 대로 중앙권력의 힘이 약해진 이 시기를 흔히 제2중간기(BC 1785~1570)라고 부른다.

혼란의 제2중간기는 테베의 왕자 카모스가 힉소스 족의 통치에 반란을 일으킨 후 그의 동생 아흐모세가 마침내 힉소스를 추방함으로써 종지부를 찍고, 제18왕조의 시작을 보게 된다. 제18왕조, 제19왕조, 제20왕조까지를

*람세스 3세(BC 1186~1154 재위) 3차례의 큰 전쟁에서 외국의 침입을 막아내어 재위기간 동안 대체로 국가의 평온을 유지해 왔으나, 재위 말년에는 내부 혼란과 쿠데타를 겪었다.

*힉소스 족 Hyksos BC 17세기에 나일강 유역에 침투, 결국 하이집트를 다스리게 된 셈족과 아시아인들의 혼합 집단이다. 힉소스라는 이름은 이집트 역사가 마네토(BC 300년 ?)가 붙인 것으로 유대인의 '양치기 왕' 또는 '붙잡힌 양치기'라는 말을 옮긴 것이라 한다. 그러나 '힉소스'는 '외국에서 온 지배자들'(heqa-khase)을 뜻하는 이집트어로 나타낸 것이 거의 확실시되고 있다.

◀아멘호테프 3세가 건립한 룩소르 신전의 전경.

흔히 신왕국 시대(BC 1570~1069)라고 부르는데, 이 신왕국의 수도가 바로 룩소르(테베)인 것이다.

룩소르는 현재 약 10만 명 정도의 인구가 사는 작은 도시이지만, 전성기 때는 약 100만 명의 인구가 살았다. 조금 과장된 듯하지만 호메로스는 일리아드에서 "테베는 집집마다 보물이 가득하고 100개의 문이 있는 도시"라고 전하고 있다. '룩소르'란 이름은 아랍어로 성城을 의미하는 '카스르'의 복수 '쿠수르'에서 유래한 것이라고 하는데, 이것이 곧 전성기 때 성문이 많았다는 증거가 될 수도 있으리라.

'세계 최대의 노천 박물관'으로 불리는 룩소르는 그 이름이 무색하지 않을 만큼 도시 곳곳에 파라오 시대의 유적지가 많다. 룩소르는 고대 이집트어(상형문자)로는 '와세트'라고 불렸는데, 성경에 기록된 '노No'와 그리스 식 이름 '테베'가 전부 룩소르를 가리키는 말이다.

아몬의 아들, 파라오

룩소르의 유적지를 잘 이해하려면 신왕국 시대의 종교를 이해하는 것이 필수적이다. 일반적으로 말한다면, 고대 이집트의 신들은 크게 4가지 부류로 나눌 수 있다. 지방신, 오시리스 신화에 관련된 신, 태양신, 신전은 없으나 원래 파라오만이 가지고 있던 신이 그것이다. 신왕국 시대 이전 이집트인들의 종교는 오시리스 신화를 믿는 동시에 수많은 신들을 섬기는 다신 숭배 사상이 주류를 이루었다. 이집트 땅에 기독교가 출현하기 전까지만 해도 통치자들의 신과 백성의 신은 달랐다고 한다.

수많은 신들은 각각의 기원 신화를 가지고 있었고 다양한 형태로 숭배되었다. 그 중에는 하피와 같은 자연신이나, 아누비스, 바스트(Bast 고양이신), 세베크(Shebek 악어신)와 같은 동물신도 있었다.

룩소르 유적지를 이해하는데 필수적인 아몬 신은 원래 중부 이집트의 헤르모폴리스에서 숭배된 여덟 신 가운데 하나였으나, 고왕국 시대 말엽

▲아몬·Amon 헤르모폴리스의 천지창조 신화에 처음으로 등장한 '보이지 않는 신' 아몬은 이집트 주신 가운데 하나로 흔히 '신들의 왕'이라고 불리며, 그리스인들은 그를 제우스와 동일시 했다. 그는 또한 풍요의 신이기도 하며, 그의 앞에서 왕이 곡식의 씨앗을 뿌리고, 최초의 열매를 수확하였다. 아몬은 국왕의 강력한 수호자이며, 모든 적을 정복할 수 있는 힘을 주는 참된 아버지로 간주되었다.

에 테베로 숭배지가 옮겨갔다. 테베가 아직 작은 마을이었을 때 아몬은 숫
양으로 묘사되었다. 세력이 없는 지방 신 중 하나에 불과했던 아몬은 테베
의 군대가 힉소스 족을 몰아내고 이집트를 재통일한 후, 강력한 국가신으
로 등장한다. 즉, 신왕국 시대에 들어 사제들은 아몬의 위상을 우주의 창
조신으로 격상하고, 다른 신들은 그가 낳은 알에 의해 창조된 신으로 격하
하였다. 부족간의 싸움을 각 부족 수호신들의 싸움으로 간주하였던 상황
에서 힉소스 족을 몰아낸 아몬에 대한 숭배와 격상은 당연한 것이었으리
라. 신왕국 시대에 아몬은 보통 2개의 긴 깃털 장식이 있는 모자를 쓴 사
람의 모습으로 나타나거나, 숫양의 뿔로써 묘사되기도 한다. 왕조별로 보
면 신왕국 시대는 제18왕조, 제19왕조, 제20왕조를 포함하는데, 풍요의
신왕국 시대를 연 제18왕조 중엽에는 아몬이 태양신 *라와 결합하여 아몬
라가 된다.

▲룩소르 신전의 거대한 기둥들. 기둥
들은 람세스 2세와 아멘호테프 3세
신전의 안뜰까지 연결되어 있다.

*라(레) Re 고대 이집트의 태양신이며
창조신이다. 라는 매일 낮에는, 태양
배를 타고 하늘을 여행하고 밤에는, 다
른 배를 타고 지하세계로 여행을 하면
서 매일 다시 태어나기 위해 악한 뱀을
물리쳐야 했다.
본래는 여러 태양신 중 하나에 불과했
으나 매의 머리를 한 라의 모습에서 알
수 있듯이 짐승의 머리를 한 여러 신들
과 영향을 주고 받아 혼합적인 신의 형
태(아몬-레, 세베크-레 등)로 나타난다.

▶룩소르 신전의 야경.

제18왕조의 파라오들은 언제나 '아몬의 아들'이란 칭호를 가지려
하였을 뿐만 아니라, 아몬이 자신들의 태생과 관계가 있다고 주장함
으로써 왕관의 정통성을 확보하려고 하였다. 파라오는 살아 있을 적
에는 아몬의 자식이며, 죽어서는 아몬의 곁으로 가 영생을 누리는
존재였다.

하트셉수트 여왕의 장제전 위층 북쪽 주랑柱廊에 새겨놓은 부조는 바로
여왕의 신성한 출생을 주장한 대표적인 예이다. 이 부조의 한 벽면에는 여
왕의 어머니 아흐모세 여왕이 침대 위에서 아몬에 의해 임신이 되는 그림
이 새겨져 있다. 다음 벽면에는 배가 부른 여왕이 웃으며 출산실로 가는
모습이 나타난다. 그리고 다른 벽면에는 사자머리를 한 의자에 앉아 출산
하는 모습이 있고, 프타 신이 태어난 아이(하트셉수트 여왕)를 그녀의 아
버지 아몬에게 보여주는 모습이 희미하나마 그려져 있다.

신왕국 시대의 파라오들이 아몬의 아들임을 주장하고 아몬을 숭배하는
것은 의무임과 동시에 특권에 속하였다. 실제로 신왕국의 파라오들은 이
민족인 힉소스 족을 몰아내는데 수호신의 역할을 한 아몬을 위해 경쟁적
으로 거대한 신전을 건설하여 자신의 이름을 남기려 했다. 신왕국 시대의
파라오들이 앞다투어 건설한 아몬의 신전 중 대표적인 것이 룩소르 신전

▲아누비스 Anubis 재칼의 머리를 하
고 있으며, 저승으로 들어가는 문을
여는 신이다. '죽은 자의 우두머리'
로 불리는 아누비스는 장례를 관장
하며, 심판 때에 죽은 자의 심장을
저울에 다는 역할을 한다.

◀룩소르 신전의 아멘호테프 3세 석상과 기둥. 후에 람세스 2세가 석상과 기둥에 자신의 이름을 새겨 넣기도 했다.

▶테베의 3신 아몬, 무트, 콘수. 카르나크 대신전

과 카르나크 신전이었다.

룩소르 신전의 파괴와 재건

*아멘호테프 3세 Amenhotep III 재위 기간은 BC1386~1349년 동안이다. 이집트 번영의 시대에 외교관계를 확대하고 이집트와 누비아에 거대한 건물을 건설하였다. 나일 삼각주에서 일어난 작은 소요 외에는 평화로운 시대를 구가하였다.

*무트(Mut)신 이집트 종교에서 하늘의 여신이자 대모신(代母神). 원래는 테베의 독수리 여신이었으나, 제19왕조때 아몬 신과 혼인해 양자 콘수(khonsu)와 함께 '테베 3신'이 되었다.

　룩소르 신전은 파라오로서 36년간 이집트를 다스린 *아멘호테프 3세가 흔히 '테베의 3신神'이라고 불리는 아몬 라, 그의 아내 *무트, 아들 콘수를 위해 건설했다. 나일강변에 바로 인접하여 건설된 이 신전은 굳이 안으로 들어가지 않아도 밖에서 그 위용을 충분히 느낄 수 있다.

　룩소르 신전과 카르나크 신전은 모두 아몬 라를 숭배하는 신전이었다.

그러나 두 신전 가운데 카르나크 신전이 아몬의 주요 숭배 신전이었던 반면, 룩소르 신전은 일 년에 한 차례 축제 기간에만 아몬의 신상을 모신 것으로 알려져 있다. 축제 기간이 되면 카르나크 신전에 모셔져 있던 아몬과 그의 아내 무트, 그리고 아들 콘수의 조상은 화려하고 당당하게 행렬을 지어 룩소르 신전으로 옮겨져 약 3주일 동안 그곳에 모셔졌다.

신왕국 시대 풍요의 절정에 도달한 아멘호테프 3세에 의해 건설된 룩소르 신전은 그의 후계자인 아멘호테프 4세(혹은 아크나톤)에 의해 큰 피해를 입었다가 투탕카문 왕과 호렘헵 왕에 의해 재건되었다. 람세스 2세 때는 일부 기념물이 증축되기도 하였다.

이집트의 신전들이 대개 그렇듯이 이 룩소르 신전도 투탕카문, 호렘헵, 세티 1세, 람세스 2세, 세티 2세 등 후대의 많은 왕들의 자취를 신전에 남기고 있어 한마디로 언제 누구에 의해 어떻게 만들어졌는지 단정적으로 말하기는 힘들다.

일반적으로 후대의 왕들은 옛 기념물에 자신의 이름을 새겨 넣거나, 독립적인 기념물을 만들어 구 신전에 부속시키기도 했다. 또 후계자들은 전대의 왕이 건설한 신전이나 부속 기념물들을 보호하는 경향이 있었으나, 앞에서 말한 룩소르 신전과 같이 후계자들에 의해 피해를 입는 경우도 없지 않았다.

룩소르 신전을 건설한 아멘호테프 3세의 뒤를 이은 아멘호테프 4세는 부왕과는 달리, 유일신인 아톤을 섬겼다. 그는 이 아톤 신을 섬기기 위해 테베에서 나일강 하류로 조금 내려간 텔 엘아마르나로 수도를 천도하기까지 했다. 비록 그가 죽은 후 곧 수도가 테베로 돌아오긴 했지만, 천도 기간 동안 아몬 신전과 구 수도 테베가 입은 피해는 막대한 것이었다. 아톤 신을 숭배한 아크나톤이 아몬의 숭배를 포기하라고 명령하였을 뿐만 아니라 모든 비석과 사원, 석상 등에 새겨진 아몬의 이름을 지웠기 때문이다.

룩소르 신전의 입구에 있는 여섯 개의 람세스 석상 중 네 개는 앉아 있

▲프타 Ptah 우주의 창시자, 만물의 제조자, 장인(匠人) 특히 조각가의 수호신. 이집트에서 가장 중요한 수들 중의 하나인 멤피스의 지배자로서 왕권과 특별한 관계를 가졌다. 늘 인간의 모습으로 묘사되었으며, 신과 사람 사이의 중재자로 불렸다.

▲카르나크의 아몬 신전을 동쪽에서 본
모습.

는 모습이고, 두 개는 서 있는 모습이다. 왕의 석상을 자세히 보면 두 개의 왕관을 쓰고 있는데 각각의 왕관은 남부 이집트와 북부 이집트를 상징하는 것이다. 두 개의 왕관을 동시에 쓰고 있다는 것은 이집트 전체를 다스렸다는 의미로 해석된다. 세력이 강하여 두 지역을 지배했던 파라오들은 공식 행사에서 남부 이집트(혹은 상이집트)를 상징하는 하얀색 왕관과 북부 이집트(혹은 하이집트)를 상징한 붉은색 왕관을 쓰고 나타났다. 왕관 외에도 독수리가 많이 살았던 상이집트는 독수리가, 코브라가 많이 살았

던 하이집트는 코브라가 그 지역을 상징하기도 했다. 왕관의 앞면에 독수리나 코브라가 반드시 붙어 있는 것이 이런 이유 때문이다. 신전의 입구에는 원래 두 개의 거대한 오벨리스크가 서 있었지만, 현재는 하나만 외로이 남아 있고 다른 하나는 프랑스 파리의 콩코르드 광장에 우뚝 서 있다. 이 오벨리스크는 19세기 이집트의 왕이었던 무하마드 알리가 프랑스 왕 루이 필립에게 선물로 보낸 것이라고 한다. 이집트인들이 자신들의 문화재를 중요하게 생각하지 않았던 실례이리라.

▲상이집트의 상징인 독수리.

왕도 아무 생각없이 문화재를 반출하는데, 당시의 일반 이집트인들에게 '문화재'라는 관념이 있었을 리 만무하다. 실제로 이집트인들이 자신들의 문화재에 대한 인식을 새롭게 하여, 법으로 규정한 것은 20세기 초반에 들어와서였다. 한편, 오벨리스크의 답례로 프랑스 왕 루이 필립이 보낸 시계는 현재 카이로의 알리 모스크에 설치되어 있으나 먼지가 들어가 오래 전에 고장난 상태이다.

록소르 신전으로 들어가는 탑문에는 유명한 카데시 전투의 장면이 양각

▲하이집트의 상징인 코브라.

으로 새겨져 있다. 람세스 2세의 건축물에 빠지지 않고 등장하는 카데시 전투는 시리아의 카데시 지방에서 람세스 대왕이 힛타이트 족과 벌인 유명한 전투이다.

내가 너희들을 낮게 하리라

아몬 신을 위해 건설된 룩소르 신전은 로마 시대에는 교회로 사용되었고, 이슬람 시대에는 신전 안에 모스크(이슬람 사원)가 건설되기도 하였다. 현재까지도 신전 성소에는 예수와 12제자의 그림이나 십자가 등 교회로 사용된 흔적이 남아 있고, 신전 안에는 아직까지도 사용되는 이슬람 사원이 있다. 탑문을 지나 신전 안으로 들어가면, 바로 왼쪽 어깨 위로 이슬람 시대에 건설한 아부 엘-학가그Abu el-Haggag 모스크가 나타난다. 학가그 모스크는 람세스 2세가 건설한 신전의 담에 기대어 건설하였는데, 그 모스크의 부지는 로마 시대로 거슬러 올라가면 교회의 부지였다.

'순례객들의 아버지' 란 의미의 '아부 엘-학가그' 는 이슬람 시대에 룩소르에 와서 이슬람을 전파하여 후에 성자로 추앙받은 인물이다. 학가그는 1174년 이라크의 모술에서 출생하였는데, 어려서 아버지를 잃은 뒤 가족의 생계를 위해 직물장사를 시작하여 많은 돈을 벌었다고 한다. 나이 40이 되던 해 학가그는 이슬람을 더 배우고 싶은 열망으로 가족과 함께 이집트로 건너왔다. 이집트에 와서 처음 그가 정착한 곳은 델타 중부의 만수라였으나 꿈속에서 '남부 이집트의 룩소르로 가라' 는 계시를 받았다고 한다.

룩소르의 주민들은 학가그와 그의 가족을 따뜻하게 환영하였고 이곳에서 그는 이슬람에 관한 해박한 지식으로 명성을 날렸다. 당시 카이로의 칼리프는 학가그의 명성을 듣고 대법관 자리를 맡아줄 것을 부탁하였다. 일반 주민들과 같이 생활하길 원했던 학가그는 대법관 자리에 오래 머물지 않았다.

대법관 자리를 떠난 그는 델타의 여러 마을과 알렉산드리아에서 한동안

▲바스트 Bast 고양이 형태의 고대 이집트의 여신이다. 원래는 가정의 여신이었으나, 신왕국 시대에서 국가종교의 많은 변화가 생겨 전쟁여신 암사자와 동일시 되었다.

체류하다가, 1264년 사망할 때까지 룩소르에서 살았다. 그가 죽던 날, 학가그는 평소처럼 모스크에서 설교를 한 후 집으로 가다가 갑자기 돌아와 제자들과 예배를 보았다. 자신의 죽음을 예견이라도 한 것일까, 제자들과 일일이 악수를

▲룩소르의 아부 엘-학가그 모스크.

하고 돌아간 그는 자신의 집에서 잠자듯이 죽었다고 한다.

학가그의 시신이 들어 있는 검은색 관은, 모스크의 중앙 돔 지하에 있는 방에 안치되어 있다. 그의 관은 격자 모양의 나무 벽으로 둘러싸여 있는데, 함께 있는 세 개의 다른 관은 신기한 치유력을 가졌다는 종교 지도자들의 무덤이다. 이 지도자들은 사는 동안 신통한 치유력으로 많은 병자를 낫게 해주었는데, 죽은 지 오래 된 지금까지도 이들의 무덤을 찾는 환자들이 많다. 이곳에 온 환자들과 그의 가족들은 격자무늬 창살을 만지면서 병의 치료를 기원한다. 모스크를 나서면 그보다 2,500년 전에 건설된 룩소르 신전의 담과 기둥들이 시야에 가득 들어온다.

카르나크, 가장 완벽한 신전

룩소르에서 북쪽으로 약 3킬로미터 떨어져 있는 카르나크 신전은 파라오 시대에는 '이페트수트'라고 불렸다. 그 의미는 '가장 완벽한 곳'이란 뜻이다. 그리스인들은 카르나크 지역을 하르마티스라고 불렀다.

카르나크 신전은 룩소르에 있는 네 개의 신전 가운데 가장 오래 된 신전이다. 룩소르 신전과 마찬가지로 아몬 신을 위해 봉헌된 카르나크 신전은 제18왕조의 *아멘호테프 2세 때 건설을 시작한 이래, 그리스-마케도니아 혈통의 프톨레마이오스 왕조에 이르기까지 무려 1,500년 동안 계속하여

*아멘호테프 2세 Amenhotep II(? ~ ?) 투트모세스 3세의 아들로, 이집트의 대외적 팽창이 절정에 이르렀을 때 왕위에 있으면서 뛰어난 신체적 능력과 군사적 수완으로 아버지의 정복사업을 계승하였다.

▲카르나크 신전의 오벨리스크.

새로운 건축물이 추가되었다. 카르나크 신전은 가장 큰 구역을 차지하고 있는 아몬 신전, 남쪽에 있는 무트 신전, 북쪽에 위치한 몬투 신전으로 구성되어 있다. 이 중에서 무트 신전은 좌우로 늘어선 양머리 스핑크스 통로를 통해 주신전인 아몬 신전과 연결된다.

카르나크 신전과 남쪽의 룩소르 신전은 인간의 머리를 한 스핑크스 통로로 연결되어 있었다는 것이 최근의 발굴 결과 밝혀졌다. 주신전主神殿인 아몬 신전은 로마의 베드로 성당, 파리의 노틀담 성당, 이탈리아 북부의 밀라노 성당이 한꺼번에 들어갈 수 있을 정도로 넓다. 자세히 보지 않고 신전의 주위를 걷는 데만 30분 이상 걸리는 거대한 신전이다.

카르나크 신전에서 가장 특징적인 것이라면 주신전인 아몬 신전 내부에 있는 다주식多柱式 홀일 것이다. 이 홀은 길이 102미터, 넓이 53미터의 장방형으로 파리의 노틀담 사원을 거뜬히 포함할 수 있다. 이 홀의 중앙 통로를 기준으로 좌우 양쪽에 각각 67개씩 134개의 거대한 기둥들이 늘어서 있는데, 기둥 하나의 높이가 23미터, 기둥 하나의 둘레가 15미터에 달한다. 실로 '거대한 기둥숲' 이라고 할 만한 이 다주식 홀을 보고 감탄하지 않는 사람을 보지 못했다.

이 홀은 룩소르 신전을 건설한 제18왕조의 아멘호테프 3세가 12개의 기둥을 세운 이래, 제19왕조의 람세스 1세, 세티 1세, 람세스 2세에 이르러 비로소 완성을 보았는데 건설하는 데 동원된 연인원이 8만 2천 명에 달했다고 한다.

다주식 홀을 지나면 3탑문과 4탑문 사이에 좁은 마당이 나온다. 이곳에 제18왕조의 투트모세스 1세와 *투트모세스 3세가 세운 두 쌍의 오벨리스크가 세워져 있었으나, 세 개는 간 곳이 없고 지금은 하나만 홀로 서 있다. 현재 남은 오벨리스크의 높이는 23미터, 무게는 무려 143톤이나 나가는 한 덩어리의 돌로 만들어져 감탄을 자아낸다. 좁은 마당을 지나면 하트셉수트 여왕이 세운 오벨리스크가 나오는데, 같이 서 있던 하나는 부서져 근처의 성호聖湖 옆에 누워 있다. 오벨리스크는 원래 쌍으로 세우는 법이지만, 이집트에 남아 있는 오벨리스크 가운데 쌍으로 남은 것은 거의 없다. 대개는 정부의 방관 속에 외국으로 반출되거나, 후계자들에 의해 부서지는 비운을 겪었다. 하트셉수트 여왕의 오벨리스크 역시 뒤를 이은 양아들 투트모세스 3세에 의해 철저하게 부서지는 불운을 겪었다.

열주식 홀에 최초로 기둥을 세운 아멘호테프 3세(그리스어로 아메노피스 3세)는 나일강 서안에 자신의 시체 안치소 사원(장례 신전)을 건설한

*투트모세스 3세 ThutmosesⅢ 이집트 제18왕조의 왕. 고대 이집트의 가장 위대한 통치자로 여겨지는 왕이다. 노련한 전사로 시리아 전역을 정복하고 나일강을 따라 남쪽으로 수단 지방의 나파타까지 뚫고 들어가 이집트 제국 번영의 절정을 구가하였다. 어린 시절 하트셉수트의 섭정을 받아야 했지만, 군사적인 힘을 키워 왕위에 복귀하였다.

▲아멘호테프 3세의 장례 신전에 있는
멤논 거상. 원래는 3개 였으나 지금
은 2개만 남아 있다.

왕으로 유명하다. 그가 나일강 서안에 세운 사원은 지금은 흔적조차 없으
나, 그리스인들이 후세에 멤논이라 이름 붙인 왕의 거상만이 현재 유일하
게 그 장소에 덩그러니 남아 있다.

여명의 여신을 부르는 멤논 거상

나일강을 건너 룩소르 서안에 오르면, 제일 먼저 눈에 띄는 것이 나무 한
포기 없는 거대한 바위산과 그 밑으로 펼쳐진 푸른 밭, 그리고 그 한가운
데 우뚝 서 있는 거대한 조상이다. 멤논 거상이라고 불리는 이 거대한 조

상은 실제로 그리스의 영웅 멤논과는 관계가 없는 제18왕조의 아멘호테프 3세의 것이다. 트로이에서 살해당한 그리스의 영웅 멤논은 여명의 여신 에오스의 아들이다. 이 거상이 언제부터 멤논이라는 이름을 갖게 되었는지는 확실치 않으나, 초기 로마 시대까지는 이 이름이 보편적이었던 것으로 보인다.

높이가 20미터에 발길이만 2미터인 이 거대한 조상은 원래 아멘호테프 3세가 세운 신전의 제1탑문 입구에 서 있었다고 한다. 그러나 현재 신전은 사라지고 거대한 석상만 남아 있다. 석상은 왕관을 쓰고 왕좌에 앉아 있는 모습인데, 그의 오른발 옆에는 어머니 무템위야 여왕의 상, 왼발 옆에는 왕비 티에의 상이 서 있다.

왕좌의 양 옆면에는 나일 신들이 남부 이집트를 상징하는 연꽃과 북부 이집트를 상징하는 파피루스를 묶는 장면이 부조되어 있다. 파라오가 이집트의 두 지방을 통일하여 지배하였음을 상징하는 그림이다. 연꽃과 파피루스가 묶여 한 몸체가 되듯이, 상·하이집트도 하나로 통일되었다는 뜻이리라.

두 개의 거상은 각각의 무게가 720톤 정도로 추정된다. 거상의 제조에 사용된 돌은 카이로 근교의 헬리오폴리스 부근에 있는 '게벨 엘-아흐마르 (Gebel el-Ahmar 붉은산)'에서 가져온 두 개의 바위 덩어리라고 한다. 이집트의 유적지에 사용된 돌이 대부분 아스완의 채석장에서 가져온 것이므로, 이 거상이 북쪽에서 가져온 돌로 만들어졌다는 것은 뜻밖이다.

이 거상은 나일강 상류를 거슬러 올라오기 전에 채석장에서 대충 모양을 만든 다음, 신전 앞에서 정밀하게 조각한 것으로 알려져 있다. 카르나크 신전에서 발견된 석상 건축가의 조상에는 다음과 같은 내용이 기록되어 있다.

"나는 헬리오폴리스에서 테베로 데려온 실력있는 장인들이 만든 폐하의 거상을 날랐다. 그것들을 테베의 나일강 서안에 자리를 잡아 세웠다."

▶웅장한 아름다움을 자랑하는 룩소르
의 하트셉수트 여왕 장제전.

　　아멘호테프 3세의 거상에 멤논이란 이름이 붙게 된 것은 매일 아침, 해
가 뜰 때 북쪽에 있는 거상이 내는 구슬픈 울음소리(?)에서 유래한다. 트
로이에서 살해당한 그리스의 영웅 멤논은 여명의 여신 에오스의 아들이
다. 이 거상이 언제부터 멤논이라는 이름을 가지게 되었는지는 확실치 않
으나, 초기 로마 시대까지는 이 이름이 보편적이었던 것으로 보인다.

　　기원전 27년 발생한 지진으로 심각한 균열이 발생한 멤논 거상은 그 뒤

부터 해가 뜰 때마다 소리를 내기 시작했다. 현대과학자들의 분석 결과, 이 소리는 태양이 뜰 때 일교차에 의해 석상의 갈라진 표면에서 나오는 진동 소리임이 밝혀졌으나, 아직 과학이 발달하지 않았던 시절이라 소리를 마치 멤논이 자신의 어머니, 여명의 여신에게 인사를 하는 것으로 해석했던 것이다.

거상의 아래 부분에는 그리스어와 라틴어로 쓰인 문장들이 있는데 전부 석상의 소리에 관계된 것들이다. 기원전 130년경 로마 황제 하드리안과 황후 사브리나를 수행하여 이곳에 온 방문객들이 쓴 이 문장들은 그들이 방문한 다음날 아침 멤논 거상에서 울음소리가 났음을 말해 주고 있다. 그러나 신비한 이 거상의 소리는 셉티무스 세베루스 황제 때 거상을 보수한 이후부터 더 이상 나지 않게 되었다.

멤논 거상의 뒤에 있었던 아멘호테프 3세의 신전은 다 부서져 그 옛날의 영광을 찾아볼 수 없음이 유감이다. 부서진 신전의 잔해로 남은 돌들은 제19왕조의 메르네프타 파라오에 의해 재사용되었다고 한다. 현재 신전의 터에는 이름 모를 잡초들과 한 두 그루의 나무들이 바람결에 무심하게 흔들릴 뿐이다.

▲하트셉수트 여왕의 얼굴을 닮은 스핑크스.

▲ 하트셉수트 여왕과 투트모세스 1세
의 오벨리스크가 있는 카르나크의
아몬 신전 남북 경계축담.

원치 않는 혼인, 파라오가 되는 길

멤논 거상을 떠나 1킬로미터 정도 걸으면 깎아지른 듯한 절벽 밑에 놀랍
게도 거대한 신전 하나가 그 자태를 드러낸다. 이른바 하트셉수트 여왕의
장제전이라고 불리는 이 신전은 19세기 중엽 프랑스의 고고학자 아우구
스트 마리에트가 발굴작업을 시작하여 1896년에 발굴을 끝낸 유적지다.

이 장제전은 아랍어로는 데이르 엘-바흐리Deir el-Bahri라고 불리는데,
그 의미는 '북쪽의 수도원'이란 뜻이다. 초기 기독교인들이 이 고대의 유
적지를 수도원으로 사용한데서 유래되었다고 한다.

데이르 엘-바흐리는 이집트 역사상 최초의 여왕으로 간주되는 제18왕
조 하트셉수트 여왕이 아몬 신과 자신의 시체 안치를 위해 건설하였으나
여러 차례에 걸쳐 훼손당하고 말았다.

아크나톤 시대에는 아몬 신에 관계된 것들이 훼손을 당했고, 초기 기독교인들이 수도원으로 사용하면서 이단적이라는 이유로 많은 기념물들이 제거되기도 했다. 하지만 그 어떤 피해보다도 데이르 엘-바흐리가 입은 가장 큰 피해는 여왕이 죽은 직후, 자신의 양아들이자 후계자였던 투트모세스 3세의 통치 기간에 저질러졌다.

투트모세스 3세와 양어머니 하트셉수트 여왕간의 골 깊은 싸움은 약간의 설명이 필요하다. 하트셉수트 여왕은 신왕국 시대를 연 제18왕조의 위대한 개조開祖 아흐모세의 손녀이다. 그녀의 아버지 *투트모세스 1세는 네 명의 자식을 두었으나, 어려서 전부 죽고 하트셉수트 공주만 남게 된다.

당시 파라오 왕실은 왕가의 피를 보호하려는 전통에 따라 근친 결혼을 하였다. 이런 전통 속에서 가장 이상적인 결혼은 물론 친형제 자매간의 결혼이었으나, 하트셉수트 공주에게는 친오빠나 남동생이 없었기 때문에 아버지 투트모세스 1세와 여러 첩들 사이에서 태어난 이복 동생과 결혼을 하게 되었다.

당시 이집트 왕가의 결혼을 살펴보면 근친결혼의 측면 외에 한가지 더 흥미로운 사실이 있다. 그것은 파라오의 왕권은 왕비 우선 순위 1위와 결혼하고 있는 동안에만 정통성을 가진다는 것이다. 다시 말하면, 파라오는 그의 왕비가 생존해 있는 경우에 한해 파라오로서 군림할 수 있었다.

이 때문에 파라오는 혈족에 상관없이 가족내 왕비 서열에 들어 있는 모든 여자와 미리 결혼하려고 하였다. 그렇게 함으로써 왕비가 먼저 죽을 경우 발생할지도 모를 원치 않는 퇴임을 막을 수 있었던 것이다.

왕권의 모계 상속을 나타내는 한가지 예가 람세스 2세이다. 람세스 2세는 자기 딸들은 물론, 심지어 자신의 어머니와도 결혼했다. 이와 같은 결혼은 왕가의 피를 순수하게 하려는 의도 외에, 왕위의 굳건한 유지라는 측면에서 볼 수 있을 것이다. 만약에 왕위의 계승이 모계 상속이 아닌 남성 위주로 이루어졌다면, 구태여 여동생이나 자신의 딸, 자신을 낳아준 어머

*투트모세스 1세 Thutmoses I (? ~ ?) 이집트 제18왕조의 왕으로, 이집트 제국을 누비아(지금의 수단)까지 확장시키고 또 시리아 깊숙이 침투했다. 그는 테베에 있는 '왕들의 계곡'에 자신의 무덤을 최초로 세웠으며, 선왕이 시작한 공동묘지 건설의 지휘조직을 완성시킨 것도 그의 업적으로 여겨진다.

▲무릎을 꿇고 신에게 공물을 바치고 있는 투트모세스 3세의 대리석상. 높이 27.5cm

니와 결혼하려고 하지는 않았을 것이다.

우리가 잘 아는 클레오파트라의 결혼만 해도 그렇다. 처음에 클레오파트라는 자신의 큰오빠와 결혼한다. 바꾸어 말하면, 클레오파트라의 큰오빠는 클레오파트라와 결혼함으로써 왕권을 계승한 것이 된다. 오빠가 죽자 클레오파트라는 다시 남동생과 결혼한다. 남동생은 클레오파트라와 결혼함으로써 왕권을 상속받을 수 있었다.

율리우스 카이사르가 이집트를 침공했을 때, 그가 이집트 왕위를 합법적으로 계승하여 통치자로 인정받을 수 있는 방법도 역시 클레오파트라와 결혼하는 길이었다. 로마에 결혼한 아내가 있었던 안토니우스 역시 왕권을 이어받기 위해서는 클레오파트라와 결혼할 수밖에 없었다.

이런 관점에서 보면 카이사르나 안토니우스는 클레오파트라와 순수한 사랑을 불태웠다기보다는 고도의 정치적 계산을 하였다는 결론을 내릴 수도 있다. 카이사르나 안토니우스가 클레오파트라를 진정으로 사랑하였을 수도 있다. 하지만 사랑하지 않았다 해도 이집트의 통치자가 되려면 그녀와 결혼할 수밖에 없었을 것이다.

최초의 여자 파라오, 하트셉수트의 애절한 사랑

이야기를 다시 하트셉수트 여왕으로 돌려보자. 하트셉수트 여왕은 이복동생인 파라오 *투트모세스 2세와 결혼하였으나 남편이 일찍 사망함으로써 20세 초반에 왕비 순위를 1위로 가진 채 과부가 되었다. 그녀와 투트모세스 2세와의 사이에 난 아들은 없었다. 반면, 투트모세스 2세와 첩 사이에서 태어난 미래의 파라오는 아직 아홉 살밖에 되지 않았으므로 그녀는 어린 남편을 대신하여 섭정을 하였다. 하지만 자신의 가문에 대한 긍지가 대단했던 이 야심만만한 여인은 양아들 투트모세스 3세의 이름으로 이집트를 통치하는 것이 불만이었다.

그녀의 몸 안에는 부왕인 위대한 파라오 투트모세스 1세와 할아버지이

*투트모세스 2세 Thutmoses II(? ~ ?)
이집트 제18왕조의 왕으로 재위기간
은 몇 년 안 되지만 이집트의 영토 누
비아에서 발생한 반란을 진압하였다.

▲하트셉수트 여왕.

자 제18왕조를 개조한 위대한 파라오 아흐모세의 피가 흐르고 있었다. 그런데 이제 소년에 불과한 파라오는 따지고 보면 자기의 신분과는 비교가 안 될 정도로 평민이나 다름없는 인물이 아닌가. 그녀는 자신이 여자임에도 불구하고, 이집트 왕좌에 오를 자격이 누구보다 충분하다고 믿었다.

하트셉수트는 어린 파라오를 신전 안에 유폐시키고 실권을 장악하기 위한 사실상의 궁정 쿠데타를 일으켰다. 그리고 그녀의 쿠데타는 그녀에 반대하는 일부 귀족, 관리, 군대가 있었음에도 불구하고 성공한다. 반대세력들이 조직적인 저항을 하기에는 구심점이 되는 파라오의 나이가 너무 어렸기 때문이다.

왕권을 장악한 하트셉수트는 한 걸음 더 나아가 여자는 파라오가 될 수 없다는 수천 년의 전통을 깨고, 공식석상에서 남장을 했으며 파라오의 가짜수염을 붙였다.

▼투트모세스 3세의 석상.

대 이집트 제국의 실질적인 파라오가 된 하트셉수트 여왕은 애절한 사랑을 한 파라오로도 기록을 남기고 있다. 그녀가 파라오 재위기간 중 유일하게 사랑한 사람은 '이집트의 왕관없는 파라오'라고 불렸던 신전 건축가 센무트였다. 여왕과 건축가의 사랑이 어느 정도 뜨거웠는지는 알 수 없다. 그러나 고대 이집트인들의 신앙 속에서 파라오는 지상에 내려온 신과 같은 존재였으므로, 두 사람의 불륜 관계는 어디까지나 은밀히 이루어졌을 가능성이 크다.

건축가 센무트는 여왕의 명령에 의해 장제전을 건축하면서 하트셉수트 여왕의 무덤 옆에 자신의 비밀 무덤을 설계하였다고 한다. 비록 그

▶ **왕들의 계곡 The valley of the kings** 신왕국 시대의 암굴 무덤으로 이루어진 묘지이며, 테베 즉 오늘날의 룩소르의 강 서쪽 골짜기에 자리 잡고 있다. 모두 62기의 무덤들이 발견되었고, 32개에 달하는 파라오 왕족들의 석관과 미라가 있다.

의 비밀 계획이 사전에 누설되어 실패로 끝났지만, 죽어서라도 사랑하는 사람 곁에 가까이 있고 싶어한 그의 소망이 바로 여왕 자신의 소망이었던 것은 의심할 여지가 없을 것이다.

현재 룩소르에 있는 하트셉수트 여왕의 신전 안쪽은 '출입금지' 푯말이 붙어 있어 이 무덤을 관람할 수 없음이 유감스럽다. 죽어서라도 맺길 원한 간절한 사랑, 오늘날에도 가슴 아픈 사랑이 많지만, 일찍이 3천년 전에도 이루어질 수 없는 사랑의 아픔이 존재했으니 그 주인공은 바로 세계 최초의 여왕, 하트셉수트였다.

투트모세스 3세가 30세가 되던 해 하트셉수트 여왕의 통치는 종말을 고한다. 기록에 의하면 푼트(소말리아 지방)에 보낸 정벌대가 귀환하여 벌인 파티에서 여왕이 연설할 때, 투트모세스 3세가 나타나 자신이 진짜 파라오라고 공공연히 도전하였다고 한다. 왕좌에서 물러난 후 하트셉수트 여왕은 돌연 사망하는데, 여왕의 죽음이 정상적인 것이었는지 아니었는지는 아직도 진행중인 학계의 논란거리이다.

분명한 사실은 어린 시절을 불우하게 보냈던 투트모세스 3세가 왕좌에
오른 즉시 자신의 양어머니에 관련된 모든 것들을 없애기 시작했다는 것
이다. 20여 년간 신전의 구석에서 키워온 복수심이 폭발한 것일까? 그 복
수는 너무나 지독했다. 데이르 엘-바흐리 신전에 그려진 하트셉수트 여왕
의 모습이나 그녀의 상형문자 이름 등이 철저히 부서지고 긁혀져 있는 것
을 보면, 투트모세스 3세의 치열한 복수심이 느껴진다.

투트모세스 3세에 의해 큰 피해를 당한 하트셉수트 여왕의 신전은 그로
부터 약 120년이 흐른 후, 이집트 사상 최초로 유일신 숭배사상을 도입했
던 파라오 아크나톤이 아몬 신에 관련된 모든 것을 지워버림으로써 다시
한번 훼손을 당한다. 그 뒤, 초기 기독교 시대에는 기독교인들이 이 신전
을 수도원으로 사용하면서 많은 부분을 이단적이라는 이유로 파괴하였다.
이렇게 오랜 기간에 걸쳐 이루어진 파괴에도 불구하고 데이르 엘-바흐리
를 찾는 사람들은 현재 남아 있는 유적만으로 그 옛날 웅장하고 섬세했던
여왕의 장제전을 충분히 상상해 볼 수 있다. 다만 여왕의 무덤과 센무트의
무덤은 통행금지 푯말이 붙어 있어 들어가 볼 수 없음이 아쉽다.

▲람세스 4세의 무덤 천장화. 낮동안 하늘의 여신 누트를 거치는, 태양의 여행을 묘사했다.

영원한 안식처, 왕들의 계곡

깎아지른 듯한 암벽을 배경으로 건설된 하트셉수트 여왕의 장제전을 왼쪽으로 끼고 암벽 위에 오르면 등성이 넘어 펼쳐진 계곡에 신왕국의 제18, 19, 20왕조 파라오의 무덤들이 있다.

이른바 '왕들의 계곡'이라 불리는 이 계곡은 파라오들이 묻힌 묘지이다. 고왕국 시대의 왕족들이 묻힌 무덤군群이 사카라와 기자의 피라미드들이라면, 이곳은 신왕국의 왕족이 묻힌 무덤군이라고 볼 수 있다. 이 외딴 계곡에 자신의 시신을 안치하려고 한 최초의 파라오는 하트셉수트 여왕의 아버지 투트모세스 1세였다.

투트모세스 1세는 지난 1,700년간 전통으로 내려온 피라미드가 도굴범

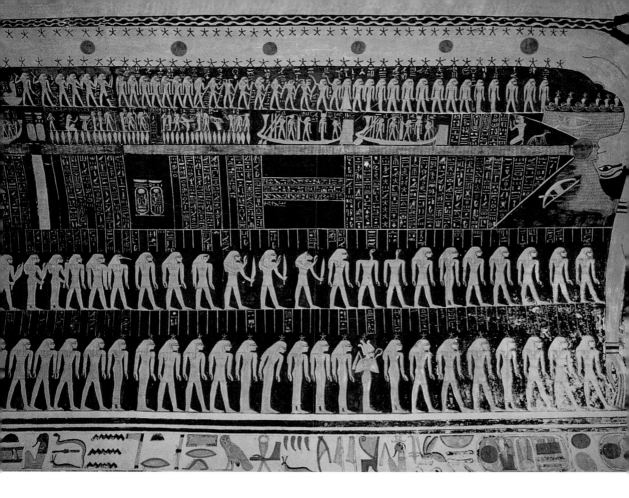

들의 눈에 쉽게 띄기 때문에 그곳에 묻혔던 선조의 무덤들과 미라들이 훼손되었다고 생각했다. 미라의 온전한 보존이야말로 부활에 필수적이었지만, 도굴범들은 보물을 약탈했을 뿐만 아니라 미라를 손상시켰다. 무덤의 침입자들은 미라가 나중에 부활하여 복수할 것이라는 미신을 두려워 한 나머지, 후환을 없애기 위해 미라를 불살라 버리거나 사막에 갖다 내버리는 일이 잦았다. 온전한 육신이 없다면 파라오의 영혼이 다시 찾아오지 못할 것이고, 따라서 미라의 부활과 복수를 피할 수 있다고 믿었기 때문이다.

도굴범들의 손길이 미치지 않는 은밀한 곳에 자신을 묻어야 한다고 생각한 투트모세스 1세는 건축자 이네니의 도움으로 새로운 양식의 무덤 건설에 착수했다. 새로운 양식이란 사람의 발길이 닿지 않는 고립된 계곡의

▲ **왕비들의 계곡.** 상이집트의 테베 서쪽에 있는 골짜기. 이곳에는 제18, 19, 20왕조의 왕비와 왕자들이 묻혀있다.

바위산에 땅굴 같은 통로를 만들어 그곳에 무덤을 만들고, 입구를 아무도 알지 못하게 봉하는 것이었다.

새로운 무덤에서는 바위산을 뚫어, 입구에서 현실까지 길게 통로를 만들고 그 통로의 중간에 깊은 함정, 기둥이 있는 방, 전실, 현실도 만들었다. 현실에는 미라를 넣은 석관이 있고 별도로 내장을 넣어둔 단지와 부장품을 보관하기 위한 작은 방도 만들었다. 요약하면 새 무덤 양식은 미라를 아무도 모르는 곳에 매장하고, 장제전은 가능한 그 무덤에서 멀리 떨어진 사람의 왕래가 많은 곳에 세우는 것이었다. 무덤은 미라의 보호를 위해 일반인의 눈에 띄지 않는 곳에 만들지만, 장제전은 접근이 쉬운 곳에 세움으로써 혼魂[*]카의 영생을 위해 제물을 받도록 한 것이다.

하여간 투트모세스 1세가 사망한 후 그의 미라는 비밀리에 만든 무덤에 묻혔고 후대의 왕들도 자신들의 미라가 쉴 수 있는 장소로 그 계곡을 택하였다. 그러나 영원한 안식처로 생각한 비밀 무덤에서 투트모세스 1세와 그 뒤를 이은 신왕국 파라오들의 휴식은 결코 오래가지 못했다. 왕들의 계

*카 Ka 고대 이집트의 종교에서 바 및 아크와 함께 인간의 영혼이나 신의 영혼의 한 측면으로 여겨진다.

◀네페르타리의 무덤 벽화.
「사자의 서」148장을 그린
것으로 살찐 암소와 거세
하지 않은 황소 그림이다.

◀네페르타리의 무덤 벽화.
지혜의 신 토트 앞에서 네
페르타리가 영적인 힘을
받기 위해 주문을 암송하
고 있다.

곡에 비밀리에 만든 신왕국 시대 파라오들의 무덤은 조직적인 도굴범들에
의해 심한 경우, 파라오가 묻힌 직후부터 파헤쳐졌기 때문이다.

이러한 점에서 고대 이집트의 역사는 도굴의 역사요, 무덤을 노리는 도
굴범들과 자신의 무덤을 지키려는 파라오들과의 웃지 못할 투쟁의 역사라
할 수 있다. 물론, 이 눈물겹고 애처로운 싸움의 승리자는 언제나 도굴범
들이었다. 신왕국의 수십 명이나 되는 파라오들 중에서 자신의 무덤을 안
전하게 지킨 파라오는 단 한 사람, 1922년에 발굴된 *투탕카문뿐이었다.

왕들의 영원한 휴식은 사제들에 의해서 깨지기도 했다. 도굴이 기승을
부리자 사제들은 파라오의 미라를 안전하게 지키기 위해서 여기 저기로
옮겨 묻었다. 도굴범들과 그들의 눈을 피하려는 미라의 이상한 숨바꼭질
때문에 람세스 3세(?~BC1154 테베)의 미라는 무려 3번이나 옮겨 다니며
묻히는 고생을 하게 된다.

신왕국 시대가 끝나고 다시 혼란의 시대가 시작되는 제21왕조에 이르
러, 사제들은 도굴당한 선대의 왕묘에서 아직 모양을 갖추고 있는 미라들
을 모아 한 군데에 매장했다. 데이르 엘-바흐리 절벽 기슭에서 19세기 후
반에 발견된 한 수직갱이 바로 그곳인데, 깊이가 12미터나 되는 수직갱 속
에서는 제18왕조와 제19왕조의 것으로 추정되는 미라가 무려 40구나 발
견되었다.

현재 카이로 국립 박물관 2층에 전시돼 있는 아멘호테프 1세, 투트모세
스 3세, *세티 1세, 람세스 2세, 람세스 3세의 미라는 이 수직갱에서 발굴
되어 옮겨 온 것들이다. 그래서일까, 도굴범들과의 힘겨운 싸움에서 살아
남은 왕들의 미라를 보면 형용하기 힘든 애처로운 기분을 느끼게 된다.

이 중 투트모세스 3세는 마케도니아의 알렉산드로스, 카르타고의 한니
발, 프랑스의 나폴레옹과 비교될 만큼 이집트 역사상 위대한 파라오였다.
그는 재위 기간중 17번의 대외 정복전쟁을 수행하여 남으로 에티오피아,
북으로 시리아, 유프라테스까지 영향력을 행사한 왕이었으나 막강한 권력

*투탕카문 Tutankhamen (? ~ ?) BC
14세기에 활동한 이집트의 왕으로 재
위기간은 10여 년에 불과하다. 아크나
톤의 일시적 후계자인 세멘카레의 동
생으로 왕좌에 오른 것은 8세에서 10
세 경의 일이다. 투탕카문으로 즉위 후
멤피스로 거처를 옮기고 아마르나 시
절동안 폐지되었던 옛날 신들의 신전,
특권 등을 복원하였다.

*세티 1세 Seti I(BC1291~1278 재위) 이
집트 제19왕조의 왕으로 단 2년 밖에
통치하지 못한 아버지 람세스 1세를
이어 위대한 람세스 왕가를 실질적으
로 연 인물이다.

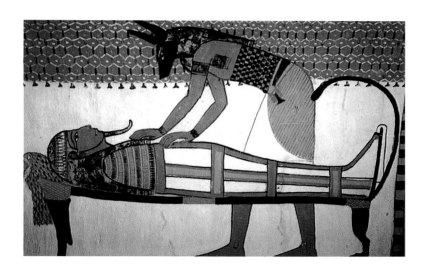

◀사자머리 장례용의자에 놓인 파라오의 미라를 보살피는 아누비스.

과 온갖 부귀 영화를 누렸던 이 왕도 죽어서는 도굴범들을 피해 이리저리 옮겨 다니다가 결국 많은 사람의 구경거리로 전락한 것을 보면 인생무상을 느끼게 된다.

    오늘날 이 왕들의 계곡에서 볼만한 무덤으로 권하고 싶은 곳은 투탕카문의 왕묘, 람세스 4세의 왕묘, 세티 1세의 왕묘, 투트모세스 3세의 왕묘, 아멘호테프 2세의 왕묘이다. 이중에서 투탕카문 왕묘는 도굴되지 않은 채 원형 그대로 발견된 이집트 유일의 왕묘로 유명하며, 람세스 4세 왕묘는 내부의 골든 홀Golden Hall이 유명하다. 왕들의 계곡에서 가장 크고 아름다운 왕묘는 세티 1세의 왕묘이다. 한편 이집트사상 최초로 세계적인 제국을 건설한 투트모세스 3세의 왕묘는 의외로 검소하며, 손상되지 않은 *『사자의 서』 벽화를 간직하고 있는 아멘호테프 2세의 왕묘 역시 구경할 만하다.

미라는 어떻게 만들어졌는가?

나일강에서 가장 가까운 강 기슭에 세워진 계곡신전에서는 미라를 만들었

*사자의 서 The book of the dead 고대 이집트 장례식의 본문 모음. 고대 이집트인들은 이것을 〈빛으로 나아가기 위한 책〉이라고 여겼다. 왜냐하면, 죽은 자가 의지에 따라 지상으로 돌아오는데 필수적이었기 때문이다. BC 16세기에 개정 편찬된 이 모음은 BC 2000년경으로 거슬러 올라가는 '관본문'과 BC 2400년경의 '피라미드 본문' 및 그 외의 글들이 있다. 이집트 무덤에서는 많은 사본이 발견되었지만, 거의 200장에 이르는 내용 전체를 실은 사본은 발견하지 못했다.

▲미라를 만드는 도구들.

▶미라를 만드는 과
정을 묘사한 힙메
세압 석관 그림.

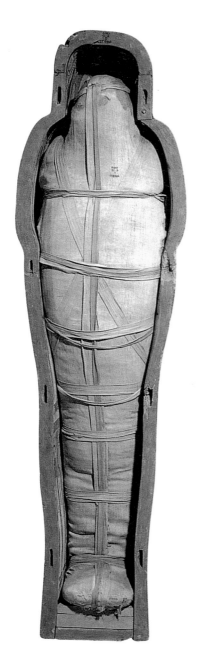

◀미라와 채색한 관.

▲관 뚜껑 안에 그려진 하늘의 여신 누트.

다. 고대 이집트 사람들이 미라를 만들어 가능한 시신을 썩지 않은 상태로 오랫동안 보존하려고 한 것은 그들이 믿었던 부활이나 영생신앙과 관련이 있다.

영靈 '바'와 혼魂 '카'가 있는데, '바'는 이집트 벽화나 파피루스에 사람의 머리를 한 새의 모습으로 흔히 나타난다. 장례신전에서 행하는 개구의식開口儀式은 바로 임종시에 바가 제대로 천국으로 올라가기를 비는 의식이었다.

바는 천국에 속한 것으로 사람이 죽으면 새가 되어 햇살을 타고 천국에 오른다고 한다. 반면, 카는 지상에 속하는 것으로 죽음과 함께 일단 육체에서 떨어져 나갔다가 나중에 육체를 찾아 되돌아오게 되는데 이집트인들은 그것을 부활이라고 믿었다. 미라를 만든 이유는 '카'가 나중에 돌아와

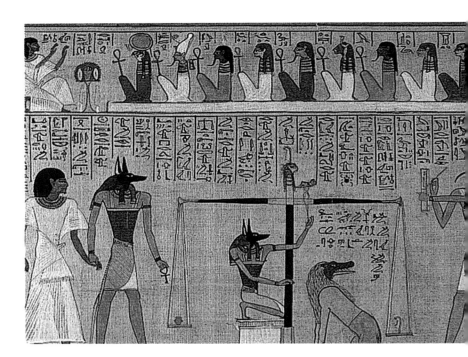

▶사후 세계의 왕인 오시리스가 인간
의 죄를 심판하는 장면. 『사자의 서』
125장에 나옴.

부활할 수 있는 온전한 육신이 절대적으로 필요하기 때문이었다.

현재 우리에게 전해져 오는 기록으로는 언제부터 이집트 사람들이 미라를 만들기 시작했는지 정확히 알 수 없다. 그러나 적어도 제4왕조 초(기원전 2600년경)에는 인공적으로 미라를 만드는 방법을 알았던 것으로 보인다. 그 이전에는 인공적이라기보다는 이집트의 건조한 기후에 의해 자연적으로 만들어진 미라가 있었을 것이다.

이집트는 연중 거의 비가 내리지 않고 항상 태양이 떠 있기 때문에 동물이나 사람이 죽어도 썩지 않고 그대로 마른 자연미라들이 많았다.

고대 이집트인들의 미라 제조 방법에 관해서는 역사학자 헤로도토스와 디오도로스 시쿨로스(Diodorus Siculus ?~? BC 1세기에 시칠리아 아기리움에서 활동한 역사가)가 전하는 기록이 유일하다. 그 중에서 헤로도토스는 미

▲바Bah 는 항상 인간의 머리에 새의 몸을 하고 있다.

라의 제조 방법을 비용과 복잡성에 따라 세 가지로 나누어 설명하고 있다. 일반적으로 가난한 사람의 미라는 간단하게 만들었으나 파라오나 왕족, 고위관리 등의 미라는 고도의 수술을 통해 만들었고 비용도 비쌌던 것으로 보인다.

첫 번째 방법은 미라를 만드는데 가장 복잡하고 고도의 기술을 요하는 방법으로 내장과 뇌를 제거한 후 미라를 만드는 방법이었다. 이 방법이 비싼 이유는 특수한 갈고리를 코에 넣어 얼굴을 손상시키지 않고 뇌를 제거하는 고도의 기술을 요했기 때문이다. 뇌를 꺼낸 후에는 다시 날카로운 금속을 이용해 겨드랑이 아래쪽의 뼈를 갈라 위, 내장, 간, 허파를 꺼내고 야자유로 씻은 다음 향료와 방부제를 채워 넣었다. 몸 안에서 내장을 제거한 이유는 종교적인 이유라기보다는 그것이 가장 쉽게 부패하는 부분이었기 때문이다.

절개된 부분은 다시 꿰매었으므로 시신은 외관상 온전한 것처럼 보였다. 양심의 거주지이자 생명의 근본으로 생각한 심장은 제거하지 않고 남겨 두었는데 그 이유는 최후의 심판 때 죄의 무게를 측정할 수 있도록 하기 위함이었다.

▲신성한 동물로 여겨지던 고양이의 미라.

콩팥 역시 몸 안에 남겨두었는데 그 이유는 종교적인 이유보다는 수술에 의해 꺼내기가 비교적 까다로웠기 때문이다. 이 상태로 시신을 약 50일 (혹은 70일) 동안 소금물에 담가놓았는데, 그 동안에 몸 안의 액체는 전부 마르고 지방성분은 전부 녹게 된다. 50일이 지난 후, 잘 세척하여 가는 린넨(아마) 천 일곱 겹으로 시신을 감은 다음 수지(송진)를 발랐다.

한편, 몸에서 꺼낸 내장 등은 방부처리한 후 알라바스터(대리석의 일종)나 테라코타(적갈색 흙)로 만든 네 개의 항아리에 별도로 보관했다. 네 개의 항아리는 사람의 머리, 개의 머리, 원숭이의 머리, 독수리의 머리를 한 뚜껑을 각각 가지고 있었다.

이 네 가지 동물은 호루스의 아들들로 간주되었는데 인간의 머리를 한

암세트는 간을, 원숭이의 머리를 한 하피는 허파를, 개의 머리를 한 두아무테프는 위를, 독수리의 머리를 한 외베세누프는 창자를 지키는 것으로 믿었다. 그러나 내장을 항상 항아리에 넣어 보관한 것은 아니었으며 때로는 미라 복부의 옴폭 팬 곳에 놓거나 미라 옆에 그냥 놓은 경우도 있었다. 방부제로는 물고기 저장에 사용하던 말린 소금을 사용하였는데, 왕의 내장은 꿀에 담가 두었다고도 한다.

내장을 제거한 미라의 빈 속은 주로 송진을 바른 린넨천으로 채웠으며, 두 눈은 동자를 제거한 후 반짝이는 돌을 집어넣어 살아 있는 것처럼 보이게 했다. 완성된 미라에는 고인의 얼굴과 비슷한 마스크를 씌운 후『사자의 서』와 함께 화강암 석관에 넣었다. 역사가 디오도로스에 따르면 비용이 가장 비싼 첫 번째 방식은 현대 화폐의 개념으로 700파운드 이상이 들었다고 한다.

두 번째 방법은 첫 번째 방법보다 덜 복잡한 만큼 비용도 약간 저렴했다. 이 방법은 뇌는 제거하지 않고 수술에 의해 내장만을 제거한 후 50일간 소금물에 담가 두는 방법이었다. 이렇게 하면 뼈와 가죽만이 남고 다른 것은 전부 녹아버린다. 가격은 첫 번째 방법의 절반 정도였다.

세 번째 방법은 가장 간단하고 저렴한 방법으로 내장과 위를 녹이기 위해 수렴제를 몸 안에 주사한 다음, 50일 동안 소금물에 담가 두는 방식이었고 비용은 거의 들지 않았다.

미라를 만드는 방식은 시대가 바뀔수록 점점 복잡해졌다. 미라 제조는 영생을 얻기 위해 필수적인 절차였으므로 왕이나 왕비는 아무리 절차가 복잡하고 비용이 비싸도 개의치 않았다. 특히, 왕비 중에는 미라의 눈에 보석과 상아를 끼우거나 볼과 입술에 연지를 바르고 손톱과 발톱에 염색을 한 사람들이 많았다.

미라를 만들어 매장할 때는 일곱 겹의 린넨 천으로 감은 후 미라 신체의 정해진 부위에 부적을 올려 놓았는데 고대 이집트인들은 그렇게 함으로써

▲ 개의 미라.

미라가 보호받을 수 있다고 믿었다.

　이 부적들 중에는 오시리스의 등뼈를 상징하는 제드, 이시스의 피를 상징하는 타트, 호루스의 눈을 상징하는 우자트 등이 있었다. 심장 위에는 부활할 때 심장을 다시 박동시키는 역할을 하는 스카렙(쇠똥구리)을 올려놓았다.

　이런 식으로 미라를 만드는데 일반적으로 약 70일 정도 걸렸으며 미라가 만들어지면 비로소 장례식을 거행했다. 장례 행렬에서 미라는 황소가 끄는 배 위에 올려졌고, 그 앞길에는 먼지를 가라앉히기 위해 우유를 뿌리는 사람이 앞장섰다. 미라를 옮기는 데 배를 사용하는 까닭은 사자가 지하세계를 흐르는 강을 배를 타고 건너야 한다는 믿음 때문이었다.

　한편, 상객들은 푸른색과 회색이 도는 장례복을 입고 황소의 뒤를 따라 이미 만들어져 있는 무덤을 향해 천천히 걸어갔다. 상객들의 뒤에는 죽은 사람이 무덤에서 생활하는데 불편함이 없도록 가구, 보석 상자, 음식 등을 든 시종들이 따라갔다.

　피라미드의 앞에는 악사와 무희가 미라가 도착하기를 기다리고 있었다. 미라가 도착하면 제사장은 향불이 타오르는 가운데 미라를 똑바로 세운 후 끌로 입을 여는 개구의식을 거행하였다. 이집트 사람들은 이 개구의식을 통해 미라가 신체적 기능을 회복할 수 있다고 믿었다. 미라의 부활을 위해 가장 중요한 개구식이 끝나면 산해진미의 제물이 미라 앞에 놓이게 되고, 잠시 시간이 지나면 준비된 석관에 미라를 넣는다. 그리고 석관의 문을 닫으면 장례식이 끝나는 것이다.

파라오 시대로 들어가는 열네 개의 돌계단

왕들의 계곡에서 유일하게 도굴범의 손을 벗어나 온전하게 발견된 투탕카문 왕묘는 한 고고학자의 집념어린 노력이 없었다면 아직도 베일에 싸여 있을지 모른다.

▲부적의 의미를 지닌 스카렙. 파라오와 태양의 영원한 부활을 의미한다.

1922년 11월 4일, 영국의 고고학자 하워드 카터는 대단한 부호이자 골동품 수집가인 캐너번 경의 후원을 받아 왕들의 계곡에서 발굴 작업을 하고 있었다. 1912년부터 시작된 그 발굴 작업은 그때까지 거의 10년 동안이나 계속되고 있었지만 발굴의 성과는 거의 없었다.

그때까지 파헤친 모래와 자갈의 양만을 따져도 수천만 톤 아니, 수억 톤은 될 법했지만 기다리던 발굴의 소식은 들리지 않았다. 절망한 카터와 캐너번 경은 탐사를 중단할 것을 결심했다.

하워드 카터가 이집트 땅에 처음 발을 디딘 때는 1892년이었다. '이집트 탐험기금' 이라는 영국단체의 위촉을 받아 데이르 엘-바흐리에 있는 멘투호테프 신전의 부조와 비문을 복제하기 위해서였다. 자신의 임무를 수행하던 카터는 1899년 이집트 고대 유물 관리국의 유물 감독관으로 임명되면서 본격적인 이집트 유적발굴에 뛰어들었다. 처음부터 카터가 관심을 갖고 있었던 곳은 룩소르의 왕들의 계곡이었다.

그는 테오도어 데이비스라는 미국인 부호에게 서한을 보내 왕들의 계곡에 아직 발굴되지 않은 왕들의 무덤이 있다고 설득하고 후원을 요청했다. 이후 4년 동안 카터는 하트셉수트 여왕과 투트모세스 4세의 무덤을 발견하는 성과를 올렸으나 두 곳 모두 이미 도굴된 상태였다.

카터와 캐너번 경의 만남은 이집트학의 발전에 커다란 공헌을 한 대발견을 가져왔다. 카터가 영국의 부호 캐너번 경을 만난 것은 캐너번 경이 독일 여행 중 치명적인 교통사고를 당한 후 불구가 되어 이집트에 요양차와 있던 1903년이었다. 당시 캐너번 경은 요양을 위해 정기적으로 이집트를 방문하던 중 이집트에 애착을 갖기 시작했고, 급기야는 이집트 고대 유물 관리국에 유적 발굴권을 신청하기에 이르렀다.

관리국 책임자였던 가스통 마스페로(1846~1916)는 그의 신청서를 긍정적으로 검토하고 고고학 지식이 전혀 없던 그에게 카터를 소개하였다. 1912년 미국인 데이의 왕들의 계곡 발굴권 기간이 만료되자 카터에게 발

▲호신용으로 미라의 붕대섶 사이에 끼워 넣는 부적들.

▲이집트인들이 미라를 만들 때 내장을 보관하던 카노푸스 단지. 신들의 머리 모양으로 만든 네 개의 항아리로 구성된다.

*호렘헵 Horemheb (? ~ ?) BC 14~13세기의 이집트 제18왕조의 마지막 왕으로 아크나톤의 아톤 신 숭배를 부정하고 전통신인 아몬 숭배를 부활시켰다. 아톤 신의 상징물을 파괴하고 아몬 신을 숭배하지 않은 왕을 파라오의 명부에서 지웠다. 원정무역을 재개하여, 외국과의 무역에서 권위를 되찾은 이집트가 다시 번영을 누리게 하였다.

굴권을 재발급해 주었다. 이때부터 카터는 캐너번 경의 발굴 현장 감독자가 되어 왕들의 계곡을 탐사할 수 있었다.

당시 학계는 데이비스와 같은 발굴가들이 왕들의 계곡을 오랫동안 철저히 발굴해 이미 상당한 성공을 거두었으므로 왕들의 계곡에는 더이상 새롭게 찾을 것도, 놀랄 만한 것도 없으리라는 생각이 지배적이었다. 그러나 카터는 데이비스가 발굴한 유물들 중에서 '투트~'라는 이름이 새겨진 항아리 조각을 유심히 살펴보고 비록 완전한 이름을 알 수는 없지만 파라오 '투트~'의 존재에 대해 호기심을 느꼈다.

카터는 이 수수께끼의 파라오 '투트~'가 신왕조의 제18왕조 아크나톤과 제18왕조의 마지막 파라오 *호렘헵 사이에 있었던 세력이 매우 약한 파라오일 것이라고 믿었다. 또 그때까지의 발굴 결과를 종합할 때 '투트 ~'의 무덤은 이미 발굴이 완료된 람세스 2세, 메르네프타, 람세스 6세의 무덤을 잇는 삼각형 지대 안에 있을 것이라고 생각하였다.

왕들의 계곡에서의 발굴 작업은 카터가 처음에 생각한 것처럼 순조롭지는 않았다. 이름을 확실히 알 수 없는 왕의 무덤이 쉽게 나타나지 않았을 뿐만 아니라, 발굴 작업이 한창 진행되던중 제1차 세계대전이 발발해 작업을 일시 중단해야 했다.

전쟁이 끝난 1917년 말, 중단했던 발굴 작업을 다시 시작하자 카터는 향후 1년 안에는 성과가 있을 것이라고 기대했다. 그러나 작업은 생각보다 길어져 달을 넘기고 해를 넘기고도 아무 성과없이 이미 5년을 지나고 있었다.

마침내 카터는 이 정체불명의 파라오 망령에 싫증을 느끼고 발굴 작업을 위해 세운 임시 초막을 철거하기로 결심한다. 그가 철거할 수밖에 없다고 판단한 다른 이유는 그동안 발굴 과정에서 총 62개의 왕, 왕비, 왕자, 왕녀들의 묘가 발굴되었지만 어느 하나도 도굴꾼들에 의해 약탈당하지 않은 것이 없었기 때문이었다. 이런 상황에서 설사 정체불명의 파라오 무덤이 발견된다 해도 다른 무덤들처럼 이미 약탈되었을 가능성이 농후했다.

▲생명의 상징 안크.

내일이면 작업을 포기하리라 결심한 카터가 마지막으로 발굴 현장을 돌아보고 있을 때 문득 3~4년 전에 발굴한 현장에 세워진 인부의 숙소가 눈에 띄었다. 이 인부의 숙소는 최근 발견된 람세스 4세의 무덤 옆에 있었는데 별로 중요하지 않았기 때문에 그 유적의 토대 위에 새로운 가건물을 세웠던 것이다. 카터는 이 가건물을 철거하고 마지막으로 그 아래를 파헤치기 시작했다.

그런데 놀랍게도 아래로 내려가는 열네 개의 돌계단이 나타났다. 그리고 돌계단 끝에 이르자 회반죽으로 봉인된 무덤의 입구가 나타났다. 봉인에 찍혀진 인장은 수천 년 전 그대로의 상태로 포로 9명의 모습과 원숭이

▲우자트의 눈. 신성하게 여겨지는 호루스의 왼쪽 눈. 호신용 부적으로 사용했다.

▶**파라오의 장례식 장면.** 미라는 황소가
끄는 썰매에 태워져 무덤으로 이동했다.

한 마리가 그려져 있었다. 마침내 투탕카문의 무덤이 발견된 것이다.
1922년 11월 6일의 일이었다.

　그는 벅찬 기쁨을 누르고 무덤을 봉쇄한 후, 영국의 후원자 캐너번 경에
게 급히 이집트로 와달라는 전보를 보냈다. 그 내용은 " 마침내 놀라운 발
견을 했음. 훌륭한 무덤임. 무덤을 닫고 당신을 기다리고 있음. 축하합니
다."였다.

"Yes, wonderful things⋯"

17일이 지난 1922년 11월 23일 캐너번 경과 그의 딸이 마침내 룩소르에
도착했고, 이 인내심 많은 후원자가 지켜보는 가운데 3,500년 동안 감춰
져 있던 수많은 보물들은 비로소 세상에 모습을 드러냈다. 세상 사람들은
쏟아져 나오는 엄청난 보물 앞에서 그저 놀랄 수밖에 없었다.

　왕들의 계곡에서 발굴된 무덤들 가운데 가장 초라하고 가장 작은 무덤
인 이 투탕카문의 무덤 속에는 미라를 포함하여 동상, 침상, 의자, 소파,
배의 모형, 이륜마차, 무기, 항아리 등 헤아릴 수 없이 많은 유물들이 쌓여
있었다. 모두가 돈으로 따질 수 없을 만큼 엄청난 가치를 지닌 것들이었

▲아누비스가 앉아 있는 관함.

다. 독일의 고고학자 하인리히 슐리만(1822~1890)의 트로이 유적 발견에 버금가는 대발굴이 아닐 수 없었다.

경이감에 사로잡힌 카터는 할말을 잊고 있었다. 등뒤에 서 있던 캐너번 경이 무덤 속에 뭐가 있느냐는 질문을 던졌을 때 카터는 다만 "Yes , wonderful things (네, 훌륭하군요)……"라고 중얼거릴 뿐이었다.

9살에 이집트 왕에 즉위하여 18살에 요절한 이 불행했던 파라오의 무덤은 갑작스런 죽음 때문이었는지 다른 파라오의 무덤에 비해 크지도 인상적이지도 않았다. 안으로 들어가보니 서둘러 무덤을 완성한 흔적이 역력했다. 이집트의 왕으로서는 불명예스럽게 매장당한 것이 분명했다. 그러나 무덤에서 쏟아져 나온 각종 금·은 세공품들, 청금석, 터어키옥, 홍옥으로 만든 수십 종의 부적 등을 포함하여 약 3,500여 점에 달하는 진귀한 보물들이 전부 그 작고 보잘것없는 무덤에서 나왔다는 것은 거의 믿기지 않을 정도였다.

파라오의 석관은 매우 아름다웠다. 개봉하기 직전 카터와 그 일행은 어린 파라오의 죽음을 애도하기 위해 관 위에 놓아둔 것으로 보이는 한 다발의 마른 꽃을 보고 감동을 받았다.

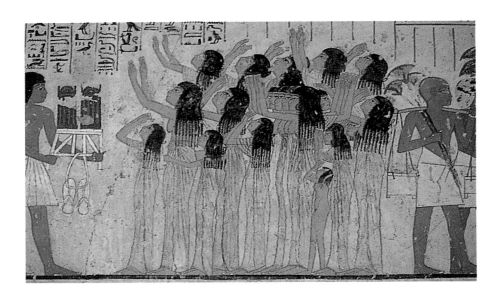

▲파라오의 죽음에 통곡하는 여인들.

▲하워드 카터 Howard Carter(1873～
1939) 영국의 고고학자로 17세 때
영국이 후원한 이집트의 고고학 조
사에 참여하였다. 1902년에는 왕들
의 무덤 계곡에서 발굴을 감독하다
가 하트셉수트 여왕과 투트모세스 4
세의 무덤을 발견하였고 1922년 완
벽한 형태로 도굴이 되지 않은 유일
한 무덤인 투탕카문의 무덤을 발견
하였다. 이 발견은 이집트학에서 가
장 커다란 공헌으로 꼽힌다.

카터가 석관을 열자 왕의 시신이 세 개의 미라관에 겹겹이 싸여 있었다. 그 중에서 세번째 관은 순금관으로 만들어져 있었고 관 전체에는 정교하고 세련된 그림과 상형문자가 새겨져 있었다. 나중에 측정한 결과 순금관의 무게는 110.4킬로그램으로 나타났다.

순금으로 된 세번째 미라관을 열고 마침내 황금 마스크로 얼굴이 가려진 미라의 얼굴을 보는 순간은 이 발굴의 절정이었다. 그러나 애석하게도 발굴 후원자 캐너번 경은 뚜껑을 열기 직전에 쓰러졌고, 병원으로 후송하였지만 치료를 받던 중 사망하여 결국 미라의 얼굴을 보지 못했다.

파라오의 휴식을 방해하는 자, 저주를 받으리라

보잘것없는 소년 파라오의 무덤에서 나온 보물들은 그보다 훨씬 강력한 왕권을 가졌던 세티 1세나 람세스 2세의 무덤이 도굴되지 않았더라면 얼마나 많은 보물들이 있었을까를 상상하게 한다. 투탕카문의 무덤은 손상되거나 도굴되지 않은 채 발견된 이집트 유일의 무덤이었다. 학문적 연구가치가 높아 전세계의 관심과 주목을 받았으나 정작 세계를 깜짝 놀라게

◀람세스 2세의 무덤에서 얼마 떨어져
있지 않은 투탕카문의 무덤.

한 것은 다른 이유 즉 미라의 저주 때문이었다.

투탕카문의 미라 발굴에 참여했던 사람들이 발굴 후 아무런 이유 없이 차례차례 죽어갔다. 맨처음 죽은 사람은 발굴을 후원했던 캐너번 경으로 발굴 현장에 참석했다가 쓰러져 약 1개월 후에 사망했다. 당시 이집트 사람들 사이에서는 '파라오의 영원한 휴식을 방해하는 자는 반드시 죽음의 저주를 받는다'라고 전해오는 믿음이 있었다.

그런 이유로 캐너번 경의 죽음은 자연스럽게 파라오의 저주와 연관되었다. 특히 그가 임종시에 했다는 '오, 투탕카문 왕이……, 괴롭다……, 괴롭다…'라는 말은 그의 죽음이 파라오의 저주 때문이라는 소문을 더 한층 신빙성있게 만들었다. 이집트 사람들 중에는 '왕의 영혼이 파리로 변해 그를 쏘아 죽였다'고 믿는 사람들이 많았다.

▲ 캐너번 경.

캐너번 경이 죽은 지 약 6개월 후에는 발굴 현장에 같이 있었던 그의 동생 오브리 하바드 대령이 정신이상을 일으켜 죽고 말았다. 카터의 일을 돕기 위해 룩소르에 도착한 루 홀루 교수, 아이사 메이스 교수, 에블린 화이트 박사도 얼마 되지 않아 사망했다.

▶황금으로 도금된 투탕카문의 두 번째 관합문을 여는 하워드 카터와 그의 일행. 오른쪽 아래는 투탕카문 왕무덤 출입문의 봉인.

    특히 에블린 화이트 박사는 '나는 파라오의 저주 때문에 쓰러진다. 그리고 사라져 간다'라는 글을 유언으로 남김으로써 더욱더 분위기를 파라오의 저주로 몰아갔다. 다음해에는 투탕카문의 미라를 X-선 촬영을 했던 알타이바드르 더글라스 리드 교수가 사망했다.

    죽음의 행진은 그것으로 끝나지 않았다. 1929년에는 캐너번 경의 양어

◀투탕카문의 내장이 들어 있는 황금
관함과 아누비스가 앉아 있는 관함.

머니가 벌레에 물려 사망했고, 얼마 후에는 캐너번 경을 시중들었던 간호
사가 원인 불명의 이유로 죽었다. 카터의 비서였던 리처드 베제르가 잠을
자던 중 침대에서 사망했으며 석 달 후에는 베제르의 아버지가 아파트에
서 떨어져 자살했다.

 그의 관을 실은 영구차는 묘지로 가던중에 교통사고를 내어 한 어린 아

▶투탕카문의 관과 미라를 조사하는 하워드 카터. 관의 무게는 110.4kg 이고, 길이는 118cm이었다.

▲배를 타고 작살로 물고기를 잡는 투탕카문.

이가 사망했다. 그 밖에도 캐너번 경의 부인, 브레스데드 박사, 아이크네스 윈로크 교수, 알란 가디나 교수, 후카르 교수, 제이굴드 연구원, 조 울푸 등 카터를 도와 발굴에 참여했던 사람들이 하나 하나 젊은 나이에 죽음을 맞이하였다.

이런 식으로 발굴에 직접 참여한 사람이나 미라를 구경한 사람 또는 그들의 친척들이 죽기 시작해 10여 년 후에는 그 수가 약 20명에 달하게 되었다. 사람들은 이 기이하고 연속적인 죽음을 '미라의 저주' 또는 '투탕카문의 저주' 때문이라고 생각했다. 뿐만 아니라 사람들은 19세기 초 상

◀석회암으로 만든 아몬과 투탕카문.

▲투탕카문의 관함을 둘러싸고 있는
죽음의 여신, 네프티스.

▶**투탕카문의 옥좌 등받이.** 투
탕카문의 몸에 향수를 발라
주는 왕비의 모습.

◀투탕카문의 황금 관.

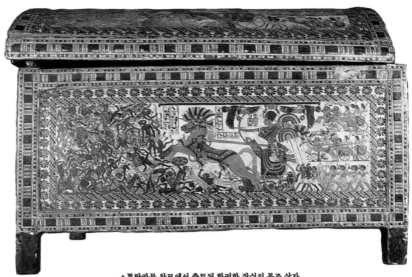

▲투탕카문 왕묘에서 출토된 화려한 장식의 목조 상자

형문자를 해독한 후, 젊은 나이에 요절한 샹폴리옹의 오래 된 죽음을 떠올렸다. 그리고 그의 죽음도 필시 미라의 저주와 상관이 있을 것이라고 믿기 시작했다.

이런 상황에서 세계인의 관심은 이제 카터를 비롯해 아직 생존해 있는 나머지 발굴 참가자들이 과연 언제 죽을 것인가에 모아졌다. 하지만 카를 비롯한 나머지 발굴 참가자들은 세상 사람들의 기대를 져버리고(?) 장수하였다. 카터는 66세에 죽었으며, 루카스, 데이비드 같은 발굴 참여자들은 80세가 넘을 때까지 생존했다.

미라의 저주 때문에 죽었다고 생각했던 약 20명의 희생자들의 사인은 무덤의 먼지 속에 있던 치명적인 박테리아가 호흡과 함께 폐에 들어갔기 때문인 것으로 나중에 밝혀졌다. 샹폴리옹 역시 당뇨병 환자였는데 면도하다가 벤 상처를 잘 치료하지 않아 혈액중독으로 사망했다는 내용이 보도되면서 이른바 '미라의 저주' 이야기는 헛소동으로 끝을 맺었다.

▲투탕카문 왕묘에서 발견된 샤와브티
(대답하는자)로 몸에는 『사자의 서』
6장의 내용이 새겨져 있다. 파라오
가 사후 세계에서 쉬는 동안, 그를
위해 일하는 역활을 하였다.

2. 신, 인간 그리고 죽음의 형이상학

사랑의 여신 하토르 신전의 수수께끼

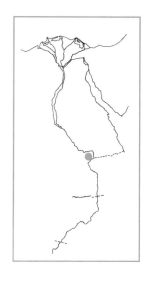

*덴데라의 고대 이집트 지명은 이운트이지만, 그리스인들이 텐테라라고 부른 데서 현재의 이름이 유래되었다고 한다.

덴데라에는 사랑의 여신 하토르 신전이 있어 유명한데, 이 여신은 흔히 암소나 암소의 뿔을 한 인간의 모습으로 나타난다. 하토르 여신은 그리스 신화에 나오는 사랑의 여신 아프로디테와 흔히 동일시 하기도 한다. 고대 이집트 신화에서 그녀는 남편인 호루스를 만나기 위해 그녀의 신전을 나와 남쪽의 *에드푸로 여행을 했다. 남편이 오는 것을 기다리지 않고 직접 찾아가는 모습은 보통 전통적인 여신들과는 달리 용기있고 적극적인 모습이다.

덴데라의 하토르 신전은 프톨레마이오스 시대에 건설되었는데, 건물이

▲덴데라의 하토르 신전

나 기둥의 양식을 보면 비전문가라해도 이 신전이 지중해 문화권의 영향
을 받았음을 금방 알 수 있다. 신전의 정면에는 이 신전 건축을 감독한 클
레오파트라의 얼굴이 묘사되어 있는데, 알렉산드리아의 그레코 로망 박물
관과 함께 이집트에서 클레오파트라의 얼굴을 볼 수 있는 곳이다.

신전은 안뜰이 없이 직접 열주식 홀로 연결된 특이한 구조를 보인다. 하
토르 신전의 기둥들은 대개가 여신의 두상을 기둥머리로 가지고 있다. 여
신의 모습을 살펴보면 황소의 귀를 가진 여자의 얼굴로 묘사되어 있음을
알 수 있다.

또한 여신의 머리 위에는 사각형 모양의 *시스트럼이라고 하는 악기가

올려져 있다. 이 악기는 흔들거나 비벼서 소리를 내는 악기의 일종인데, 여신 하토르가 있는 곳에는 빠지지 않고 등장한다. 기둥은 이 악기의 손잡이처럼 생겼으므로 신전은 전체적으로 거대한 시스트럼들에 의해 받쳐지고 있는 것처럼 보인다.

열주식 홀에 새겨져 있는 로마 시대의 아우구스투스 황제(BC 63 로마~AD 14), 티베리우스 황제(BC 42~AD 37)의 이름은 아마도 후대에 덧붙였던 것으로 보인다. 신전의 가장 안쪽에 위치한 성소에는 프톨레마이오스 12세(BC 112년경~51)의 이름이 있고, 성소의 바깥 벽에는 클레오파트라 7세(BC 69~30)와 그녀와 로마의 황제 카이사르 사이에 태어난 아들 카이사리온의 모습이 새겨져 있다.

이집트 고고학 전문가들에게 덴데라 신전 벽에 새겨진 카르투쉬는 풀 수 없는 수수께끼로 남아 있다. 이집트의 다른 모든 기념물들에는 건설한 파라오의 이름을 둘러싼 타원형의 장식 고리(혹은 카르투쉬)가 있다. 그런데 하토로 신전의 수수께끼는 타원형 고리만 있을 뿐, 그 안에 왕의 이름이 새겨져 있지 않다는 것이다. 서너 개의 카르투쉬에는 문자가 기록된 것도 있으나, 어디까지나 '파라오'라고만 쓰여져 있을 뿐 왕의 자세한 이름은 나와 있지 않다.

고고학자들은 카르투쉬에 이름이 새겨져 있지 않은 이유가 당시 이집트의 혼란한 정치적 상황과 관련이 있다고 생각하고 있다. 신전이 건설된 기원전 2~1세기경에는 신전을 건축하는데 참여한 이집트인들이 자신들의

*시스트럼 Sistrum 나무, 금속, 점토 등으로 만든 몸체에 손잡이가 달려있고 몸체에 딸랑거리는 물체를 달아 흔들어 소리를 내는 타악기이다. 하토르 여신의 제의에서 사용하였으며, 로마시대에는 이시스 여신의 제의에서도 사용하였다.

▲시스트럼을 들고 있는 투탕카문.

▲**하토르 여신.** 아름다운 얼굴에 소의
  귀를 하고 있다.

▶사랑의 여신인 하토르의 얼굴을 조각
  한 덴데라 하토르 신전 내부의 기둥.

실질적인 지도자를 확신하지 못하였기 때문이라는 것이다. 어쩌면 1주일 안에 자신들의 지배자가 또 다른 사람의 이름으로 바뀔지도 모르는 상황에서, 함부로 이름을 새기느니 아무것도 새기지 않는 것이 현명하지 않았을까?

이름이 없는 것에 대한 다른 학설도 있다. 건설 당시 이집트를 지배한 통치자는 그리스계 프톨레마이오스 왕조였다. 따라서 이집트인들은 그들을 토착 이집트인 파라오와 동일하게 대우하는 것을 파라오의 신성에 대한 모독으로 간주하였다는 것이다. 게다가 그리스 감독관이 카르투쉬의 중요성을 알지 못하였으므로, 건설에 동참한 이집트인들이 빈 칸으로 남겨둘 수 있었다는 것이다.

▶오리시스의 아내 이시스. 아들 호루
스에게 젖을 먹이는 모습.

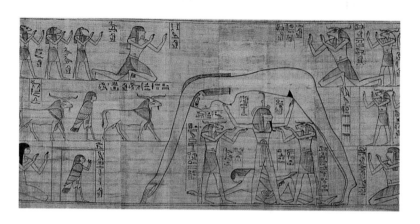

타원형의 둥근 고리 안에 왕의 이름을 새겨 넣었던 카르투쉬는 오늘날 이집트를 방문하는 사람들이 기념으로 자신의 이름을 새기기도 하는 관광 상품이다. 이름이 새겨져 있지 않은 덴데라 신전의 카르투쉬, 그 주인공의 이름은 누구일까…… 갈 길 바쁜 여행객의 발걸음을 붙잡는 수수께끼이다.

이집트의 창세신화

덴데라에서 자동차로 약 1시간 30분 거리에 있는 *아비도스는 고대 파라 오 시대에 가장 신성하게 간주되었던 곳이다. 지하세계를 관장하는 부활의 신 *오시리스가 이곳에 묻혀 있다고 생각하였기 때문이다.

이집트의 창세신화는 세 가지로 모두 그리스인들에 의해 후세에 전해지고 있는데 각각의 신화는 고대 이집트의 종교적 중심지였던 헤르모폴리스, *헬리오폴리스, 멤피스 사람들이 믿었던 것들이다.

세 가지 신화 중에서 오늘날 비교적 많이 알려져 있는 것은 헬리오폴리스의 창세신화이다. 태양신 라가 숭배된 고대 이집트의 도시 헬리오폴리스는 현재의 지명으로는 카이로 근처의 마타리야 지역을 가리키는데 구약성서에는 '온'이라는 지명으로 나타나 있다.

헬리오폴리스는 태양을 의미하는 '헬리오스'와 도시를 의미하는 '폴리스'가 합성된 말로서 이름을 통해서도 이 지역이 '태양의 도시' 즉, '태양

*아비도스 Abydos 지금의 알아라바트 알마트푸나이다. 유명한 성지이자 고대 이집트의 가장 중요한 고고학 유적지이며 나일강 서쪽 저지대 사막에 위치하며 오시리스 신 숭배를 위한 순례의 중심지가 되었다.

*오시리스 Osiris 고대 이집트의 신들 중에서 가장 중요한 신 중에 하나이다. 다산과 죽은 왕들의 화신으로 여겨졌으며 오시리스는 죽은 자들의 지배자일 뿐만 아니라, 식물의 싹이 나는 것에서부터 나일강의 연례적인 범람에 이르기까지 모든 것에 생명을 부여하는 힘을 가진 것으로 간주되었다.

*헬리오폴리스 Heliopolis (기둥도시라는 뜻을 지님) 태양신 '레'를 숭배한 가장 오래 된 고대 이집트의 도시. 하이집트의 15번째 수도로 종교적 중심지였다. '레'신에 대한 숭배가 국가적 차원에서 의미를 지녔던 제5왕조때 막강한 영향력을 지녔다. 그러나 지금 현재 이 도시의 흔적은 거의 남아 있지 않다.

▶**귀가 잘리고 숫양의 머리로 변한 세트.** 이 조각상을 통해서 세트가 아몬으로 변화하는 것을 알 수 있다(왼쪽). **네프티스의 목조상.** 그녀의 오빠인 오시리스를 애도하고 있다(오른쪽).

*눈(누) Nun 고대 이집트 신 중에서 가장 오래된 태초의 신으로 태양신 '레'의 아버지이다. 누의 속성은 무한, 암흑, 폭풍의 사나움이다. 누의 창조신화는 이집트 창조신화 중에서 가장 유명하다. 창조의 모든 것은 태초의 누에서 태어났고 태양신마저도 혼돈의 물로부터 태어나는 일이 날마다 반복되었다. 또한 누는 나일강의 수원으로 계속 존재한다고 믿어졌다.

*이시스 Isis 이시스라는 이름은 '왕좌'를 뜻하는 고대 이집트 상형문자를 그리스어로 바꾼 것으로 고대 이집트에서 가장 중요한 여신이다. '왕좌'의 성이 여성이기 때문에, 그 화신은 여자, 즉 왕의 어머니였으며 사실상 왕의 창조주였다. 이시스는 왕좌에 혼자 앉아서 아이 호루스를 데리고 있거나, 아니면 관棺 앞에 무릎을 꿇고 있으면서 머리에 왕위를 상징하는 상형문자를 달고 있는 여자의 모습으로 나타난다.

*네프티스 이시스와 자매이며 오빠 인 세트의 아내. 오리시스의 자식을 갖기 위해 오리시스가 술에 취해 있을 때 동침을 하여 아누비스를 낳았다. 죽은자들을 수호하는 신으로 이시스와 함께 긴 날개를 펼친 모습이 관의 덮개나 석관 옆면에 그려진다.

신 숭배의 중심지'였음을 알 수 있다. 우리가 알고 있는 태양신 '라'는 헬리오폴리스 신화의 후반부에 등장한다.

헬리오폴리스 신화에 따르면 태초의 세계에는 오직 '*눈'이라고 불리는 '바다 또는 물의 상태'만이 존재하였다. 때때로 나일강과 동일시되기도 하는 이 '눈'에서 아톤(아텐 또는 아툼)이 탄생하는데 아톤은 태양신 라와 동일시되기도 한다.

태양신 라(아톤)는 스스로의 수정작용으로 슈와 테프누트를 낳았는데(혹은 토해냈는데) 슈는 공기신이 되고 테프누트는 증기신이 되었다. 남신인 슈와 여신인 테프누트는 다시 결합하여 남신 게브(혹은 세브)와 여신 누트를 얻는다.

그런데 어느 날, 게브와 누트가 서로 껴안고 있는 것을 본 아버지 슈가 이 둘을 떼어서 누트를 하늘 높이 올리고 게브는 지상에 눕혔다고 한다. 그리하여 게브는 대지의 신, 슈와 테프누트는 공기 증기의 신, 누트는 하늘의 신이 되었다.

　게브와 누트의 결혼에 관해서는 두 가지 다른 내용이 전한다. 하나는 게브와 누트가 부부가 되어 오시리스, *이시스, *네프티스, *세트를 낳았는데 오빠와 여동생이 결혼하는 풍습에 의해 오시리스와 이시스, 세트와 네프티스는 부부가 된다. 고대 이집트 왕가에서는 오빠와 여동생의 결혼이 지배적이었는데 이 풍습의 유래를 이 신화를 통해 살필 수 있다.

　그리스 역사학자 풀루타르코스가 전하는 다른 창세신화에 따르면 태양신 라가 게브와 누트의 결혼을 반대하여 일년 360일 중 어느 날에도 아이를 낳을 수 없었다고 나온다. 그런데 지혜의 신 토트가 이를 불쌍히 여겨 360일이던 일 년에, 5일을 더하여 365일로 만들어 준 덕분에 게브와 누트는 5일 중 처음 4일 동안에 오시리스, 이시스, 네프티스, 세트를 낳고 마지막 날에 호루스를 낳는다는 내용이다.

　일반적으로 널리 알려진 오시리스 신화에는 호루스가 오시리스와 이시스의 아들이다. 그러므로 구별을 위해 여기서 말하는 호루스를 '연상의 호루스'라고 말하기도 한다.

　고대 이집트의 모든 파라오들은 살아 있을 때는 태양신 라의 아들이자 호루스의 화신이고 죽은 후에는 오시리스가 된다고 믿었다. 오시리스가 세트에 의해 죽임을 당했다가 부활한 것처럼 왕도 죽은 후에 다시 부활하길 바랐기 때문에 어쩌면 당연한 믿음인지도 모르겠다.

　고왕국 시대에 오시리스 신앙은 파라오만이 가진 종교였으나 왕권이 약해진 제1중간기를 거치면서 보편화되어 모든 사람들이 오시리스처럼 부활을 기대할 수 있게 되었다.

　한편, 호루스는 그리스 시대에 이르러 아폴론 신과 동일시되기도 하였다. 이집트에서 호루스를 섬기던 대표적인 곳은 룩소르에서 남쪽으로 약 100킬로미터 떨어진 에드푸이다.

*세트 Seth 상이집트 제11주州의 수호신으로 세트는 호루스를 숭상하던 히에라콘폴리스의 파라오들의 이집트 통일로 인해 제거되었다.
세트는 재칼의 몸에 뾰족한 귀, 털이 난 손톱, 길게 휘고 뾰족한 주둥이를 가진 모습으로 묘사되었다. 세트는 하늘의 신, 사막의 왕, 태풍, 무질서, 전쟁의 상징으로, 다루기 힘든 존재였다.
신왕국 시대가 끝난 후 오시리스 숭배가 강화함에 따라 세트의 이름과 신상神像도 제거되었다.

▲수의에 덮인 미라 형상을 한 오시리스.

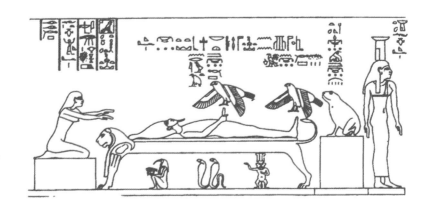

▶오시리스 신화. 곡식이 싹을 틔우고 오시리스의 후계자를 얻기 위해 이시스가 암컷 새로 변신해 남편의 정력을 되찾아 주고 있다.

오시리스 신화

고대 이집트인들의 신앙에서 빼놓을 수 없는 오시리스 신화는 그리스 저술가 플루타르코스의 '오시리스와 이시스에 대하여'라는 작품 속에서 전해지고 있다. 플루타르코스의 작품은 이집트 신들의 이름을 그리스 신들의 이름으로 바꾸어 쓰고 있어 정확한 이집트 명칭을 알 수 없는 것이 유감이지만, 그 내용을 소개하면 다음과 같다.

게브와 누트는 다시 부부가 되어 오시리스, 이시스, 네프티스, 세트의 네 남매를 낳았는데 오빠와 여동생이 결혼하는 풍습에 의해 오시리스는 이시스와 세트는 네프티스와 부부가 되었다.

여동생 이시스를 아내로 맞이한 오시리스는 28년 동안 이집트를 통치하였다. 오시리스는 이집트 방방곡곡을 다니면서 사람들에게 농사짓는 법을 비롯한 여러 가지 기술을 가르쳤으므로 사람들은 그를 존경했고 이집트는 평화로운 시대를 구가했다.

한편, 왕위를 노린 동생 세트는 오시리스를 살해하려는 음모를 짠다. 이집트인들은 죽은 후에 훌륭한 관에 장사지내지기를 원했는데 세트는 이 인습을 이용, 형 오시리스의 키에 맞는 관을 만들었다.

궁궐의 한 연회에서 세트는 관이 맞는 사람에게 그 관을 주겠노라고 제안하였는데, 전부 맞지 않자 마지막으로 오시리스가 관에 들어가 보았다.

▲호루스.

그 순간 세트는 관 뚜껑을 덮고 나일강에 던져버렸다.

익사한 오시리스의 시체가 들어 있는 관은 델타를 지나서 지중해로 흘러들어 마침내 시리아 해안(혹은 레바논 해안)의 비블로스에 도착한다. 이 관은 그곳에서 자라던 무화과(히스) 나무 줄기에 걸렸는데, 이 나무줄기가 점점 커짐에 따라 관이 나무 속에 가려지게 되었다. 나중에 비블로스 궁전을 만들 때 이 관이 들어 있던 나무줄기가 궁전의 기둥으로 쓰였다. 한편, 비탄에 잠겨 관을 찾아 헤매던 이시스는 이 소문을 듣고 그 관을 되찾아 숲속에 감춰두었다.

그러나 사냥을 하다가 (혹은 이 사실을 알고) 이시스가 감춰둔 관을 발견한 세트는 화를 내며 오시리스의 시체를 14 토막으로 찢어 이집트 곳곳에 버렸다. 전국을 돌아다니면서 토막난 시체 조각을 모은 이시스는 오시리스를 원래의 모습으로 회복시킨 후 생명을 불어넣는 의식을 거행하여 사자死者의 왕으로 부활시켰다.

▲따오기 모습의 토트.

▶아비도스의 람세스 2세 장례 신전 부
조. 람세스 2세가 제단 앞에 서 있다.

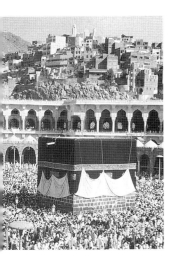

▼카바 Kaaba 신전 전세계의 모든 이
슬람교도들이 가장 신성한 곳으로
여기는 곳이다. 마호메트(무함마드)
가 메디나로 옮겨가고 그곳에서 유
대인과의 분규가 있은 뒤에 그는 기
도할 때 향하는 방향을 예루살렘에
서 카바로 바꾸었다.
이슬람교도들은 매일 5차례 이곳을
향하여 기도를 하고 죽은 자의 시신
이 이곳을 통과하는 자오선을 향하
게 하며 평생을 카바를 순례하려는
소망을 가지고 살아간다.

전하는 바에 따르면, 오시리스의 토막난 시체 가운데 생식을 할 수 있는 중요한 부분만을 못 찾은 이시스는 나일강의 진흙으로 모형을 만들어 생명을 불어넣은 다음 정액을 받았다고 한다. 이시스가 오시리스의 시체와 결합하여 낳은 호루스는 성장하여 마침내 세트를 물리치고 이집트의 왕위에 오른다.

지하 세계의 왕이 된 오시리스는 선과 진리의 구현체로 숭배되었는데 숭배의 중심지는 아비도스였다. 고대 이집트인들은 이 아비도스에 오시리스의 머리가 묻힌 것으로 믿었다. 무슬림들이 평생에 한 번은 메카의 *카바 신전을 방문하는 것을 의무로 생각하고, 기독교인들이 평생에 한 번은 예루살렘의 그리스도 성묘를 방문하려고 하는 것처럼 많은 고대 이집트인들도 평생에 한 번은 아비도스를 순례하려고 하였다.

고대 이집트인들은 사람이 죽으면, 서쪽의 지평선을 넘어 진리의 홀에

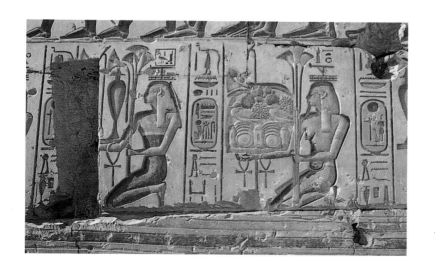

◀람세스 2세 장례 신전의 호화로운 부조. 수호신에게 제물을 바치는 모습을 묘사하였다.

당도한 후, 지하 세계의 왕인 오시리스 앞에 서서 최후의 심판을 받는다고 믿었다.

파피루스 기록에 나타난 내용에 따르면, 최후 심판일에 오시리스 옆에는 42명의 심판관과 따오기 머리를 한 토트가 나열해 있는데 이 42명의 심판관은 죄의 수를 나타낸다고 한다. 죄의 종류에는 거짓말한 죄, 중상모략죄, 도둑질한 죄, 간음한 죄, 살인죄 등이 있으나 기독교와 다른 죄로 심장을 먹은 죄가 있는 것이 특색이다. 토트는 정의의 추를 저울의 한쪽에 올려 놓고 나머지 한쪽에는 죽은 자의 심장을 올려 놓은 다음 심장을 저울질한 결과를 자신의 명판에 기록하는 자세로 그려져 있다.

이 토트를 그리스인들은 헤르메스와 동일시하였다. 주술과 기록의 신으로 알려진 토트는 달을 기준으로 하여 시간을 측정하였던 고대 이집트 사람들에게 가끔 달의 신으로도 숭배되었는데, 드물긴 하지만 머리에 초생달 모양의 뿔을 쓴 모습의 토트가 그려지는 것도 이 때문이다.

이집트의 다른 신들이 흔히 동물의 머리를 한 사람의 모습으로 나타나지만, 오시리스는 언제나 사람의 모습으로 나타난다. 그는 남부 이집트(상이집트)를 상징하는 길고 흰 왕관을 쓰거나, 흰 왕관에 숫양의 뿔이나 새

▲토트 신 Thoth 달의 신, 계산의 신으로 일반적으로는 학문의 신이다. 사회질서를 만드는 등 신들의 자문역할을 하였다. 토트를 나타내는 동물은 따오기와 비비원숭이이다.

의 깃털이 장식된 변형된 왕관을 쓰고 있다. 오시리스의 피부는 언제나 검은색 아니면 녹색으로 나타나는데 검은색은 나일강 유역의 기름진 흙의 색이며, 녹색은 성장과 발육의 색이다.

현재 아비도스에 남아 있는 오시리스 신전은, 사실은 신왕국 시대 제19 왕조의 세티 1세가 자신의 순례를 기념하여 세운 것이다. 신전에 부속된 예술적 작품들은 고대 이집트인들이 만든 것 중에서 가장 뛰어난 것으로 간주되고 있다.

세티 1세 때 벽에 새긴 조각은 단순히 대상물의 윤곽을 판 형태가 아니라 얕은 양각으로 되어 있어 훨씬 복잡하고 아름답다. 그러나 신전을 완성한 그의 아들 람세스 2세 때 만들어진 양각은 부왕 때 행한 양각에 비해, 훨씬 거칠고 단순한 형태로 돌아갔음을 보여준다. 문화란 언제나 발전 계승하는 것은 아니며, 시간의 흐름속에 오히려 퇴보하기도 한다는 것을 새삼 느끼게 된다.

태양의 파라오, 아크나톤의 운명

아비도스에서 다시 북쪽으로 나일강을 따라 올라가면, 아크나톤의 도시 텔 엘-아마르나Tell el-Amarna가 나온다. 아크나톤은 룩소르 신전을 건설한 아멘호테프 3세의 아들로 원래의 이름은 아멘호테프 4세였으나 나중에 개명하였다. 종교 개혁을 감행하여 이전까지 숭배해 오던 다신 숭배를 버리고 유일신인 태양 신 아톤(혹은 아텐)을 숭배하도록 한 인물이다. 그는 이전까지 숭배하던 아몬 신에 대해 적대적이었다.

텔 엘아마르나는 파라오 아크나톤이 아톤 신을 숭배하기 위해 룩소르 대신 건설한 새 수도였다. 풍요의 절정에 도달해 있던 당시 룩소르에 비하면, 오지라 할 수 있는 이곳에까지 천도한 것을 보면 과연 신앙의 힘이 놀랍다는 생각이 든다.

새 수도 텔 엘아마르나에서 그의 재위는 약 15년 간으로 단명하였다. 그

▲제단을 받쳐 들고 있는 아크나톤.

◀유일신 아톤을 숭배하는 아크나톤
과 그의 아내 네페르티티와 아이들.

래서인지 이곳에 있는 신전이나 기타 건축물들은 비전문가들에게 거의 볼
만한 것이 없다. 룩소르의 카르나크 신전이나 아비도스의 오시리스 신전
을 구경하고 온 사람에게 이곳은 분명히 실망스러울 것이다. 하지만 보잘
것없는 유적지와는 달리, 천도를 감행한 아크나톤 파라오는 유일신을 숭
배한 것은 물론 그 밖의 여러 가지 점에서 특이한 인물로 평가된다.

이집트사상 최초로 유일신을 숭배한 아크나톤은 미술사적인 측면에서
새로운 획을 긋는 변화를 시도한 것으로 유명하다. 그는 얼굴은 옆면의 모
습, 어깨와 엉덩이는 정면의 모습, 다리는 옆에서 본 모습을 그리던 전통
적인 이집트 회화 기법을 버리고 자신의 모습을 사실대로 묘사하도록 한
특이한 인물이었다.

조각에서도 언제나 실물보다 크고, 실제 얼굴보다 젊고 멋있게 묘사한
전통적 방식을 취하지 않고, 있는 그대로 묘사하길 고집했다. 이 때문에

▲아톤(태양신)을 섬기는 아크나톤.

▲네페르티티.

▲아크나톤.

▲크눔 신에게 바쳐진 에스나의 신전.
프톨레마이오스 왕조때 건설되었다.

언제나 근엄하게 나타나던 지난날 파라오들의 모습과는 달리 그의 시대에
는 왕비 네페르티티의 허리에 손을 올린 그림이나 갓난 공주를 무릎 위에
올려놓고 어르는 모습 등도 그려질 수 있었다.

　당시로서는 지나치게 개혁적인 성향을 보인 아크나톤은 전쟁을 혐오한
철학자적인 성향을 가지고 있었던 것으로 보인다. 변방인 북부 시리아에

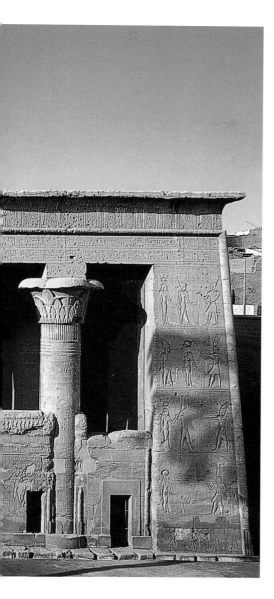

서 외적의 침입에 대항하기 위해 구원병을 요청해 왔음에도 불구하고, 전쟁의 필요를 느끼지 못한 그는 묵묵부답이었다고 한다.

결국 아크나톤은 그의 개혁 정책에 불안을 느낀 귀족과 신관들에 의해 물러나게 된다. 그의 왕비인 이집트 최고의 미녀 네페르티티 역시 골방에 유폐되어 인생을 불행하게 마감했다.

카이로 국립박물관에 전시되어 있는 아크나톤의 석상은 얼굴이 말의 얼굴처럼 길고 야위었으며 엉덩이는 무겁고, 어깨는 축 쳐진 이상한 모습이다. 이집트 고고학자들은 그의 모습이 이상한 것으로 미루어보아 파라오의 피를 순수하게 보존하기 위해 근친결혼을 했던 이집트 왕가에 열성유전이 상당히 진척되었음을 알 수 있다고 말한다. 하지만 그의 왕비 네페르티티는 가장 아름다운 토착 이집트 여자라는 평답게 아름자운 자태를 뽐내고 있어 묘한 대조를 이룬다. '영웅만이 미인을 취할 수 있다'는 말이 맞다면 어쩌면 아크나톤은 영웅일 수도 있다. 그러나 그의 기묘한 모습은 영웅의 이미지와는 거리가 멀다.

▲콤옴보 신전.

에스나, 에드푸, 콤옴보

룩소르 북부의 유적지를 방문하고 다시 룩소르에 돌아와 이번에는 룩소르에서 남쪽으로 나일강을 거슬러 올라간다. 룩소르의 버스 터미널에서 버스나 봉고차를 타고 아스완을 향해 가다 보면, 중간에 에스나, 에드푸, 콤옴보 세 곳에 신전이 있다. 룩소르에서 아스완으로 가는 크루즈의 경우,

이곳이 첫 기착지이며 아스완에서 룩소르로 가는 크루즈의 경우는 마지막 기착지가 된다.

고대 파라오 시대에 에스나는 이우니트 혹은 스니라고 불렸다. 이 두 번째 이름이 콥트어 에스네 Esne로 발전하였고, 에스나Esna는 이것을 다시 아랍어식으로 발음한 것이다.

이곳에 있는 신전들은 알렉산드로스 사망 이후 이집트에 들어선 프톨레마이오스 왕조와 로마 시대 (BC 30년~AD 395년)에 건설되었다. 이러한 이유로 이 신전들은 흔히 '그레코 로망 신전'이라고 불리기도 하지만, 신전은 이집트 장인들에 의해 이집트 양식으로 건설되었고 프톨레마이오스 왕조의 파라오들이나 로마의 황제들도 전부 고대 이집트 파라오의 모습으로 나타난다.

*호루스 Horus 매의 형상을 한 신으로 나타난다. 호루스의 눈은 태양과 달이며 원래는 하이집트의 신이었다. 이집트 신화 속에서 하이집트를 다스리며 평화롭게 살다가 오시리스 숭배가 이집트 전역으로 퍼짐에 따라 호루스는 오시리스의 아들로 여겨졌다. 상이집트를 대표하던 세트가 오시리스를 살해하자 이집트의 왕좌를 놓고 세트와 경쟁관계에 놓인다. 결국 세트가 호루스에게 패배하고 호루스는 아버지의 원수를 갚는 동시에 통치권을 장악하였다.
호루스 신전이 이집트 민족주의의 중심지가 되었고, 세트를 항복시킨 것은, 점령자에 대한 이집트인의 승리를 상징했다.

▲매의 머리를 한 (연상의)호루스.

룩소르에서 남쪽으로 약 40킬로미터 떨어진 에스나는 남부 수단을 출발한 낙타 대상이 서부 사막을 거쳐 나일 계곡으로 들어오는 무역로 위에 위치하고 있어 일찍부터 무역 중심지로 발전했던 곳이다. 아직까지 이곳에는 당시의 무역을 상상하게 해주는 큰 낙타시장이 남아 있다.

에스나에 있는 신전은 크눔 신을 위해 봉헌되었다. 크눔 신은 물레를 돌

▶크눔 신. 긴뿔을 가진 숫양의 모습으로 나타난다.

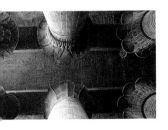

▲에스나 신전 다주식 홀의 천장. 천문학적인 장면과 종교적 제의를 담고 있다.

려 진흙으로 인간을 만들었다는 신이자 아스완 엘리팬타인(Elephantine 코끼리섬) 섬의 수호신으로 간주되는 신이다. 고대 이집트 사람들은 나일강의 발원이 엘리팬타인 섬으로 믿었으므로, 나일강의 발원을 주관하는 크눔 신은 신들 중에서 큰 중요성을 지니고 있었다고 말할 수 있다.

현재 신전은 많이 훼손되어 기둥이 늘어섰던 다주식多柱式 홀을 제외하면 별로 볼 만한 것이 없으나, 다양하고 복합적인 기둥머리 양식은 볼만한 가치가 있다. 다주식 홀에는 24개의 기둥이 있는데, 그리스 로마 시대의 축제 장면을 담은 상형문자가 새겨져 있다.

이 기록에 있는 가장 오래 된 왕의 이름은 그리스 시대의 프톨레마이오스 6세(BC 181~140)이고, 가장 최근의 왕은 249년에 사망한 로마의 데시우스 황제이다. 신전에서 볼 수 있는 트라잔 황제(249~251)는 왕의 이름이 타원형 고리(카르투쉬)로 둘러싸여 이집트 신전에 남아 있는 마지막 로마 황제로 알려져 있다.

다주식 홀의 내벽에는 왕과 신들의 활동 장면을 그린 200개 이상의 부조가 있는데, 특히 잘 알려진 그림은 습지대에서 새를 잡는 왕의 모습이다. 이집트의 관광 상품 파피루스에 흔히 그려져 있는 서정성 짙은 바로 그 그림이다.

근대 도시 에드푸는 룩소르와 아스완 사이의 나일 서안에 위치하고 있다. 고대 파라오 시대에 에드푸는 제바 혹은 베데트라고 불렸고, 그리스 시대에는 '아폴로의 도시'라는 의미의 아폴리노폴리스라고 불렸다.

원래 에드푸의 *호루스 신은 델타 지방에서 숭배된 '연상의 호루스'였으나, 후기에는 '연하의 호루스' 즉 오시리스와 이시스의 아들인 호루스로 혼동되기도 한다. 이곳에 있는 호루스 신전은 이집트에서 가장 보존이 잘 되어 있는 신전으로 유명한데, 프톨레마이오스 3세의 재위 기간인 기원전 237년에 건설을 시작하여 완성하기까지 약 200년의 세월이 걸렸다고 한다.

신전의 벽과 기둥, 회랑과 홀, 대기실과 성소 등의 부조는 이집트에서 가장 아름다운 것으로 정평이 나 있다. 얼굴이 매나 독수리의 모습으로 나타나는 이 연하의 호루스 신은 오시리스와 이시스의 아들로 아버지를 죽인 숙부 세트에게 복수한 그 신이다.

콤옴보는 아스완 북쪽으로 약 50킬로미터 떨어져 있다. 콤옴보란 이름은 그리스인들이 이 지역을 호칭했던 옴보스란 이름을 아랍어식으로 발음

*세베크 Shebek 고대 이집트의 악어신으로 주요 신전은 파이움 지방에 있다. 처음에는 다산多産을 관장하는 신이었거나, 죽음 및 장례와 관련된 신이었을 것이며, 후에는 파충류의 수호자이자 왕들의 수호자(제13대 왕조 동안 왕명은 '세베크가 만족하다'라는 뜻의 Sebekhotep였음)였다.

▲세티 1세와 하토르 여신.

한 것이라고 한다.

　이곳에는 악어신 *세베크와 매의 머리를 한 (연상의)호루스 두 신을 위해 봉헌된 신전이 있는데, 이집트 역사상 한 장소에 두 신을 위한 신전이 만들어진 것으로는 유일하다. 두 신전은 구조나 크기 면에서 쌍둥이처럼 비슷하게 건설하였는데, 동쪽에 있는 악어신 예배소에는 미라로 만든 악어가 원형대로 보존되어 있다.

　콤옴보와 함께 이집트에서 악어 신의 숭배로 유명했던 곳은 카이로에서 남쪽으로 약 100킬로미터 떨어져 있는 파이윰이다. 역사학자 헤로도토스에 의하면, 파이윰 사람들은 신으로 생각한 금귀걸이로 장식한 악어 한 마리를 기르면서 매일 정해진 양의 빵이나 산 제물을 바쳤다고 한다.

　파이윰의 주민들은 악어가 살아 있을 때도 최대한 정성을 기울여 돌보지만 죽은 후에도 방부처리해서 묘지에 묻었다. 그리고 악어가 묻힌 묘지를 신성한 장소로 간주했다. 하지만 다른 지역의 주민들, 예를 들어 아스완의 주민들은 악어를 무시하였을 뿐만 아니라 잡아 먹기도 했는데 이와 같은 일은 부족이 숭배하는 신이 지역마다 틀린 상황에서 흔히 발생하는 일이었다.

3. 신에게 바쳐진 지상최대의 역사役事

카이로에서 남쪽으로 약 980킬로미터 떨어져 있는 아스완의 고대 이름은 순트이다. 후에 콥트어로 수안이라고 불렸는데, 그 의미는 '무역'이었다. 현재의 지명 아스완은 바로 콥트어의 '수안'에서 유래한 것이라는 설이 있다.

원래 아스완의 주요 마을은 엘리펜타인 섬이었다. 고대 파라오 시대에 이 섬은 남부 이집트에서 제일 가는 주도州都였으며, 남부의 누비아, 수단, 에티오피아로 들어가는 원정대의 기지로도 사용되었다.

파라오 시대부터 이슬람 시대에 이르기까지 외국 땅에서 이집트 남부로 온 낙타와 코끼리 대상들이 노예, 금, 상아, 후추, 의복, 이국적인 도자기 등을 실어날랐던 아스완은 풍요로 넘치는 도시였다. 현대 도시 아스완은 엘리펜타인 섬을 벗어나 제1여울목의 북쪽 끝에서 나일강의 동편으로 발

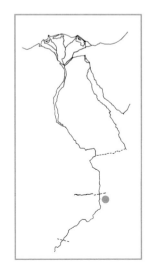

▲필레 섬의 이시스 신전 **탑문**. 정문을
이시스, 호루스, 하토르 세 신이 지
키고 있다.

전하였으며, 엘리팬타인 섬을 마주보고 있다.

아스완을 방문하기 가장 적당한 시기는 겨울이다. 여름은 기온이 섭씨
38도~50도를 오르내리기 때문에 매우 뜨겁고 건조하다. 그러므로 여름
에는 그늘에 앉아 파리를 쫓는 일 외에는 특별히 일을 못하는 반면, 겨울
의 평균 기온은 섭씨 약 26도로 따뜻하여 유적지를 답사하기에 적당하다.

1902년 아스완 댐이 건설되었을 때만 해도 이 댐의 건설이 아름다운 호
반의 도시 아스완 주민들의 생활에 커다란 변화를 주지는 못했다. 아스완

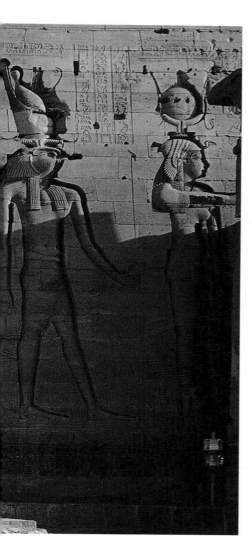

의 극적인 변화는 1971년에 거대한 아스완 하이댐이 완공되면서 시작되었다.

하이 댐 뒤로 형성된 거대한 호수로, 인근 누비아 지역은 완전히 물속에 잠겼다. 유네스코의 도움으로 약 10만 명의 원주민이 수몰 지역을 벗어나 다른 지역으로 이주하였고, 물에 잠긴 23개나 되는 신전과 성소들에 대한 구조작업이 펼쳐졌다. 이주와 유적 구출 비용을 감당하지 못한 이집트를 도와주기 위해, 유네스코는 국제적인 모금활동을 시작하였다.

우리나라에서도 크리스마스 실을 구입하는 방식으로 모금활동에 참여했던 기억을 가진 사람들이 많을 것이다. 댐의 건설로 수몰위기에 처했던 유적지들 중 가장 대표적인 것이 필레 신전과 아부심벨 신전이었다.

물에 잠긴 이시스 신전의 구조작업

영국이 이집트를 위임 통치하던 1902년, 아스완의 북쪽 나일강 제1여울목 지점에 아스완 댐을 건설한다. 매년 증가하는 이집트의 인구에게 충분한 식량을 제공하기 위해서 넓은 면적의 농경지가 필요하게 되었고 그 농경지에 보낼 관개용수를 확보하려면 댐을 건설할 필요가 있었다. 아스완 댐은 이런 시대적 상황에서 1898~1902년에 걸쳐 건설됐다.

아스완 댐이 시대적인 필요에 의해 건설된 것은 사실이지만 이 댐의 건설로 물이 불어 상류에 있던 필레 섬의 이시스 신전이 물에 잠기게 된 것은 큰 손실이 아닐 수 없었다.

이시스는 치료와 처녀성, 어머니의 인자함, 그리고 영생에 대한 약속을 상징하는 고대 이집트의 여신이다. 필레 섬은 그녀가 남편이자 오빠인 오시리스의 조각난 시체 중 심장을

◀물에 잠긴 필레 섬의 이시스 신전.

발견한 곳으로 이집트 내에서 이시스 숭배사상의 중심지였다.

물에 잠긴 이시스 신전의 가장 오래 된 부분은 기원전 4세기 경으로 소급되지만 대부분은 프톨레마이오스 왕조와 뒤를 이은 로마인들에 의해 건설된 것이었다.

이시스 신전은 초기 기독교인들이 일부를 개축하여 교회로 사용하기도 하였으나 고고학적으로나 미학적으로 인류의 아까운 유산임에는 이론의

▼이시스 신전의 야경.

여지가 없었다. 이시스 신전은 아스완 댐의 건설로 1934년부터 1964년까지 댐의 수문을 열어 물을 뺀 몇 개월을 제외하고는 계속 반쯤 물에 잠겨 있는 상태였다.

유네스코는 1960년부터 필레 섬의 유적을 인근에 있는 아질카 섬의 높은 지대로 이전하자는 운동을 전세계적으로 전개했다. 그 결과 이 운동이 결실을 맺어,

◀이시스 신전 부조.

마침내 1972년 유적의 구조작업이 시작되었다.

유적을 구하는 방법으로 채택한 것은 물에 잠긴 유적들을 여러 개의 조각으로 해체하여 깨끗이 씻은 다음, 지대가 높은 아질카 섬으로 운송하는 것이었다. 이를 위해서 우선 물에 잠겨 있는 섬 주위에 거대한 인공 둑을 쌓은 다음, 안에 있는 물을 펌프로 퍼냈다. 인공 둑은 두 줄의 철판 사이에 100만 평방미터에 달하는 모래를 쏟아부어 만들었다.

물에 잠겨 있던 필레 섬의 유적들의 총 무게는 2만 7,000톤에 달했으며, 이 유적들은 4만 개의 조각으로 잘려진 다음 깨끗이 닦아 아질카 섬으로 운송했다. 이런 식으로 필레 섬의 유적지를 해체하고 아질카로 운송한 다음, 완벽하게 복원하는 데 걸린 기간은 놀랍게도 불과 30개월밖에 되지 않았다.

클레오파트라의 바늘, 오벨리스크

과거의 위대한 문명들이 남긴 유적들 중에서도 이집트의 오벨리스크는 너무나 유명하다. 이집트뿐만 아니라 세계 여러 나라의 박물관이나 유명한 광장에서 구경할 수 있기 때문이다. 예를 들면 런던, 파리, 뉴욕, 이스탄불, 로마에서도 오벨리스크는 쉽게 찾아볼 수 있으며, 로마에는 다른 나라보다 많은 무려 13개의 오벨리스크가 있다.

'클레오파트라의 바늘'이란 별명을 가지고 있는 오벨리스크는 사면체의 똑바로 서 있는 돌기둥으로 위로 올라갈수록 점점 가늘어진다. 그러다가 꼭대기에 이르러서는 '피라미디온'이라고 불리는 작은 피라미드가 얹혀져 있는 형태이다.

오벨리스크라는 단어는 그리스인들이 사용한 용어이며 고대 이집트인들은 이것을 '테크헤누'라고 불렀다. 이 단어의 기원이 무엇인지는 불확실하다. 그리스 사람들이 이집트를 정복하였을 때, 그들은 이 가늘고 긴 돌기둥에 '오벨리스코스'라는 이름을 붙였는데 여기에서 오늘날의 '오벨

◀록소르 신전 동쪽 탑문앞에 서 있는 오벨리스크. 람세스 2세를 찬양하는 상형 문자로 씌여져 있다.

리스크'는 유래한다. '오벨리스코스'가 그리스어로 '작은 꼬챙이'란 뜻
인 것으로 미루어 이 이름이 사용된 이유는 폭이 좁고 길쭉한 이 돌의 모
양 때문이었던 것 같다. 오벨리스크의 아랍어 명칭 '미셀라' 역시 그 글자
적 뜻은 '큰 천을 깁는 바늘'이다.

최초의 오벨리스크는 고대 이집트인들이 숭배한 태양 신 라에게 바쳤던
것으로 알려지고 있다. 이집트에서 태양신 숭배의 중심지는 헬리오폴리스
였는데 오늘날 카이로 근교의 마타리야가 그곳이다.

현재 우리들에게 잘 알려진 많은 오벨리스크들은 그 제조 시기가 기원
전 2000년경으로 소급되지만 헬리오폴리스에 세워진 오벨리스크는 이보
다 훨씬 이전의 것으로 추정된다.

오벨리스크의 역사가 오래 된 만큼 해외로 반출된 역사도 오래 되었다.
로마의 군인이자 역사가였던 아미아누스 마르셀리누스는 오벨리스크와
상형문자에 감탄한 로마인들이 4세기경 네 개의 오벨리스크를 로마로 실
어 날랐다고 말했다. 그의 말대로라면 오벨리스크의 해외 반출 역사가 최
소한 1,500년 이상이 되는 셈이다.

고대 이집트인들은 오벨리스크가 '태양신 라의 두 기둥'이라고 보았으
므로 항상 두 개를 나란히 세웠다. 그러나 해외로 오벨리스크가 반출됨으
로써 지금은 하나만 서 있는 오벨리스크가 많다.

현재 이집트에 남아 있는 오벨리스크 중에서 가장 크고 훌륭한 것은 룩
소르의 카르나크 신전 안에 있는 하트셉수트 여왕의 오벨리스크(29.56미
터)이다. 로마에 반출된 것은 하트셉수트 여왕이 세운 두 개의 오벨리스크
중 하나로 높이가 더 높았던 오벨리스크(32.18미터)이다.

이스탄불에 있는 오벨리스크는 기독교 시대에 옮겨간 것이며 파리, 뉴
욕, 런던의 유명한 오벨리스크는 19세기에 반출된 것들이다. 파리의 콩코
르드 광장에 서 있는 오벨리스크(22.55미터)는 룩소르 신전 앞에 서 있던
두 개 중 하나로 앞에서도 말한 것처럼 *무하마드 알리 태수가 반출을 허

◀투트모세스 1세 (왼쪽)와 하트셉수
트의 오벨리스크.

락한 것이다. 뉴욕에 있는 오벨리스크는 이스마일 태수가 1869년 수에즈 운하 개통식때 미국에 선물한 것이다.

이집트의 오벨리스크가 그렇게 많이 해외로 나간 것에 대해서 어떻게 생각하느냐고 이집트인에게 물어보니 그는 뜻밖에도 오벨리스크야말로 이집트 문화를 해외에 소개하는 훌륭한 대사라고 말했다. 그말이 진심인지 아직도 확신하지 못하고 있지만 그의 말대로 전세계 주요 도시에 우뚝 서 있는 오벨리스크가 이집트 문화를 알리고 있는 것만은 분명한 것 같다.

오벨리스크는 그 우뚝 솟은 웅장함과 기품있는 자태, 고도의 매끄러움과 아름다운 문양으로 강렬한 인상을 남긴다. 이것을 보는 사람은 3,000년 전에 고대 이집트인들이 원시적인 도구와 기술을 사용하여 이렇게 정교하고 섬세한 작품을 만들었다는 사실에 감탄을 금하지 못한다.

규모가 큰 대부분의 오벨리스크들은 그 재료가 화강암이었지만 소수의 작은 오벨리스크들은 규암이나 현무암으로도 만들어졌다. 고대 이집트어로 화강암은 '마트'이며 의미를 더욱 한정시키면 '붉은 화강암'을 의미한다. 규암은 카이로 근교 헬리오폴리스 근처의 가말 엘아흐마르에 큰 퇴적층으로 존재한다. 반면 현무암은 동부사막의 와디 함마마트 지역에서 생산하고 있다. 화강암은 그 색이 붉든 검든 간에 이집트에서는 아스완 지역에서만 생산된다.

누워 있는 대작, 미완성 오벨리스크

완성된 오벨리스크를 구경하다가 아스완 남쪽 채석장에 있는 미완성 오벨리스크를 대하게 되면 느낌부터가 달라진다. 채석장에서 그 큰 돌덩이를 캐내는 데 걸렸을 지루한 세월, 완전한 조형물로 완성되어 태양신 라에게 헌납되기 전에 반드시 가끔은 있었을 균열과 그로 인한 고대 석공들의 애석한 실패감을 절실하게 느낄 수 있다.

아스완의 미완성 오벨리스크는 석공과 기술자들의 재능 부족 때문이 아

*무하마드 알리 Muhammad Ali(1769~1849) 1805년에서 1849년까지 이집트를 통치한 왕조의 창건자로써 이집트의 현대국가 건설에 이바지하였다. 어느 민족 출신인지 정확하지는 않지만, 오스만 제국의 백성이고 이슬람교도였다.

니라 뜻하지 않게 바위에 생긴 균열 때문에 오늘날까지도 누운 채로 남아 있다. 오랜 세월과 정력을 바쳐 완성에 이르기 직전에 '맑은 하늘에 날벼락' 같은 균열이 발생하여, 목숨보다 소중히 여겼던 오벨리스크를 버려야만 했던 이집트 석공들에게, 이것은 말로 표현할 수 없는 안타까움이자 씁쓸한 고통이었을 것이다. 덕분에 오늘날 우리는 그 제조방법을 알게 되어 다행이긴 하지만 말이다.

이 미완성 오벨리스크가 제대로 완성되어 바위산에서 뽑아냈다면 그 높이는 41.75미터, 밑 부분의 길이는 각 변이 4.2미터, 총 무게 1,168톤으로 고대 이집트인들이 만든 어떤 오벨리스크보다도 더 컸을 것이다. 과학자들은 이 돌을 옮길 경우, 40개의 로프를 걸어 6000명의 인부가 끌었을 것이라고 추측하고 있다.

강변에 기다리고 있던 선박에 이 돌을 어떻게 실었을지에 대해서는 정확히 알려진 바가 없다. 다만 돌을 실을 선박을 강가에 가능한 최대한 가깝게 정박시킨 후 배의 높이에 맞추어 제방을 쌓았으리라는 추측을 할 뿐이다. 카르나크 신전에 있는 하트셉수트 여왕의 유명한 오벨리스크는 이곳에서 채석되어 룩소르에 옮겨진 후 세워지기까지 약 7개월이 소요되었다.

1902년 아스완 댐과 1971의 아스완 하이댐을 건설하는데 사용된 돌은 전부 근처의 화강암 채석장에서 가져온 돌들이었다. 아스완의 채석장은 전 국토의 95%가 사막 지대인 이집트에서 유일한 화강암 채석장이다. 고대 파라오 시대로부터 그리스 로마 시대에 이르기까지 아스완의 채석장은 이집트의 중요한 화강암 산지로 유명하다. 기자의 피라미드, 날렵한 자태를 뽐내는 오벨리스크, 수많은 신전, 기타 이집트의 돌로 된 건축물들은 이 아스완의 채석장이 아니었으면 존재하지 않았을 것이다.

아스완에는 몇 개의 채석장이 있으나 그 중에서도 엘리팬타인 섬, 아스완 남쪽에 미완성 오벨리스크가 있는 채석장, 그리고 필레 섬 맞은편의 샬랄 채석장이 대표적이다.

4. 태양의 아들 람세스 대왕의 열정

신왕국 제18왕조의 마지막 왕 호렘헵은 귀족으로서 왕좌를 차지하여 34
년간 이집트를 통치한 인물이다. 호렘헵이 아들 없이 죽자 왕권은 그의 재
상 람세스에게 돌아간다. 그가 바로 제19왕조의 개조 람세스 1세이다.

제19왕조는 람세스 1세의 아들 세티 1세를 이은 람세스 2세(BC 1279~
1212년)에 이르러 전성기를 맞이한다. 람세스 2세는 나이 30세에 이집트
파라오에 즉위하여 상·하이집트를 67년 동안이나 통치하고 96세로 사망
했으며, 재위 기간 중에 수많은 대외전쟁을 치른 왕으로 유명하다.

람세스 2세가 치른 전쟁은 여러 기록에 전해져 오는데 특히, 시리아의
카데시 지방에서 힛타이트 족과 벌인 유명한 카데시 전투는 룩소르의 카
르나크 신전에 선명하게 그려져 있다. 카데시 전투에서 람세스 2세는 시
리아에 있던 적의 부대가 알레포로 도망했다는 밀정의 거짓 보고를 받고

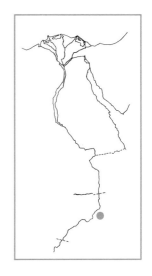

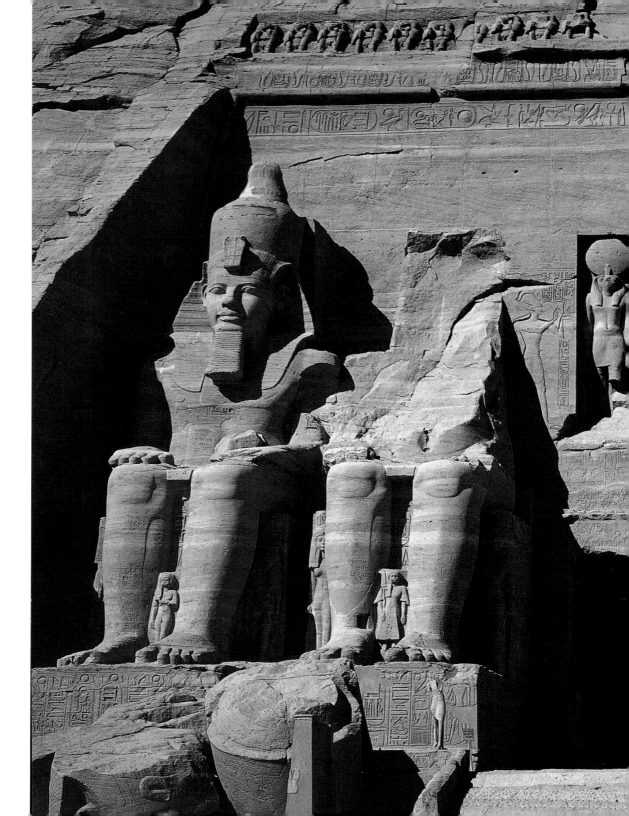

◀아부심벨의
람세스 2세
신전 전경.

▶아부심벨의
람세스 2세
신전 입구.

추격에 나섰다가 적들에게 포위되는 지경에 이르는데, 혼자서 약 2,500명의 힛타이트 족 전사들을 죽이고 살아 나왔다고 한다. 전쟁 후 힛타이트의 왕 케타사르와 체결한 평화협정은 인류 역사상 최초의 평화조약으로 기록되고 있다.

▲카데시 전투에서 힛타이트 족을 무찌르는 람세스 2세.

람세스 2세는 많은 전투를 통해 대외적으로 이집트의 영향력을 확대하기도 했지만 국내적으로는 수많은 기념물들을 건축했다. 그는 이집트 남부의 제1여울목을 넘어 아부심벨까지 진출, 이집트에서 가장 유명한 신전을 건설한 파라오이다.

영화 〈십계〉에서 율 브리너가 역을 맡아 우리에게도 잘 알려져 있는 람세스는 어렸을 때 그의 아버지가 매일 아침 식사전에 3킬로미터를 달리게 했다고 전한다. 이것이 사실이라면 아마도 인류 역사상 최초로 조깅을 한 사람일 것이다. 실제로 그는 조깅으로 단련한 건강을 십분 활용하여 일곱 명의 정부인과 수많은 첩들을 거느리고 살았고, 죽을 때까지 100명 이상의 아들과 50명 이상의 딸을 낳았다고 역사는 전하고 있다.

람세스 2세가 100명이나 되는 자녀를 가졌지만 우리에게 잘 알려진 것은 두 아들뿐이다. 한 명은 아버지가 죽은 후 왕위에 올랐던 메르네프타이며 다른 한 명은 '최초의 이집트학자' 또는 '복구자'라고 불리는 카엠와세였다. 메르네프타는 종종 출애굽의 파라오와 동일한 인물이라고 말해지고 있다.

카엠와세는 전대의 기념물에 새겨진 파라오들의 이름을 지우고 자신의 이름을 새겨넣은 것으로 유명한 아버지 람세스와는 정반대로 옛 유적을

▶아부심벨의 레페르타리 신전 전경.

보호하고 피해를 입은 것들은 복원하였다. 그는 고왕국 시대의 피라미드들을 보수하기도 하였다.

◀어린 시절의 람세스 2세.

이 위대한 영웅 람세스 2세의 미라는 현재 카이로 국립 박물관에 안치되어 있다. 그 미라에서 수천년 전 전장을 달리던 용맹과 위풍은 더 이상 찾아볼 수 없다. 만약 미라가 말을 할 수 있다면 자신을 보기 위해 몰려오는 수많은 관광객들에게 무슨 말을 할까? 혹시 이제는 쉬고 싶으니 나를 혼자 내버려두라고 말하지 않을까? 건드리면 부서질 것만 같은 람세스 2세의 미라는 오늘도 일곱 겹의 린넨천을 두른 채 아무 말이 없다.

아부심벨 신전 구조작업

아부심벨 지역에는 위대한 전사이자 건축가인 람세스 2세가 지은 두 개의 대신전이 있다. 이 신전은 흔히 아부심벨 신전이라고 불린다. 하나는 자신을 위한 신전이었고 나머지 하나는 누비아계 왕비 네페르타리와 사랑과 미의 여신 하토르를 위한 신전이었다.

람세스 대왕은 수많은 왕비와 첩을 거느렸으나 왕비 네페르타리는 그 이름에 어울리게 람세스 대왕에게 가장 총애를 받았다. 그녀가 '상·하이집트의 여주인' 이라는 타이틀을 가지고 있었던 것을 보아도 또 람세스가 그녀를 위해 신전을 건설해 준 것을 보아도 남편의 신임이 얼마나 두터웠는지 짐작할 수 있다.

대왕이 건설한 아부심벨의 신전은 아스완 하이댐의 건설로 상류 쪽으로 물이 불어나 수몰 위기에 처했을 때부터 세계인의 주목을 받기 시작했다. 유네스코는 인류의 귀중한 문화유산인 람세스 2세와 왕비 네페르타리의 신전을 구하기 위해 1960년 범세계적인 운동을 전개하였고 1964년 마침내 이 고대 파라오 시대의 유적을 구출하기 위한 공사를 시작했다.

유네스코는 아부심벨 외에도 수몰의 위기에 처한 거의 20여 개의 유적을 구조하였으나 그 중에서도 가장 괄목할만한 활동은 바로 이 아부심벨

▲네페르타리의 카르투쉬. '무트의 사랑받는 사랑스런 여자' 라는 뜻이다.

▲아부심벨 신전의 구조장면.

의 람세스 2세 신전 구조작업이었다. 이 대규모의 작업을 성공리에 마치기 위해 이집트, 이탈리아, 스웨덴, 독일, 프랑스에서 모인 3,000명의 전문가로 구성된 국제 구조팀이 구성되었다. 구조반들은 이 신전의 조각과 장식부분을 2,000개의 조각으로 모두 잘라냈다.

조각들을 들어내고 운송하는 작업은 2년간에 걸쳐 이루어졌다. 해체된 돌은 한 개의 무게가 10~40톤에 달했다. 역사상 가장 야심찬 복원작업 중 하나인 이 계획은 완성 때까지 5년이 걸렸고 4천만 달러의 비용이 소요되었다. 새 신전은 물길이 닿지 않는 약 200미터 위 새로운 터에 완벽하게 복원되었다.

국제 구조팀이 신전을 복원하는데 가장 어려웠던 것 중 하나는 유적을 옮긴 후에도 원래처럼 일년에 두 번씩 햇빛이 신전 가장 안쪽까지 들어올 수 있게 만드는 것이었다고 한다. 원래 아부심벨의 두 신전 중에서 람세스 2세의 신전은 매년 2월 22일(춘분)과 9월 22일(추분)에 입구로부터 61미터 들어간 지성소까지 햇빛이 들어 신비감을 자아냈다.

더욱 놀라움을 자아내는 것은 굴 안에 들어온 햇빛이 약 20분 동안 람세스 2세, 태양신 라, 떠오르는 태양의 신 라하라크티 등 3개 조상의 얼굴을 밝게 비쳐주었다는 것이다. 나란히 앉아 있는 네 개의 조상 가운데 가장 왼쪽에 위치한 어둠의 신 프타까지는 빛이 도달하지 않았다고 한다.

신전 성소에 있는 이 네 개의 신상에 빛이 들어오도록 하기 위해 공사기간 5년 중 만 1년 동안은 적당한 위치를 탐색하는 데 소요했다. 마침내 아부심벨의 신전이 성공적으로 일반인에게 재개방한 것은 1968년이었다.

▲람세스 2세 신전의 지성소까지 들어오는 햇빛.

▶아부심벨 신전의 람세스 2세 석상.

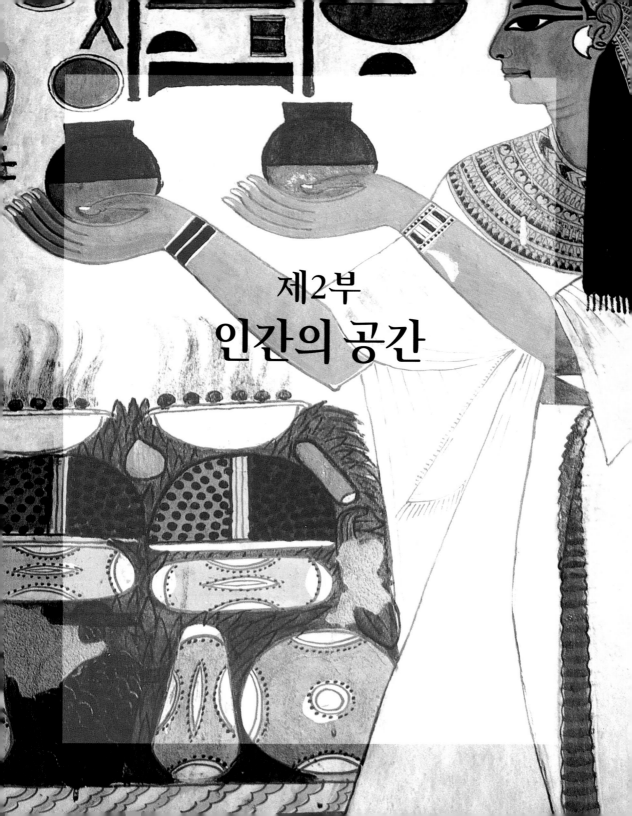

제2부
인간의 공간

◀하토르 여신에게 포도주를 권하는 네페르타리.

1. 오천년 파라오 문명의 종착지

알렉산드리아 이후 이집트의 수도

기원전 332년, 알렉산드로스 대왕(BC 356~323)은 이집트의 파라오 왕조를 무너뜨리고 알렉산드리아를 도읍으로 정했다. 대왕의 사망 후 알렉산드리아는 이집트가 그리스계인 프톨레마이오스 왕조와 로마의 지배를 받는 동안 수도로서 번창하였다. 카이로는 그로부터 약 900년이 지나 이슬람 제국의 정복과 함께 이집트의 새로운 수도가 되었다. 641년 무슬림 장군 아므르 븐 엘-아스는 비잔틴 제국의 영향하에 있던 바빌론과 알렉산드리아를 함락시켰다. 정복장수 아므르는 이집트 정복 후 알렉산드리아가 이집트의 수도로 적당하다고 여겼지만 아라비아 반도의 칼리프 오마르 이븐 엘카탑으로부터 새로운 도시를 건설하라는 명령을 받았다.

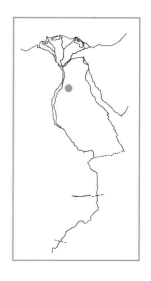

명령을 받은 아므르가 나일강 동편의 바빌론 성채 근처에 '푸스타트'

▲카이로 시.

*우마위 왕조 첫 번째 이슬람 칼리프 왕조. (661~750) 주로 메카에 살던 쿠라이시 부족의 상인가문이었다. 제1차 이슬람교도 내전에서 당시 시리아의 총독이었던 무아위야가 마호메트의 사위인 4대 칼리프 알리를 누르고 승리하여 제1대 우마위 칼리프에 오른다.

*아바스 왕조 이슬람의 칼리프 중에서 두 번째로 큰 왕조로 750년 우마위 왕조를 무너뜨리고 1258년 몽골족이 침략하기까지 이슬람 제국을 다스렸다.

(al-Fustat 천막촌 도시)라고 불리는 새 수도를 건설하니 이것이 오늘날 카이로의 전신이다. 푸스타트 건설 이후 북쪽에서 불어오는 시원한 바람을 좋아하는 통치자들 때문에 수도가 점점 북쪽으로 확장되어 거대 도시로서의 면모를 갖춘다.

카이로 남쪽의 천막도시 푸스타트는 1168년 십자군과의 싸움에서 도시가 약탈당할 것을 염려하여 불을 지름으로써 사라지는데, 그 불이 44일 동안이나 탔다고 역사는 전한다. 현재 올드 카이로 지역에 서면 방화로 타버린 옛 푸스타트의 터를 느낄 수 있다.

*우마위 왕조에서 *아바스 왕조로 이슬람 제국의 통치권이 넘어가던 750년, 살리흐 이븐 알리는 푸스타트의 북쪽에 군사적 성격의 수도 아스

▲카이로 시의 야경.

카르를 건설한다. 아스카르 건설 후 얼마 되지 않아 이집트에 툴룬 왕조를 세운 *아흐마드 이븐 툴룬은 새 정부의 중심지로 다시 카타이el-Qatay를 건설한다. 이 두 도시가 푸스타트의 북쪽에 위치하였음은 앞에서 말한바 와 같다.

기존의 푸스타트와 아스카르와 카타이를 합쳐 거대 도시로 발돋움하던 카이로는 969년 파티마 왕조의 가우하르 엘-시킬리 장군에 의해 정복당하 고 만다. 가우하르 장군 역시 이집트 정부의 중심지로 새 도시의 건설을 구상하는데, 그가 푸스타트나 아스카르를 대신할 다른 수도의 건설이 필 요하다고 본 것은 전대의 수도가 나일강에 너무 근접한 나머지, 매년 홍수 의 피해를 당했기 때문이었다.

*아흐마드 이븐 툴룬(835.9~884.3) 이 집트의 툴룬 왕조의 건립자로 시리아 를 합병시킨 최초 이집트의 이슬람 총 독이다. 어린시절 노예로 붙잡혀 아바 스 왕조의 사병이 되었다. 그 후 아바 스 왕조의 행정 기구에 들어가 재무부 를 장악하였다. 팔레스타인의 반란을 구실로 군사력을 증가시켜 882년 시리 아를 합병하였다.

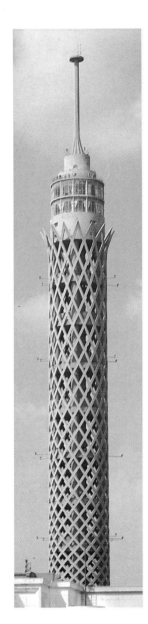

▲**게지라 섬의 카이로 타워.** 꼭대기까지 운행하는 엘리베이터가 있다.

나일강의 홍수가 이집트인들의 농사에 도움이 되는 것은 사실이었으나, 주택이 물에 잠겨 있는 동안에는 생활이 불편했을 것이다. 그래서 새 수도의 터로는 홍수 때 가옥이 물에 잠기지 않을 지대가 높은 곳을 선정하였다.

새 수도 '카이로(승리자)'의 유래와 오늘날의 카이로

가우하르 장군이 명명한 새 수도 '카히라'의 이름은 건설 당시 발생한 한 사건에서 유래한 것이라 한다. 새 도시의 기초를 놓던 969년 8월 5일, 건설 부지로 선정된 모서리에는 기둥이 세워졌고 기둥과 기둥은 밧줄로 연결되었다. 한편 수백 명의 인부들은 밧줄에 달려 있는 작은 종들이 딸랑거리기를 기다리고 있었다. 그 종소리는 땅을 파라는 신호로 점성술사들이 정한 가장 상서롭고 길한 시각에 울리게 되어 있었다.

그런데 상서로운 시각이 되기 전에 큰 까마귀 한 마리가 밧줄에 내려 앉자 종들이 딸랑거리기 시작했다. 인부들은 그 소리를 진짜 신호로 착각, 일제히 삽과 곡괭이를 내리쳤다. 그러나 불행히도 그 시각은 화성(아랍어로 엘카히르)이 상승하는 불길한 순간이었다. 그래서 새 수도의 이름은 언젠가 닥칠지도 모를 재앙의 순간이 승리의 순간으로 변하길 바라는 마음에서 엘카히라(승리자)로 선택되었다고 한다.

오늘날의 카이로는 바로 아랍어 엘카히라의 정관사 '엘'을 생략한 카히라가 유럽식으로 음역된 것이다.(고유명사 앞에 붙는 아랍어 정관사 '엘'은 흔히 생략된다)

한편, 위에서 전하는 이야기와는 달리 카이로가 고대 이집트어의 카히라Ka-Hi-Ra 즉, '태양신 라의 집'에서 유래되었다는 주장도 있다. 카이로의 정확한 유래는 지금도 가끔 논란의 대상이다.

새 수도 카이로를 건설한 가우하르가 장차 천 년 이상 그의 도시가 이집트의 수도로 번창하리라고 예상했을 리는 만무하다. 그러나 카이로는 건설된 이래, 지금까지 이집트는 물론 이슬람 세계의 수도로 놀라운 발전을 거듭하고 있다.

　1176년 아이유브 왕조의 *살라흐 엘딘 시기에 카이로는 새로운 발전 국면을 맞이한다. 성채로 된 정부의 중심지인 시타델을 건설하고 카이로를 두르는 담을 쌓기 시작한 것이다. 현재 시타델 안에는 19세기에 건설된 알리 모스크가 웅장한 자태를 뽐내고 있어 볼만하다.

　*마물루크 왕조 때는 새로운 건축물 특히, 상업용 건물들이 많이 건축되었고, 뒤를 이은 오스만 터키의 지배 기간에도 카이로의 성장과 발전은 계속되었다. 1952년 *나세르 혁명이래 카이로의 인구는 계속 증가하여, 현재 카이로는 인구가 1,200만이 넘는 거대 도시가 되었다.

　969년이래 지금까지 천년 이상 이집트의 수도로 자리매김해 온 카이로의 심장부는 나일강이 관통하고 있다. 이 나일강을 중심으로 카이로는 동부와 서부로 크게 나뉘는데, 두 지역은 나일강을 가로지르는 십여 개의 다리로 연결되어 있다.

　카이로는 나일강에서 멀어질수록 사막이며, 나일강에 가까울수록 푸른 숲이 우거진 낙원과 같다. 나일강 유역은 생명의 힘이 넘치지만 유역을 벗

*살라흐 엘딘Salah el-Din(1137~1193) 이집트, 시리아, 예멘, 팔레스타인을 통치한 아이유브 왕조의 창건자. 가장 유명한 이슬람의 영웅이기도 하다. 대(對)십자군 전쟁에서 예루살렘을 탈환하였다.

*마물루크 왕조(Mamuluk 직역하면 노예 혹은 용병을 의미한다) 이들은 아이유브 왕조때 자신들의 세력을 이용하여 1250~1517년 이집트와 시리아를 통치한 왕조를 세웠다. 왕조가 무너지고 이집트가 오스만 제국 점령기(1517~1798)에 있을 때도 중요한 정치세력으로 남아 있었다.

*나세르 혁명 1952년 7월 23일 군장교였던 나세르가 89명의 자유장교단원과 함께 일으킨 무혈 쿠테타이다. 이 혁명으로 군주제가 몰락하였다.

▼카이로에 있는 첨탑의 실루엣.

▶카이로에 있는 건축물.
1761년에 건설되었으며 물을
배급하던 곳이다.

◀19세기 카이로 시가지. 뒤로 엘 모아 위야드 모스크가 보인다.

어나는 즉시, 메마르고 건조한 불모의 황폐함이 시야에 가득찬다.

카이로 시민들에게 필수적인 식수원으로서, 시원한 바람과 아름다운 경치를 제공하는 휴식처로서 나일강의 중요성은 아무리 강조해도 지나치지 않을 것이다. 나일강은 카이로뿐만 아니라 이집트 전체적으로 보았을 때도 젖줄과 같다.

카이로의 옛 모습

도시 건설 초기에 카이로와 푸스타트는 두 개의 독립적인 도시였으며 각 도시에는 각기 다른 계급의 사람들이 살았다. 왕궁 도시 카이로에는 파티마 왕조의 칼리프와 정부 관리와 군 장교들, 그리고 가장 하층 계급이라 할 수 있는 그들의 하인들이 살았던 반면, 푸스타트에는 중류층이 살았다. 10세기 말경 대도시 카이로의 인구는 약 20만~30만 정도였다고 한다.

카이로는 요새화된 개인의 궁전처럼 설계되었다. 부지의 구조는 각 변의 길이가 약 1킬로미터 정도의 장방형으로, 주위를 에워싼 높은 성벽에는 네 개의 주요한 출입문이 있었다. 그 네 개의 출입문 중에서 주웨일라 문, 나스르 문, 푸투흐 문은 현재까지도 남아 있다. 대체적으로 보아 카이로는 나일강변에서 불과 30미터 정도 떨어져 있었다.

새 도시의 중앙에는 칼리프 무잇즈의 크고 훌륭한 궁성이 자리잡았고 도시 서쪽에는 그보다 작은 다른 궁전이 자리 잡았다. 이 두 궁전 사이에 약 만 명의 군인을 수용할 수 있고 두 궁전 사이라는 의미를 지닌 바인 엘 카스라인이라는 넓은 광장이 있었는데 이 광장은 주로 군사 퍼레이드 장소로 사용되었다. 각 궁전은 또한 자체의 출입문과 높은 담을 가지고 있었으며 다른 지역과 분리되어 삼엄한 경비가 펼쳐졌다.

한 가지 주목할 만한 사실은 새 수도 카이로를 에워싼 견고한 성벽과 삼엄한 경비가 외국의 침입을 막기 위한 것이 아니라, 옛 수도 푸스타트 주민들과 새 수도 카이로의 주민들을 격리시키기 위해서였다는 것이다. 카이로 시의 4대문은 동이 트는 새벽녘부터 황혼 무렵까지만 개방되었고 그외의 시간에는 공식 허가가 없이는 어느 누구도 출입할 수 없도록 삼엄한 경비가 펼쳐졌다.

새 도시 카이로의 일반 주택가는 도시 중앙에 있는 왕궁에서 멀리 떨어

져 있었는데, 지역에 따라 사는 인종이나 부족들이 서로 달랐다. 예를 들어, 주웨일라 문 근처에는 그리스계 주민들이 몰려 살았다. 일반 주택의 바깥 모습은 단조로운 성채와 같이 대부분 비슷비슷하였으므로 집 모양만 봐서는 가난한 사람의 집과 부자의 집을 구별해 내기 힘들었다. 주택의 높이는 보통 4층~7층 높이였으나 14층 짜리 건물도 있었다.

최근의 발굴 작업에서 밝혀진 바에 따르면, 대부분의 주택은 복잡한 파이프 시스템을 통해 온수를 공급받고 있었으며 매일 약 5,200마리의 낙타가 동원되어 시민들에게 신선한 물을 날랐다고 한다. 도시는 또한 완벽한 하수도 시설을 갖추고 있었다. 각 가정의 내부 구조는 아랍식으로 설계되어 중앙의 정원을 중심으로 네 개의 방을 배열하였다. 이는 한 남자가 네 명의 부인을 거느릴 수 있는 일부다처제를 반영한 것이다.

▶파티마 왕조때의 카
이로 시내 모습.

2. 영원한 삶과 죽음의 상형문자 피라미드

카이로는 고대 파라오 시대의 유적에서 현대식 고층 빌딩에 이르기까지 약 5,000년에 걸친 문명의 자취가 함께 살아서 숨쉬는 도시이다. 그런 만큼 카이로를 하루 이틀에 감상한다는 것은 불가능한 일인지도 모른다.

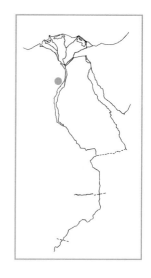

　카이로의 유적지를 단순화시키면 고대 파라오 유적지, 그리스 로마 시대의 유적지, 중세 이슬람 시대의 유적지의 세 구역으로 나눌 수 있다. 이 중에서 고대 파라오 유적지로 대표적인 곳이 기자의 피라미드와 스핑크스이다. 그리스 로마 시대의 유적지로는 올드 카이로를 중심으로 한 기독교 유적지를 들 수 있으며, 이슬람 시대의 유적지는 전통시장 칸 엘칼릴리와 천 년의 역사를 자랑하는 아즈하르el-Azhar 대학교가 대표적이랄 수 있다.

　위의 세 곳 중에서 가장 볼만한 것이라면 단연코 고대 세계의 불가사의 피라미드를 손꼽는다. 이집트 전역에는 약 90여 기의 피라미드가 존재하

▶기자의 피라미드.

▲기자의 피라미드. 왼쪽부터 멘카우라, 카프라, 쿠푸 왕의 피라미드이다.

고 있으나, 그 중에서 가장 크고 유명한 것이 바로 나일강 서안의 기자에 있는 피라미드들이다.

이곳에는 거대한 피라미드 세 개와 작은 피라미드 서너 개가 있다. 피라미드 사진으로 가장 많이 소개되는 것이 바로 이 기자의 피라미드들이다.

피라미드Pyramid라는 말은 그리스어로 '삼각형 모양의 과자'를 의미하는 '피라미스'에서 유래하였다고 하는데, 아랍어로는 아흐람el-Ahram이라고 부른다. 이집트 최대의 일간지이자 중동 최대의 일간지인 아흐람지가 피라미드를 의미한다는 것을 아는 사람은 그리 많지 않을 것이다.

▲기자 지구와 피라미드.

▲파이윰의 메이둠에 있는 피라미드
(왼쪽), 라훈의 피라미드(오른쪽).

잘 알다시피, 고대 이집트인들은 죽은 자의 부활을 믿었고 무덤이란 죽은 자가 살았을 때와 마찬가지로 생활하는 공간이라고 생각했다. 따라서 영원히 지속될 튼튼한 무덤의 건설에 많은 관심을 기울였는데 피라미드란 고대 이집트인들의 관심을 충족하는 죽은 자의 안식처, 즉 죽은 자의 무덤이다.

피라미드의 건설은 고왕국 시대(제3왕조~제6왕조)의 제4왕조(BC 2613~2498년) 때 그 전성기를 구가한 것으로 알려져 있다. 기자에 있는 피라미드 역시 이 시기에 건설된 것들이다. 제4왕조 이후에는 피라미드가 거의 건설되지 않는다.

피라미드를 어떻게, 왜, 누가, 건설하였는지 아직까지도 신비에 싸여 있다. 피라미드 건설의 신비 때문에 피라미드는 외계인들에 의해 건설된 것이라는 주장도 있으나 적어도 어느 날 갑자기 존재한 것은 아니다.

이집트인들은 죽은 자가 영원히 안식을 취할 수 있는 공간으로 피라미드 외에 다른 형태의 무덤을 건설하기도 했었다. 이 여러 가지 형태의 무덤들은 모두가 피라미드라는 하나의 정점을 향하여 발전한 양상을 보인다. 이러한 이유로 이집트학 전문가들은 피라미드를 이집트인들이 건설한 다양한 형태의 무덤 중 하나이며, 단계적으로 발전해 온 것으로 본다.

▶위에서 본 카프라 왕의 피라미드.

▲멘카우라 왕의 피라미드와 왕비들의
피라미드.

우리가 잘 알고 있는 사각뿔 모양의 피라미드가 출현하기 전에 이집트
에는 마스타바식 무덤과 계단식 피라미드가 건설되었다. 최초의 계단식
피라미드가 등장한 것은 제3왕조(BC 2690~2613년)의 조세르 왕 시절
부터였다.

그 후 약 50년이 지난 제4왕조 *스네푸르 왕 시절에는 본격적인 피라미
드 형태로 무덤이 건축되는데 이 왕은 재위 기간동안 세 개의 피라미드를
구축한 왕으로 유명하다. 그가 건설한 메이둠의 피라미드, 굴절 피라미드,
다하슈르의 저구배 피라미드 중 어느 피라미드에 그의 시신이 들어 있는
지, 그가 무슨 이유로 여러 개의 피라미드를 건설했는지 아직까지 수수께
끼로 남아 있다.

스네푸르 왕이 건설한 피라미드는 모두 90미터를 넘는 비교적 규모가

*스네푸르 (? ~ ?) BC 26~25세기에
활동한 왕으로 고도의 중앙집권화 정
책으로 고왕국의 전성시대를 열었다.
너그럽고 자상한 통치자로 여겨지며,
그의 이름을 딴 지명이 그의 사후에도
유지되었다.

큰 피라미드였다. 특히 메이둠의 피라미드는 이집트 사상 최초의 '진정한 피라미드'로 간주되고 있는데, 그 이유는 이 피라미드가 제3왕조 때 건설된 계단식 피라미드가 한 단계 진보된 형태이며 현재 우리가 알고 있는 피라미드에 가장 비슷한 것이기 때문이다.

기자의 피라미드 중에서 가장 큰 피라미드는 스네푸르의 아들 *쿠푸가 건설한 피라미드이다. 쿠푸 왕은 전 시대에 왕실의 공동묘지로 사용하던 사카라 지역보다 약간 북쪽에 위치한 기자 지역에 피라미드를 건설하기 시작하였다.

이집트에 있는 피라미드 중에서 가장 돋보이는 쿠푸 왕의 피라미드는

*쿠푸 Khufu(? ~ ?) 스네푸르 왕의 아들로 그 당시의 단일 건물로는 최대 규모인 기자의 대피라미드를 세웠다. 그러나 그에 대한 자료는 거의 남아 있지 않다.

▶멘카우라 왕과 여신들.

▲카프라 왕의 피라미드와 스핑크스.

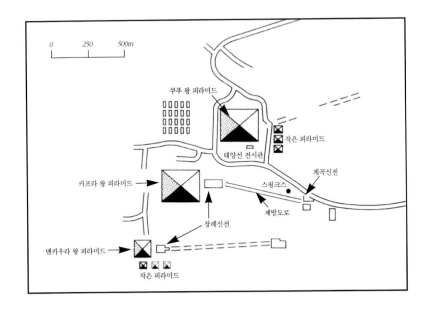

▶기자의 피라미드 배치도.

0   250   500m

쿠푸 왕 피라미드

작은 피라미드

태양선 전시관

카프라 왕 피라미드

계곡신전

스핑크스

제방도로

장례신전

멘카우라 왕 피라미드

작은 피라미드

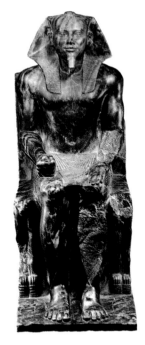

▲1860년 마리에트에 의해 발견된 카프라 왕의 석상.

그 거대한 크기와 복잡한 내부 구조 등으로 고대 세계의 7대 불가사의 중하나로 손꼽힌다. 쿠푸 왕의 피라미드에 관해서는 수많은 학설과 주장들이 제기되어 있으므로 따로 장을 마련하여 설명을 하기로 한다.

쿠푸 왕(그리스어로 케옵스)의 뒤를 이은 카프라(그리스어로 카프렌)왕, 멘카우라(그리스어로 미케리누스)왕 역시 각각의 피라미드를 건설했다. 이들의 피라미드는 모두 기자의 피라미드 단지에 있는데, 그 중에서 쿠푸 왕의 피라미드는 대피라미드(혹은 제 1 피라미드), 카프라 왕의 피라미드는 제 2 피라미드, 멘카우라 왕의 피라미드는 제 3 피라미드라고도 불린다.

쿠푸의 피라미드보다는 약간 작지만 카프라의 피라미드 역시 기자에서 볼만한 것이다. 카프라의 피라미드는 53도의 경사로 밑변은 각 변이 210미터에 달한다. 원래의 높이는 143미터였으나 외피가 벗겨져 현재는 136.5미터이다.

직접 방문하거나 사진에서 볼 때는 카프라의 피라미드가 제일 높은 것

같다. 그러나 지대가 높아서일 뿐 실제로는 앞에서 말한 쿠푸의 피라미드가 제일 높다. 피라미드의 입구는 피라미드의 북쪽 면에 위치한다. 사실 이집트의 모든 피라미드는 예외없이 입구가 북쪽 면에 있는데, 그 이유는 영원히 지지 않는 북극성과 관련이 있는 것으로 추측하고 있다.

제3 피라미드라고 불리는 멘카우라 왕의 피라미드는 원래 높이가 66미터였으나 현재 높이는 62미터이다. 사면체의 밑면 길이는 108.5미터이다. 멘카우라 왕의 피라미드는 기자의 세 피라미드 가운데 가장 규모가 작고 가장 많이 훼손된 상태이지만 축조할 당시에는 피라미드 사면에 잘 다듬어진 석회암 표피가 깔리고 그 위에 각양 각색의 무늬가 그려져 있었다. 그 주인공 멘카우라의 석상은 카이로 박물관에 소장되어 아직까지 훌륭한 상태로 보존되고 있는 이집트의 국보급 유물이다. 제3 피라미드의 남쪽에는 높이가 10미터를 넘지 않는 왕비의 피라미드가 세 개 있다.

기자의 피라미드 단지는 북쪽의 아부 로쉬에서 남쪽의 다하슈르까지 남북으로 약 70킬로미터에 걸쳐 있는 고왕국 시대의 여러 무덤군 가운데 하나이다.

피라미드 단지는 이집트 전역에 분포하고 있고, 각각 나름대로 특징을 지니고 있다. 예컨데, 아부 로쉬의 피라미드 단지는 가장 북쪽에 있는 것으로, 기자에는 가장 큰 피라미드들이 있는 것으로 유명하다. 사카라의 피라미드 단지는 고대 이집트의 가장 큰 공동묘지이자 가장 오래 된 계단식 피라미드가 있는 곳으로 유명하다.

피라미드는 각각의 피라미드 건축물과 거기에 딸린 여러 개의 부속 건물로 구성된다. 그러므로 피라미드를 단 한 개의 건축물로 생각해서는 안된다. 하나의 피라미드에는 일반적으로 피라미드의 동쪽 면에 위치하는 장례신전(혹은 예배소), 나일강변에 위치하는 계곡신전, 장례신전과 계곡신전을 연결하는 제방도로 등이 함께 만들어진다. 피라미드를 흔히 피라미드 단지라고 부르는 것이 이 때문이다.

기자에 있는 피라미드 중에서 피라미드 단지의 형태를 가장 온전히 지니고 있는 것은 제 2 피라미드 뿐이며 다른 피라미드는 부속 건축물의 흔적을 발견하기가 어렵다.

고대세계의 불가사의, 쿠푸 왕의 피라미드

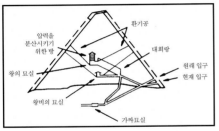

▼쿠푸 왕 피라미드의 단면도.

환기공

압력을 분산시키기 위한 방

대회랑

왕의 묘실

원래 입구
현재 입구

왕비의 묘실

가짜묘실

기자에 있는 여러 개의 피라미드 중에서 고대 세계의 7대 불가사의 중 하나로 불리는 쿠푸 왕의 피라미드는, 건설과 규모 등에 관해서 많은 이야기가 전하고 있다.

쿠푸 왕의 피라미드는 이집트에서 가장 크지만 꼭대기 부분이 파손되어 원래 높이 146.5미터에서 약 9미터 정도 떨어져 나갔다. 현재 높이는 137미터, 경사면의 각도는 약 52도이다. 쿠푸 피라미드의 파손 이유는 정확히 알 수 없으나 벼락에 의한 파손설과 지진에 의한 파손설의 두 가지가 전해지고 있다.

현재 관광객이 출입하는 피라미드의 입구는, 봉해져 있는 원래 입구보다 조금 아래에 있다. 현재 사용하는 입구는 818년경 칼리프 마으문이 궁핍한 재정을 살리기 위해 피라미드를 도굴하였을 때 뚫어놓은 것이다. 그러니까 어떤 의미에서 현재 입구는 도굴범(?)이 뚫어놓은 불법적인 입구인 셈이다.

당시 마으문의 인부들은 피라미드의 정확한 입구를 알지 못하였으므로 입구라고 추측한 곳을 뚫고 들어갔는데, 도중에 워낙 단단한 돌이 나와 작업을 포기하려고 하였다. 그런데 우연히 현실玄室로 들어가는 통로를 발견하여 작업을 계속할 수 있었다. 어려운 작업을 마치고 마침내 미라가 안치된 현실에 도착해 보니, 왕의 미라도 부장품들도 전부 없는 상태였다고 전한다.

쿠푸 왕의 피라미드를 쌓는 데 사용한 돌은 높이 1미터, 폭 2미터, 평균 무게 2.5톤짜리 돌 약 250만 개(또는 약 230만 개)라고 하는데 이 피라미드의 엄청난 규모를 말해 주는 여러가지 측정 방법이 아래와 같이 전해지고 있다.

그 첫번째는 이 돌들의 무게를 합하면 약 685만 톤인데 만약 7톤 짜리 화물차로 이 돌을 전부 운반하려면 약 98만 대의 화물차가 필요하다는 것이다. 그럴 경우, 화물차의 총 길이는 장장 6,200킬로미터에 이르게 된다.

두 번째 측정은 이 돌들을 약 30센티미터의 정육면체로 잘라 한 줄로 늘어놓으면 적도의 2/3를 덮게 된다는 것이다.

또 다른 측정은 각변의 길이가 248미터인 피라미드의 기초 면적에 관한 것이다. 이 면적은 밀라노의 플로렌스 성당, 로마의 베드로 성당, 웨스트민스터 성당, 바울 성당을 합한 넓이와 비슷하다.

그런가 하면 1798년 이집트에 원정 온 나폴레옹과 동행한 학자들은 쿠푸 왕의 피라미드를 쌓은 돌을 높이 3미터, 두께 30센티미터로 자르면 프랑스를 한 바퀴 돌 수 있는 담을 쌓을 수 있을 것이라 측량했다.

이집트 전역에 분포한 90여 기의 피라미드 가운데 특별히 쿠푸 왕의 피라미드가 불가사의한 것은 막대한 돌의 양뿐만 아니라, 현실의 위치와도 관계가 있다.

이집트의 모든 피라미드는 왕의 미라가 안치된 현실이 대부분 지표면이나 지표 밑에 있으나 특이하게 쿠푸 왕의 현실만은 피라미드의 중간쯤에 위치하고 있다. 유리로 된 모형 피라미드를 만들어 어둠 속에서 전등을 비춘 결과, 빛이 한 점으로 모아졌는데, 바로 그 위치에 현실이 있다는 실험 결과도 나와 있다. 이 위치는 우주의 기氣가 모아지는 점으로 볼 수도 있으므로 더욱 신비하다.

원래 쿠푸 왕의 피라미드 겉면은, 강 건너 무깟담 언덕에서 가져온 두께 3미터 정도의 석회암으로 덮여 있었으나, 지금은 외피가 모두 벗겨져 있는 상태다. 아랍 이슬람 시대에 피라미드의 외피를 벗긴 돌로 카이로의 건물과 성벽을 쌓는 데 사용하였다고 한다.

피해를 당한 피라미드는 대피라미드만이 아니었다. 외피가 벗겨져 현재는 표면이 계단처럼 되어 있다. 카푸라 왕의 피라미드 꼭대기 부분에는 마치 고깔 모자를 쓴 것처럼 외피가 일부 남아 있는데 이를 통해 온전했을 때의 웅장한 모습을 상상해 볼 수 있다.

여전히 신비에 싸인 피라미드의 건설 방법

고대 세계의 불가사의라고 불리는 쿠푸 왕의 피라미드는 어떻게 건설되었을까? 현재 우리에게 알려진 피라미드 건설 방식으로 가장 신빙성있는 자료는 기원전 445년 이집트를 방문한 헤로도토스가 남긴 기록이다.

헤로도토스에 따르면, 쿠푸 왕의 피라미드 건설 작업은 나일강이 범람하여 평야에서 할 일이 없던 약 3개월 동안 집중적으로 행해졌다. 이 기간 중 동원된 인부는 연인원 10만 명에 달했다. 돌을 캐고 다듬는 채석 작업

▲피라미드 내부의 지하통로.

은 범람과 관계없이 일 년 내내 계속되었다.

거대한 피라미드를 건설하기 위해서는 우선 돌을 나를 수 있는 수송로가 필요했는데, 이 수송로를 만드는 데만 10년이 걸렸다. 수송로는 돌을 이동시킬 때 단단한 돌이 부드러운 땅에 박힐 우려가 있었기 때문에 필요했다. 수송로를 통해 운반한 돌을 피라미드로 쌓는 데는 다시 20년이라는 세월이 더 걸렸다. 피라미드 건설 당시 이집트인들은 수레나 말을 사용한 운반을 알지 못하였으므로, 지레나 굴림대를 제외하면 오로지 밧줄로 묶어 사람의 힘으로 돌을 끄는 작업을 진행하였을 것이다.

쿠푸 왕의 피라미드를 건설하는 데 많은 인원이 동원되어 강제노역을 하였으니 불쌍하다는 생각이 들 수도 있다. 그러나 피라미드 건설을 위해 이집트인들이 동원된 기간은 나일강의 범람으로 식량이나 일거리가 없었던 기간이었고, 노동의 대가로 파라오가 먹을 것을 해결해 주었던 점을 감안한다면 불쌍히 여길 수만은 없을 것 같다.

한편, 현대 이집트학 학자들은 피라미드는 더 이상 신비한 것이 없다고 주장하는 사람들과 피라미드에는 아직도 현대 과학으로 풀지 못한 불가사의가 남아 있다고 주장하는 사람들로 양분된다.

피라미드에 더 이상 신비스러운 것이 없다고 주장하는 사람들은 피라미드가 파라오들을 위해 건설한 단순한 무덤에 불과하며, 과거에 불가사의하다고 생각했던 점들은 현대 과학과 고고학의 발전으로 모두 풀렸다고 생각한다.

이들의 주장은 헤로도토스가 건설 방법이나 시기 등을 기록으로 밝힌 이상 신비로울 것이 없다고 한다. 그들은 피라미드와 관련된 유일한 불가사의는 아직도 피라미드를 불가사의하다고 생각하는 사람들이 많다는 것이라고 말한다.

물론 헤로도토스가 남긴 기록을 의심없이 받아들이면 피라미드의 건설에 관련된 신비는 없다고 볼 수도 있다. 그러나 헤로도토스의 기록은 현대

▲피라미드 내부의 지하통로.

의 과학자들과 고고학자들에 의해 여러 가지 면에서 부정되고 있다.

첫째, 피라미드의 부지 선정에 관한 신비이다. 앞에서 말했듯이 피라미드는 하나에 2.5톤에서 15톤에 이르는 약 250만 개의 돌덩이들이 섬세하게 결합하여 만들어진 하나의 구조물이라 할 수 있다. 이 돌들은 프랑스를 한 바퀴 도는 담을 쌓을 수 있는 양이며 엠파이어 스테이트 빌딩을 35개 세우고도 몇 톤이 남는 엄청난 양이다. 그런데 이 정도 크기의 건축물을 지으려면 짓기 전에 반드시 기초 부분에 대한 지질조사가 선행되어야 한다는 것이다.

현대 건축 공학자들은 100년에 15센티미터 정도가 침강하는 땅이라면 사무 빌딩용 건물 부지로 적합하다고 말하고 있다. 가령, 미국의 국회의사당은 지난 200년 동안 12센티미터 정도 침강하였다. 그런데 약 63억 킬로그램이나 나가는 대피라미드는 5천 년 동안 불과 1.25센티미터 밖에 가라앉지 않았으며, 더구나 피라미드가 위치한 기초 부분은 지진과 지반운동에 가장 영향을 덜 받는 지역이다.

바로 여기에 피라미드의 불가사의가 있다. 즉, 현대의 건축 공학자들도 어렵다고 생각하는 피라미드의 부지 선정을 오천년 전 고대 이집트인들이 해냈다는 것은 불가사의라고 설명할 수밖에 없다.

소가 뒷걸음질치다가 우연히 쥐를 잡은 격이라고 설명하기에는 피라미드의 위치 선정이 너무나 완벽하다. 그렇다면 고대 이집트인들은 어떤 방법으로 현대 과학으로도 쉽게 할 수 없다는 부지를 정확히 선정할 수 있었을까 …… 이에 대한 대답은 아직 없다.

1992년 10월 이집트에 강도 6도의 지진이 발생한 적이 있었다. 약400명의 사망자와 만여 명의 부상자가 발생하고 수백 채의 가옥과 콘크리트 건물이 한 순간에 무너진 엄청난 지진이었음에도 불구하고 피라미드가 입은 피해는 하나도 없었다.

나중에 TV에서 지진 발생 당시 피라미드 속에 들어가 구경을 했던 관광

▲쿠프 왕의 피라미드 대회랑

객과 인터뷰하는 장면이 방영되었는데 그 사람들은 피라미드가 약간 흔들리는 것만 느꼈을 뿐이라고 말했다. 60초 동안 지속된 지진으로 바깥 세상은 공포의 도가니가 되었는데 피라미드 속에 들어가 있던 사람들이 전부다 무사하였던 사실은 피라미드 건설 부지가 얼마나 단단한지를 말해 주는 단적인 예다.

둘째, 피라미드 건설에 사용된 돌을 어떻게 다듬었는가의 문제이다. 기원전 2,600년 무렵은 아직 철기 시대 이전이므로 이집트인들이 가진 연장 중에 가장 강한 것은 청동연장이었을 것이다. 다시 말해서 이집트에는 대피라미드를 건설하기에 적합한 연장이나 도구가 거의 없었다.

청동연장을 사용했다 해도 채석장에서 2.5톤에서 10톤에 이르는 돌을 청동정을 이용해 오차가 없이 자르고 다듬는 일을 하기에는 거의 불가능에 가깝다. 특히 왕묘실에 있는 무게가 40톤까지 나가는 화강암들을 청동연장을 사용하여 다듬는 일은 불가능한 일이다.

또 석조 블록 하나를 캐고 다듬고 이동하고 제자리에 놓는 데 평균 1시간이 걸린다고 가정하고, 하루에 10시간을 일한다고 한다면 하루에는 10개의 블록을, 1년에는 3,650개의 블록을 쌓을 수 있다. 그러나 그런 속도라면 쿠푸 왕의 피라미드를 쌓는데 걸리는 시간은 헤로도토스가 말한 대로 30년이 아니라 약 715년이 되어야 한다.

셋째, 피라미드 건설에 사용한 돌의 운반에 대한 신비이다. 20년 동안 250만 개의 돌로 대피라미드를 건설하였다는 역사학자 헤로도토스의 말을 여과없이 받아들인다 해도 우리는 여전히 어떻게? 라는 의문을 가질 수밖에 없다.

피라미드 건설에 사용한 돌의 운반 방법으로 많은 학자들이 믿고 있는 것은 이른바 '굴림대론'이다. 굴림대 역할을 하는 통나무 위에 무거운 돌을 올려 놓고 앞에서 인부들이 밧줄을 이용하여 끌었다는 것이다.

다음으로 '경사론'이 있다. 피라미드의 높이가 높아질수록 옆에 제방을 비스듬히 쌓아 그 둑길로 돌을 운반했다는 것이다. 그러나 이 이론들은 무엇보다도 피라미드를 건설하는 데 무한한 인력의 공급을 가정하고 있다는 점을 모순으로 꼽을 수 있다.

현대 공학의 이론을 빌리면 무게 2.5톤~15톤짜리 석조 블럭 하나를 옮기기 위해서는 약 150명 정도의 사람이 필요하다고 한다. 그러므로 헤로도토스의 말대로 20년 동안 250만 개의 돌을 운반했다면 하루 평균 1,400개의 돌을 운반해야 했을 것이고, 한 블럭당 150명의 남자가 매일 네 차례 왕복했다고 가정하면 52,500명의 남자가 동시에 작업을 해야 한다. 그러나 52,500명의 장정들이 20미터도 채 되지 않는 넓이의 길 위에 꽉 들어찬 채 돌을 나르는 일이 가능했을까? 이에 대한 답변은 분명 '아니다' 이다.

돌을 굴리는 데 필요한 통나무 역시 구하기가 힘들었을 것이다. 당시 이집트에서 자라는 나무로 대표적인 것은 대추야자 나무였는데, 이집트인들이 주 식량원이던 이 나무를 단순히 돌을 나르기 위해 잘랐을 리 만무하다. 이 나무들을 레바논 등과 같은 해외에서 수입을 했다고 쳐도 엄청난 무게의 바위에 눌린 나무들이 부서져 버릴 가능성은 여전히 남아 있다.

지금까지 이야기한 대로 고대 이집트인들은 피라미드 건설 당시 단단한 돌을 다듬을 수 있는 연장을 가지고 있지 않았고, 헤로도토스가 말한 기간 안에 피라미드를 완성시킬 수 있는 노동력이 없었으며, 돌을 운반하는 일이 산술적으로나 방법적으로 불가능하다는 점의 세 가지 이유 때문에 "피라미드는 여전히 신비에 싸여 있다"고 말한다.

피라미드는 외계인이 건설했다?

그렇다면 대피라미드는 이집트 사람들이 건설한 것이 아니란 말인가? 이 질문에 대해 피라미드의 신비성을 주장하는 사람들은 '그렇다, 이집트인들은 대피라미드를 건설하지 않았다' 라고 대답한다. 그렇다면 고대 이집트인들이 대피라미드를 세우지 않았다면 누가 건설했단 말인가?

신비론자들은 우주에서 온 외계인이 대피라미드를 건설했을 것이라고 주장한다. 이들은 1976년 나사의 바이킹 호 과학자들이 화성 북쪽의 사막에 놓여 있는 거대한 인간의 머리를 최초로 발견한 사실을 주장의 근거로 내세운다. 또 1979년에 나사의 이미지 분석가인 빈센트 디피에트로와 그레고리 몰리나르가 바이킹 호가 찍은 사진에서 두 개의 얼굴 모습을 확인한 것과 피라미드처럼 생긴 거대한 구조물이 그 얼굴 가까이 있는 것을 발견한 사실을 강조한다.

　이 두 가지 사실로 미루어 결국 '화성의 기념비'와 지구의 '기자' 사이에는 뭔가 연관이 있으며 기자의 대피라미드는 외계에서 온 어떤 생물체(특히 화성에서 왔다고 믿어지는 생명체)가 화성의 피라미드를 지구에 복제한 것에 불과하다는 것이다. 그리고 지구에 화성에 있는 것과 같은 피라미드를 건설한 목적은 외계와 연락하기 위한 송수신용 기지로 삼기 위한 것이었다고 말한다.

　대피라미드의 외계인 건설 주장을 뒷받침하는 또 하나의 증거가 있다. 그것은 방사선 탄소동위원소 측정방법에 의해 대피라미드가 피라미드의 초기 형태라고 알려진 조세르 왕의 계단식 피라미드보다 최소한 450년은 먼저 건설되었음이 밝혀졌다는 것이다.

　다시 말하면 대피라미드가 이집트에서 건설된 7번째나 8번째 피라미드가 아니고 가장 먼저 세워진 피라미드라는 것이다. 따라서 그 후에 지어진 작은 피라미드들은 대피라미드를 모방한 것들이며, 결국은 피라미드 건설에 실패한 것들이 된다.

　그럴 경우 우리는 다음과 같이 생각해 볼 수도 있지 않을까? 즉, '외계인(화성이나 기타 행성에서 온)들이 기자에 최초로 대피라미드를 건설했다. 그 후에 이집트인들이 이 피라미드를 모방하려고 90여 차례 시도하였으나 모두가 실패로 끝났다.'라고 말이다. 너무 비약시킨 결론인 듯싶지만 이집트의 수도 이름인 카이로가 '화성'(카히라)과 관계가 있는 것도 새로운 각도에서 설명할 수 있지 않을까? 의구심은 또 다른 의구심을 낳는다.

태양선 전시관

오천 년의 역사를 자랑하는 쿠푸 왕의 피라미드 남쪽에는 현대적 건물이 하나 서 있다. 그냥 지나쳐 버리기 쉬운 이 현대식 건물이 이른바 '태양선 전시관'이다. 이 안에는 1954년 피라미드의 남쪽 기슭에서 발견한 길이 43미터짜리 배가 진열되어 있다. 이 배는 현존하는 세계에서 가장 오래 된 배인 만큼 볼 만한 가치가 있다.

전시된 배는 보통 '태양선Solar Boat'이라고 부르는데, 이것은 고대 이집트인들의 믿음과 관련이 있다. 고대 이집트인들은 태양신이 매일 두 차례 하늘을 가로질러 여행한다고 생각했다.

첫 번째 여행은 동쪽에서 서쪽으로의 여행이고 두 번째 여행은 다시 동쪽으로 돌아오는 여행이다. 이 두 차례의 여행에서 태양신이 타고 다니는 배를 '태양선'이라고 부른다. 이러한 점에서 전시관 안에 있는 배는, 왕이 생전에 탔던 배이며 동시에 왕의 미라를 운반했던 배이므로 '태양선'이라고 부르는 것은 정확한 표현이 아니라고 생각된다. 그럼에도 이집트인들은 이 보트를 태양선이라고 부르는 것은 아마도 이 보트에서 태양선을 연상하였기 때문이리라.

발견 당시 이 태양선은 땅 속에 매장되어 있었는데 무덤에 넣기 위해 완전히 분해되어 있던 상태였다. 나무의 재질은 레바논 삼나무였으며 생전에 실제로 파라오가 사용했던 배를 부장품으로 묻은 것임이 밝혀졌다. 신기한 것은 이 배를 만드는 데 단 하나의 쇠못도 사용하지 않았으며 나무와 나무는 구멍을 뚫은 후 전부 끈으로 묶어 만들었다는 점이다.

쿠푸 왕의 피라미드 옆에 보트를 함께 묻은 것은 고대 파라오 시대의 태양신 라의 숭배 사상과도 관련이 있는 것 같다. 태양신 라는 파라오의 조상일 뿐만 아니라 파라오가 죽은 후에는 태양신과 함께 낮에는 하늘을, 밤에는 지하세계를 여행한다고 생각했다. 또 태양이 매일 저녁 서쪽으로 지는 것은 죽음으로, 아침에 떠오르는 것은 부활로 간주했다. 즉 태양이 반복적으로 지고 떠오르는 것처럼 파라오는 죽은 후에 잠을 자고 일어나듯이 부활한다고 믿었다.

미라가 안치된 현실 안에 여러 개의 소형 보트를 넣어 주거나 태양선의 경우처럼 무덤 옆에 대형 보트를 같이 매장하는 풍습이 있었던 것은 바로 미라가 지하세계를 흐르는 강을 여행할 수 있도록 하기 위해서다.

고대 이집트인들에게 지하세계는 보통 강으로 묘사된다. 미라가 된 사자死者는 투아트라고 불리는, 지하세계를 흐르는 길고 외로운 강을 여행한다고 믿었다. 이 강은 나일강의 서쪽에서 시작하여 북쪽으로 흐르다가 동쪽으로 구부러져 태양이 뜨는 곳에서 멈춘다. 쿠푸 왕의 피라미드 안에 벽화는 없으나 후기 무덤의 벽화에서 이 강은 밤의 12시간을 상징하는 12개의 방으로 나타나기도 한다.

지하세계의 각 방문은 큰 뱀이 지키고 있으며 죽은 자는 수호신의 보호와 신성한 마력에 의해 한 시간 한 시간 지나가게 된다. 무사히 12개의 방을 통과한 사자는 마침내 지하세계를 관장하는 오시리스 신 앞에 당도한다.

지하세계의 신 오시리스는 아내 이시스, 동생 네프티스, 지혜의 신 토트, 그리고 42명의 심판관과 함께 있으며 얼굴은 보통 녹색이나 검은색으로 칠해져 있다. 머리에는 크고 하얀 왕관을 쓰고, 손에는 도리깨와 홀을 들고 있는 모습이다. 42명의 심판관은 사자가 저질렀을지도 모를 42가지의 죄목을 각각 심판하게 되는데, 심판항목은 기독교에서 말하는 죄목들과 비슷하다.

이집트식 '최후의 심판'이라고 할 만한 이 시험에서 사자는 42가지 죄목에 무죄라고 양심선언을 하고, 실제로 무죄

▼태양선

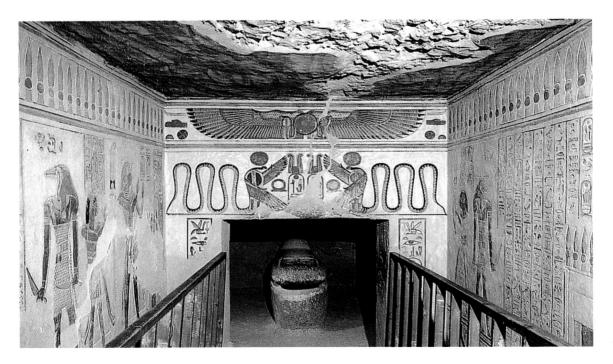

▲왕비들의 계곡에 있는 람세스 3세 아들의 무덤. 석관을 큰 뱀 두 마리가 지키고 있다.

임이 판명되면 떠오르는 아침해처럼 부활하게 되는 것이다. 반면 죄를 많이 지은 자는 부활하지 못하고 끓는 물이 흐르는 어두운 지하의 강을 영원히 헤매게 된다.

공포의 아버지 '스핑크스'

피라미드와 함께 기자의 대표적 명물인 스핑크스에는 관광객의 발길이 끊이지 않는다. 기자 언덕에 위치한 세 개의 웅장한 피라미드를 뒤로 하고 경사진 언덕길을 따라 내려오면 스핑크스가 길 오른쪽 아래에 나타난다.

높이 약 20미터, 길이 73미터, 폭 4미터에 달하는 이 스핑크스가 이집트에서 가장 큰 스핑크스이다. 그러나 막상 가까운 곳에서 보면 너무 작아 실망하는 사람들이 많다. 이 스핑크스는 바위언덕을 깎아 전체적인 모양을 만든 후, 제 2 피라미드를 건설하고 남은 돌을 덧붙여 만들었다고 한다. 스핑크스 건설 당시에는 빨간색으로 얼굴이 칠해져 있었지만 세월이 흐른 오늘날에는 그 흔적만을 볼 수 있을 뿐이다.

스핑크스는 인간의 얼굴과 사자의 몸통을 하고 있는데, 인간의 지혜와 사자의 용맹함을 상징한다. 스핑크스 얼굴의 실제 모습은 제 2 피라미드의 주인공 카프라 왕을 묘사한 것이라고 하지만 파라오 시대에 만들어진 다른 조상彫像들의 얼굴이 한결같이 젊고 잘생긴 모양으로 나타나는 것으로 미루어 이 말은 별로 신빙성이 없는 것 같다.

스핑크스의 얼굴을 자세히 보면 2미터나 되는 스핑크스의 입이 비웃는 듯한 미소를 머금고 있음을 알 수 있다. 그러나 유심히 보지 않으면 지나치기 쉽다.

수천 년 동안 미소를 머금은 스핑크스가 바라보는 방향은 동쪽이다. 고대 이집트인들의 신앙에서 '동쪽'이 갖는 의미는 단순한 방향의 의미를 훨씬 뛰어 넘는 것이다. 고대 이집트인들에게 해가 뜨는 동쪽은 흔히 생명과 부활의 세계와 동일시되는 반면 서쪽은 죽음의 세계를 나타낸다. 이집트의 모든 피라미드가 전부 서쪽에 위치하고 있는 것이 바로 이 때문이다.

고대 이집트인들은 스핑크스를 '지평선의 태양신'이란 뜻의 하르마키스라고 불렀고 후대의 그리스인들은 스핑크스라고 불렀다. 스핑크스의 아랍어 이름은 '아불 하울(공포의 아버지)'이다. 건설된 지 약 2,500년이 지난 후에 이집트에 온 그리스 사람들은 스핑크스를 보고 자신들의 신화를 생각했다. 인간의 얼굴과 사자의 몸통을 한 이 신기한 기념물을 보고 그리스 신화 속의 스핑크스를 떠올린 것은 어쩌면 당연한 일인지도 모른다.

그리스 신화에 나오는 스핑크스는 얼굴은 여자, 몸통은 사자의 모습으로 날개를 달고 있다. 테베에 나타나 주민들에게 수수께끼를 내고 맞추지 못할 경우 잡아먹었다는 괴물이다. 스핑크스가 낸 수수께끼는 '아침에는 네 발, 점심에는 두 발, 저녁에는 세 발로 걷는 것이 무엇인가?'라는 것이었다.(정답은 사람)

▶코가 깨진 스핑크스.

　스핑크스가 낸 문제의 정답을 맞추어 스핑크스를 죽음에 이르게 한 사람은 코린토스(그리스 남부 펠로폰네소스 반도에 걸쳐 있는 주) 출신의 오이디푸스였다. 테베의 시민들은 오이디푸스를 그들의 왕으로 모시고 여왕인 이오카스테와 결혼하게 한다. 그러나 아름다운 여왕이 자기를 낳은 어머니였음을 후에 알게 된 오이디푸스는 스스로 두 눈을 뽑아버린다. 그리고 자신과 어머니 사이에서 낳은 딸들과 함께 속죄의 의미로 평생을 방

◀카르나크 신전의 양머리 스핑크스.

랑하였다.

　스핑크스는 기자 외에 이집트의 다른 지역에도 있고 다른 나라에도 있
으나, 규모는 기자의 것보다 훨씬 적다. 스핑크스의 생김새도 다양하다.
예를 들어, 룩소르의 카르나크 신전으로 들어가는 입구의 스핑크스는 머
리가 두개이며 카이로 박물관에 있는 스핑크스는 고양이나 사자의 머리를
하고 있다. 메소포타미아 문명의 발상지 이라크에 있는 스핑크스는 털이

많은 왕관을 쓰고 있고 에티오피아에 있는 스핑크스는 갈색 털에 두 개의 젖가슴이 있다.

스핑크스와 꿈의 비석

스핑크스하면 유명한 것이 스핑크스의 코가 떨어져 나간 것에 관련된 일화이다. 흔히 알려지기로는 1798년 이집트에 원정을 온 나폴레옹의 군대와 이집트 군대가 벌인 피라미드 전쟁 때 프랑스군이 쏜 대포에 맞아 코가 떨어져 나갔다는 것이지만 이집트학 전문가들은 이 주장에 신빙성이 거의 없다고 보고 있다.

　코가 떨어져 나간 진짜 이유는 오스만 터키 지배기간 동안 이집트인들이 스핑크스의 코를 향해 사격 연습을 하였기 때문이라는 설이 지배적이지만, 그보다 훨씬 전인 1380년경 아랍 통치 기간중 성상파괴주의자였던

▲그리스 신화에 나오는 스핑크스.

한 쉐이크가 스핑크스의 코를 부셨다는 내용을 믿는 사람도 일부 있다. 스핑크스의 코가 왜 떨어졌는지에 상관없이 떨어진 코와 그 턱수염은 현재 대영 박물관에 잘 보관되어 있다.

한편, 나라 전체가 박물관이라고 할 정도로 곳곳에 유물이 널려 있는 이집트에 사람이나 동물이나 할 것 없이 거의 모든 석상들의 코가 떨어져 있어 궁금증을 자아낸다.

관광 가이드에게 그 이유를 물어보니 기독교 시대와 이슬람 시대에 동상들을 우상으로 생각한 신자들이 코를 부셨다고 대답한다. 석상을 완전히 부수지 않고 코만 살짝 부순 이유는 아마도 가장 중요한 코만 없애면 최후의 심판날에 부활할 수 없다고 본 이집트인들의 믿음 때문이었을 것이다.

스핑크스의 앞발 사이를 유심히 보면 상형문자가 새겨져 있는 붉은색 화강암 비석이 있는데 상형문자로 적힌 이 비석의 내용은 신왕조 투트모세스 4세의 등극 이야기이다. 이른바 '꿈의 비석'이라고 알려진 이 비석의 내용은 다음과 같다.

왕이 되기 전, 투스모세스 왕자가 이집트 남부에 사냥을 나왔다가 나무 그늘에서 낮잠을 잤는데 꿈에 하르마키스 신이 나타났다. 신은 투트모세스에게 모래가 자기를 덮고 있어 답답하니 그 모래를 치워주면 상·하이집트의 왕관을 주겠노라고 약속했다. 잠에서 깨어난 왕자는 곧 멤피스로 가서 스핑크스를 덮고 있던 모래를 제거하고 제물을 바쳤다. 그 결과 원래 왕이 될 서열에서 멀었던 투트모세스 왕자가 왕이 되었다는 이야기이다.

이집트에서 선교활동을 하고 있는 어떤 목사는 원래 왕이 될 서열이 아니었던 투트모세스 4세가 갑자기 왕이 된 이유를 기독교적인 관점에서 해석하였다. 그 목사에 의하면 투트모세스가 낮잠을 자던 당시, 이집트의 왕은 아멘호테프 2세였으나 출애굽 사건이 발생하여 모세를 쫓아갔다가 홍해에 빠져 죽는 바람에 투트모세스가 왕위에 오를 수 있었다는 것이다. 그럴듯한 이야기이다. 그러나 출애굽 당시에 홍해에서 익사한 파라오는 아멘호테프 2세가 아니라 람세스 2세라는 설이 있으며, 그의 아들 메르네프타가 출애굽의 왕이란 설도 있다. 출애굽 당시의 이집트 왕이 누군지는 보다 정확한 자료에 의해 차차 밝혀질 것이므로 '꿈의 비석' 이야기를 단정적으로 믿는 데는 다소 무리가 있다.

3. 카이로에 입성한 베들레헴의 아기예수

올드 카이로와 바빌론 성채

올드 카이로, 아랍어로 '마스르 엘카디마'는 카이로 시의 남부에 위치하고 있다. 올드 카이로에 가려면 시내 중심가에서 전철을 타고 마리 기리기스 역에서 하차하는 것이 가장 빠르다. 전철역을 내리면 바로 정면에 콥트박물관으로 들어가는 길이 있다. 박물관 일대가 바로 이집트의 기독교 중심지 올드 카이로이다.

올드 카이로는 성채에 의해 빙 둘러싸인 모습이다. 올드 카이로를 에워싸고 있는 이 성채는 '바빌론 성채'라고 불리는데, 유프라테스 유역의 한 지명인 바빌론이 어떻게 이 성채의 이름이 되었는지는 분명하지 않다. 그러나 그리스 역사가 디오도로스 시쿨로스에 따르면, 바빌론이란 이름은 메소포타미아의 바빌론에서 데려온 전쟁포로들이 붙인 이름이라고 한다.

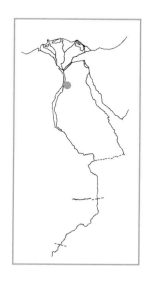

중왕국 제12왕조의 세누세르트가 페르시아인들을 포로로 데려와 고된 일을 시켰는데, 후에 그들이 이집트인들에게 대항하여 작은 성채를 짓고 이름을 바빌론 성채라고 부른 적이 있다. 이 성은 부서진 채 오랫동안 방치되어 있었으나 보수한 이후로도 계속하여 바빌론 성채라고 불린다는 것이다.

　　한때 올드 카이로는 많은 기독교인들이 거주했고 42개나 되는 교회를 포함한 넓은 지역을 가리켰으나, 지금은 보통 바빌론 성채 안에 있는 좁은 지역만을 가리킨다.

　　올드 카이로에 방문객의 발길이 이어지는 까닭은 요셉과 마리아가 헤롯 왕의 박해를 피해 피난을 왔던 곳이기 때문이다. 성경은 아기예수 일행의 애굽 피난을 다음과 같이 기록하고 있다.

▼올드 카이로의 바빌론 성채

"저희가 떠난 후에 주의 사자使者가 요셉에게 현몽하여 가로되, 헤롯이 아기를 찾아 죽이려 하니 일어나 아기와 그의 모친을 데리고 애굽으로 피하여 내가 네게 이르기까지 거기 있으라 하시니, 요셉이 일어나서 밤에 아기와 그의 모친을 데리고 애굽으로 떠나가 헤롯이 죽기까지 거기 있었으니, 이는 주께서 선지자로 말씀하신 바 애굽에서 내 아들을 불렀다함을 이루려 하심이니라."(마태복음 2:13~15)

성경의 내용처럼 아기예수 일행은 이집트에서 약 7년이란 세월을 보내고 헤롯 왕이 사망한 후 예루살렘에 돌아간다. 이집트의 기독교 유적지는 대부분 아기예수 일행의 피난시절과 관계가 있다. 예를 들면, 성모 마리아가 도피중에 한 나무 그늘 아래서 쉬었다는 헬리오폴리스 지역(성경의 온), 나트룬 오아시스 등이 그것이다. 올드 카이로에 있는 기독교성지의 대표적인 곳은 세르지우스 교회(아랍어로 아부 사르가 교회)인데, 이 교회는 아기예수 일행이 피난했다는 전설적인 동굴 위에 건설되었다.

▲바빌론 성채 내부의 전형적인 로마식 거리

콥트란 말의 유래

이집트의 기독교인들을 가리켜 흔히 '꼽트' 혹은 '콥트'라고 부르는데 이 명칭의 유래는 고대 파라오 시대까지 거슬러 올라간다. 콥트는 고대 이집트어의 '히카프타Hi-Ka-Ptah'에서 유래하는데 그 의미는 '프타 신이 거하는 곳'이다.

고대 이집트 신화에 따르면 프타 신은 진흙으로 사람을 만들어 생명의 숨을 불어 넣어준 신이다. 그리스인들과 로마인들은 이 신이 사는 곳을 가리켜 아이깁토스라고 불렀는데 바로 이 '아이깁토스'로부터 깁트가 유래한다.

▶아기 예수 피난 교회로 유명한 아부 사르가 교회 내부.

　무슬림들은 이집트를 가리켜 '이집트인들이 사는 곳'이란 의미에서 '다르 엘깁트'라고 불렀다. 이때의 깁트 혹은 킵트는 모든 '이집트인'들을 말하는 것이었으나, 7세기경 무슬림들이 이집트를 정복한 이래 '(이슬람교를 믿지 않고) 기독교를 믿는 이집트인'만을 의미하고 있다. 무슬림들의 이집트 정복 후 대다수의 이집트 기독교인들은 새 종교 이슬람으로 개종하여 현재는 국민의 약 10%만이 기독교인으로 남아 있다.

　이집트에 기독교가 들어온 것은 예수가 사망한 후 그의 12제자 중 하나이자 4대 복음서의 저자인 마가에 의해서였다. 다른 제자들이 예루살렘 동쪽으로 간 것과 달리, 마가는 35년경 서쪽으로 알렉산드리아에 건너와 포교활동을 벌였다.

　그곳에서 한 가난한 구두 수선공을 전도하는데 성공한 후, 백여 년이 채 지나지 않아 마가의 가르침에 따른 기독교는 요원의 불길처럼 이집트 전역으로 확대되었다.

　아직 신앙의 자유가 없었던 로마 시대에 이집트의 기독교인들은 박해를 피해 사막의 오아시스나 시나이 반도의 광야를 중심으로 수도 생활을 하였다. 323년 콘스탄티누스 대제가 기독교를 공인한 이래, 이집트의 기독교는 알렉산드리아를 중심으로 눈부신 신학적 발전을 이루었다.

이집트 기독교에 시련이 찾아온 것은 그후 120년이 지나서였다. 비잔틴 정교회에 속한 이집트의 기독교(콥트교)가 451년 칼케돈 종교회의에서 이단으로 선언된 것이다. 이 선언으로 기독교의 본체에서 떨어져 나온 이집트의 기독교는 같은 기독교 세계로부터 곱지 않은 시선을 받아야 했고, 때로는 박해가 가해지기도 했다.

641년 이슬람 군대의 이집트 정복 후에 기독교인들은 비교적 짧은 기간에 이슬람교를 받아들였다. 개종의 이유는 여러 가지가 있지만 그 중에서 가장 주된 이유는 비무슬림들에게 부과한 중과세일 것이다.

정복 이슬람 군대는 기독교인들의 신앙의 자유를 허용하는 정책을 취했으나 부과한 세금을 내지 못할 경우 철저하게 박해를 가하였다. 이런 상황에서 자신의 신앙을 지키기란 매우 어려운 일이었다.

박해를 견디고 믿음을 지킨 콥트교도들

현재 이집트의 기독교인 수는 전체 인구의 약 10%에 달하는 약 700만 명으로 추산된다. 이들은 어렵고 힘든 상황에서도 신앙을 지켜온 의지가 굳은 기독교인들이다. 오늘날 콥트교도들은 자신들의 공동체 안에서 콥트교력을 사용하며, 특유의 명절을 지키는 등 국민의 절대 다수를 차지하는 무슬림들과 다른 풍습을 지키고 있다.

콥트교력이 디오클레시안 황제의 박해 때 순교한 신자들을 기념하기 위해 284년 8월 29일을 원년으로 삼고 있는 것도 인상적이다. 현재 콥트 정교회의 대주교는 쉐누다 3세인데, 마가의 117번째 후계자라고 불린다.

올드 카이로에 있는 여러 개의 교회 중에서 방문하기를 권하고 싶은 곳은 무알라카 교회, 아부 사르가 교회, 성 바르바라 교회 세 곳이다. 이 교

▲아기 예수 일행이 쉬었다는 카이로 근교의 나무.

회들은 서로 가깝게 이웃하고 있어 둘러보는데 그리 많은 시간이 걸리지 않는다.

성 바르바라 교회는 이집트에서 가장 크고 훌륭한 교회 중 하나이다. 이 교회는 아버지에게 기독교의 복음을 전하다 바로 그 아버지에게 죽임을 당한 소아시아 출신의 한 여인을 위해 봉헌된 것으로 알려지고 있다.

아기 예수가 피신한 아부 사르가 교회

올드 카이로에서 가장 오래 된 교회 중 하나인 아부 사르가(세르지우스 Sergius를 아랍어로 발음한 것) 교회는 막시미안 황제(?~310)때 박해를 받아 시리아에서 순교한 두 로마 관리 세르기우스와 바쿠스를 위해 봉헌되었다. 5세기경 건설된 이 교회의 부지가 바로 아기 예수 일행이 숨어 살았다는 전설적인 동굴이다.

이 교회는 8세기경 화재로 피해를 본 후 복구되었고, 10세기~11세기의 파티마 왕조에 이르러 한 차례 더 복구되었으나 교회의 구조는 초기와 다르지 않다.

아부 사르가 교회는 밖에서 보면 건물의 절반이 지표면 밑에 있는 반지하로 나타난다. 교회당 안에 있는 설교단은 예수와 12제자를 상징하는 13개의 기둥으로 받쳐져 있다. 기둥의 색깔은 모두 흰색인데, 유독 하나의 기둥은 검은색으로 칠해져 있다. 예수를 배반하여 밀고한 가룟 유다의 기둥이라고 한다. 기둥을 자세히 살펴보면 현재는 희미하지만 각 기둥마다 12제자의 모습이 그려져 있음을 알 수 있다. 본당 오른편에 있는 15개의 성화는 예수의 탄생, 기적, 세례, 부활 등을 그린 것이다.

아기 예수 피난 동굴은 교회의 제단 왼쪽에 위치하고 있다. 제단 왼쪽의 계단을 따라 아래로 내려가면 길이 6미터, 높이와 폭 약 2.5미터 정도되는 동굴이 나온다. 내부는 작은 방처럼 생겼는데 탁자처럼 생긴 작은 설교단이 하나 있고 서너 개의 돌기둥이 천장을 받치고 있다.

▲쉐누다 3세.

▶올드 카이로의 골목길.

아기예수 일행이 가까스로 몸을 숨겨 살았다는 이 동굴은 현재는 지하수의 분출로 반절쯤 물에 잠겨 있어 입장이 불가능하다. 한국 같으면 진작에 보수하였겠지만 무슨 이유에서인지 물이 찬 동굴을 수년간 방치해 놓고 있다. 직원에게 물어보니 과거에도 몇 차례 물이 찬 적이 있었는데 그때마다 물을 퍼냈다고 한다. 그러나 언제 다시 물을 뺄 것이냐고 묻는 말에는 대답이 없었다.

공중 교회

아부 사르가 교회를 나와 남쪽으로 100미터 정도 걸으면 기르기스 역 가까이에 공중교회(무알라카) 교회가 있다. '무알라카'는 아랍어로 '매달린'이란 뜻으로 바빌론 성채의 남서쪽 돌출부를 기반으로 하여 건설되었으므로 그렇게 불렸다.

원래 이 교회 부지는 파라오 시대의 신전터였으나 나중에 로마의 신전

▲아담과 이브. 콥트 박물관에 전시되어있다.

▶이집트로 들어오는 성모 마리아와
아기예수

터로 쓰였다. 지금은 주위에 건물들이 들어서 있어 그렇게 두드러지게 높
이 보이지는 않으나 교회에 들어가려면 아직도 계단을 통해 올라가야 한다.

　9세기에 파괴되었던 이 교회는 11세기에 복구된 후 알렉산드리아 교구
에 거주했던 콥트 교황이 이곳으로 옮겨와 거주함으로써 이집트 교회의
본부가 되었다. 그 당시 무알라카 교회는 신학자, 법학자, 천문학자 등이
연구를 위해 빈번히 찾아오던 학문의 중심지였다.

　무알라카 교회로 올라가는 24계단은 여러 가지를 상징한다. 우선 계단
자체는 예수 그리스도의 예루살렘 승천을 상징한다고 하며, 첫 번째 12개
의 계단은 유대의 12부족을, 나머지 12개 계단은 예수의 12제자를 나타낸
다고 한다. 그런가하면 첫 번째 12계단과 두 번째 12계단은 신약과 구약

의 통일을 의미한다고도 한다. 계단의 좌우 난간에 연결되는 정면의 두 기둥은 1세기경 코린트 양식으로 되어 있다. 계단을 올라 현관에 이르면 역대 콥트 교황의 사진이 걸려 있어 한때 이 교회가 콥트 교단의 총본산이었음을 알 수 있게 해준다.

현관을 지나면 내부 홀에 이르는데, 홀의 중앙에는 5~6세기로 소급되는 대리석 분수대가 있다. 아주 정교한 세공으로 만들어진 이 분수대는 이교회에 들어가기 전에 행했던 세례의 상징이다.

본당으로 들어가는 정문 옆에는 성부의 가슴을 상징하는 벽감(벽면을 둥글게 파낸 곳)이 있다. 이 벽감은 성경의 "수고하고 무거운 짐진 자들아 다 내게로 오라, 내가 너희를 쉬게 하리라"(마태복음 11:28)라는 구절에 입각하여 건설한 것이다.

본당은 홀안에 좌우로 좁은 통로가 있는데 홀과 통로는 각각 8개의 기둥으로 분리된다. 기둥들은 비교적 화려한 코린트 양식으로 되어 있으며 검은색 현무암으로 된 기둥 하나를 제외한 나머지 기둥들은 모두 흰색 대

◀아기예수가 피난했던 동굴. 현재는 물이 차 있다.

리석으로 만들어졌다.

각 기둥에는 옛날에는 성자들의 모습이 그려져 있었다고 하지만, 현재는 기둥 하나에만 그 모습이 희미하게 남아 있을 뿐 전부 지워진 상태이다.

본당 안에 있는 5세기경에 만들어진 대리석 설교단은 15개의 작은 기둥으로 받쳐져 있다. 자세히 들여다보면 맨 앞의 기둥 하나를 제외한 나머지 14개가 7개의 쌍으로 되어 있다. 그 의미는 예수께서 그의 제자들을 두 명씩 보내셨음을 나타내는 것이라고 한다. 또 7개의 쌍은 각각 영세, 견진, 성체, 고백, 종부, 신품, 혼인의 7성사를 상징하며, 14개의 기둥 중 가장 뒤의 기둥 두 개를 제외한 나머지 12개의 기둥은 예수의 12제자를 나타낸다. 설교단은 세 개의 계단을 통해 오르게 되어 있는데 세 개의 계단은 예수께서 무덤 안에서 보낸 3일을 상징하는 것이다.

교회 안에 있는 상감무늬 목공예품은 매우 훌륭한 것으로 정평이 나 있다. 레바논 삼나무에 상아를 채워 넣은 이 예술품은 성소의 문으로 사용하

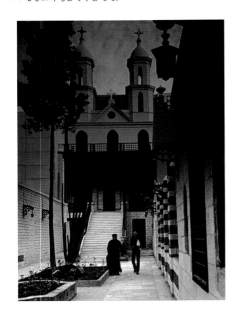

▼ 공중교회 정문에서 본 광경.

고 있는데 정교한 디자인의 상아가 조각조각 채워져 있고 십자가 모양도 여러 개 있다. 콥트교의 십자가는 우리의 십자가와는 달리 특이하게도 네 끝 부분이 손가락처럼 세 갈래로 갈라진 모양이다. 세 갈래 갈라진 부분은 각각 성부, 성자, 성신의 성삼위일체를 나타낸다고 한다.

아치형 성소문의 윗 부분은 성상聖像의 뒤에 나타나는 후광처럼 되어 있는데, 누구든지 성소에 들어가는 사람은 성인다워야 한다는 것을 의미한다. 특이한 것은 문의 좌우에 있는 두 개의 작은 창이다. 이 창은 파수꾼으로 봉사한 집사들이 사용한 것이라고 하는데, 신도들이 정면을 바라보며 예배를 보는 동안 집사들은 이 창문을 통해 문쪽을 감시하고 있다가 위험이 닥치면 알렸다고 한다. 이렇게 하여 예배를 보다가 위험이 닥치면 신부들은 곧 성체를 가지고 달아

◀공중교회 본당 안에 있는 중앙 성소의 성곽.

▲공중교회 본당 벽에 걸린 마가의 성상화.

날 수 있었다. 기독교에 대한 박해가 심했던 당시의 상황을 상상할 수 있게 하는 이야기이다.

1983년 이 교회를 마지막으로 보수하였을 때 본당 아래에서 비밀 통로와 함께 몇 구의 시체와 해골이 발견되었는데 박해를 피해 숨어 지내던 신

▶ 공중교회 본당으로 들어가는 중앙
문. 중앙의 원안에는 '하나님께 영
광'이라고 아랍어로 쓰여있다.

자의 것으로 간주되고 있다.

성소문의 꼭대기 부분에는 7개의 성상화가 걸려 있다. 중앙에 있는 예수의 성상화를 기준으로 오른쪽에는 성모 마리아, 천사 가브리엘, 베드르의 성화가 걸려 있고 왼쪽에는 세례 요한, 천사 미카엘, 바울의 성화가 걸려 있다.

▶ 성자 세르기우스와 바루스의 성상화.

　장막의 뒤에는 세 개의 제단이 있는데 중앙에 있는 제단이 성모 마리아
에게 봉헌된 것이다. 이 때문에 무알라카 교회는 '성모 마리아 교회'라고
도 불린다. 좌우의 제단은 각각 세례 요한과 성 조지에게 봉헌된 것이라
고 하는데 성 조지는 디오클레시안 황제 때 아시아에서 박해를 받아 사망
한 순교자이다. 12세기경 콥트 교황 가브리엘 2세가 그의 시신을 이집트

▲콥트 박물관의 전경.

로 옮겨 왔다.

제단 오른쪽는 에티오피아의 성자 타클라 하마누트에게 봉헌된 작은 교회가 있는데 본당과 작은 교회를 분리하는 나무로 된 장막은 19세기 콥트 목각예술의 진수를 보이는 것으로 유명하다.

콥트 박물관

콥트 박물관은 아부 사르가 교회와 무알라카 교회의 중간에 위치해 있다. 넓은 정원에는 정자와 벤치가 있어 좌우에 있는 교회를 방문하기 전후 휴식을 취하기에 좋은 장소를 제공한다.

세계에서 가장 많은 콥트 예술품을 소장한 것으로 이름높은 콥트 박물관은 1910년 건설된 구관과 1947년 건설된 신관의 두 채로 구성되어 있다. 이 박물관은 유물 수집에 평생을 바친 모로코스 시마이카가 없었다면 존재하지 않았을 것이다. 콥트 교인인 그는 사비를 들여 파라오 예술과 아랍 예술의 가교라 할 수 있는 초기 기독교 시대의 유물을 수집하고 보관하여 박물관에 진열하였다. 1931년 이집트 정부는 이 박물관의 가치를 깨닫고 박물관으로 공식 인정하였다.

박물관은 1층과 2층으로 되어 있는데 1층에는 모든 박물관이 그렇듯이 중량이 무거운 석회암, 대리석, 화강암 등 석조 유물들이 전시되어 있고, 2층에는 금석비문, 필사본, 직물, 성화, 상아제품, 금속제품 등 비교적 가벼운 유물이 전시되어 있다.

성모 마리아 교회

올드 카이로를 나와 남쪽으로 나일강변을 따라 약 10킬로미터 정도 올라가면 유명한 성모 마리아 교회가 나온다. 이 교회는 바로의 공주가 바구니에 담겨 떠내려온 모세를 건졌다는 전설이 전해 오는 자리에 서 있다. 수

◀어린 모세를 바로의 왕녀가 건진 곳으로 유명한 나일강가 마디의 성모 마리아 교회.

천 년 전 바로의 딸이 살았던 궁전은 이제는 자취를 찾을 길 없으나 갈대숲은 일부 남아 있어 그때의 사건을 말해주는 듯하다.

이 교회를 성모 마리아 교회라고 부르는 이유는 아기 예수와 성모 마리아 일행이 이곳에 잠시 쉬었다가 배를 타고 이집트 남부로 내려간 곳이기 때문이다. 현재의 교회는 12세기경에 건설된 것으로 알려져 있는데, 이보다 훨씬 이전에 같은 부지에 건설된 초기 교회는 나일강의 연례적인 홍수 때 무너졌다고 전한다.

▶성모 마리아 교회의 지붕.

4. 찬연한 이교도들의 문명

이집트에 꽃핀 이슬람 문화

사우디아라비아에 이슬람교가 태동한 후 얼마 되지 않은 641년 이집트는
무슬림들에 의해 정복되었다. 구전에 따르면 바빌론 성채를 함락시킨 아
므르 븐 알아스는 알렉산드리아로 진군하기 전에 천막을 쳤는데, 두 마리
의 비둘기가 그의 천막 위에 앉았다고 한다. 이를 길조로 생각한 장군은
막사를 그대로 둘 것을 명령하였다. 그리고 알렉산드리아를 점령하고 돌
아온 후 비둘기가 앉았던 그 막사 자리에 이집트의 새 수도 푸스타트를 건
설한다.

이슬람군에게 정복된 이집트인들은 그때까지 믿어왔던 기독교 대신 새
종교인 이슬람교를 받아들였고, 그때부터 현재까지 이집트의 국교로 삼고
있다.

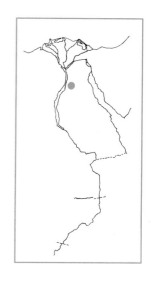

비교적 짧은 기간에 많은 이집트인들이 수백 년간 믿어왔던 기독교를 버리고 이슬람교를 받아들인 것은 어쩌면 피라미드처럼 불가사의한 사건일 수도 있다. 어떤 사람들은 이슬람이 '한 손에 칼을, 다른 한 손에는 코란을' 이란 말이 나타내듯이, 둘 중에 하나의 선택을 강요했기 때문이라고 말하기도 한다. 그러나 이 말은 상당부분이 오해에서 비롯된 것이다. 이슬람 군대가 이집트의 변방에 모습을 나타내기 전, 이집트의 기독교는 칼케돈 종교회의에서 이단으로 선포되었다. 다분히 정치성이 가미된 이 결정으로 이집트의 기독교인들은 같은 기독교인들인 비잔틴인들에 의해 종교적 박해를 당한다. 무슬림들이 이집트 변방에 나타난 것은 바로 비잔틴에 대한 이집트인들의 불만이 고조되던 바로 그 시기였다. 게다가 무슬림들은 이집트인들에게 종교의 자유를 허용하는 정책을 취했으므로 많은 기독교인들이 무슬림을 환영하였다.

　　그러나 8세기에 무슬림들은 비무슬림들(이집트의 기독교인들)에 대해 중과세하고 세금을 내지 못할 경우, 가혹한 형벌을 가했다. 이런 상황에서 많은 콥트교도들은 이슬람을 받아들일 수밖에 없었으며, 9세기경이 되면 이집트에서 무슬림의 숫자가 기독교인들의 숫자를 압도하게 된다.

　　이슬람교는 유일신 알라의 가르침에 입각한 것이며 교조 마호메트에게 내린 알라의 가르침이 기록된 책이 바로 코란이다. 이슬람에서는 마호메트를 마지막 예언자로 간주하고 있으며 이전에 왔던 모세, 다윗, 예수 등 다른 예언자들도 전부 경배의 대상이다. 알라의 계시가 수록된 코란은 전부 114장으로 구성되어 있으며 기독교인들이 성경을 소중히 생각하듯이 무슬림들은 코란을 소중히 생각한다.

　　이슬람은 알라에 대한 절대적인 순종을 강조하므로 무슬림들은 알라의 가르침은 반드시 지켜야 한다고 생각한다. 알라의 가르침 중에서 가장 중요하여 이슬람의 다섯 가지 기둥이라고 부르는 것은, 신앙고백, 예배, 단식, 순례, 회사이다.

신앙고백은 무슬림이 되기 위한 첫 단계로 "하나님 외에 다른 신은 없다. 마호메트는 그의 예언자이다."라고 말하는 것이다. 이 신앙고백을 하는 순간부터 무슬림이 되며 일단 무슬림이 된 이상 네 가지 의무를 행해야 한다. 즉 하루에 다섯 차례 정해진 시각에 하는 예배, 1년에 한 달 라마단 달에 행하는 단식, 평생에 최소한 한 번은 해야 하는 순례, 가난한 사람을 돕는 희사가 그것이다.

*툴룬 왕조 이집트와 시리아 최초의 지방왕조로 바그다드에 있는 아바스 왕조의 정부와는 별도로 868~905년 사이에 통치를 하였다.

*파티마 왕조 909년에서 1171년 사이에 북아프리카에 세워진 정교일치제의 왕조이다.

이슬람문화 유적과 아즈하르 대학교

이집트에 온 무슬림들이 고대 파라오 시대에 건설된 건축물들을 분해하여 그들의 건물을 짓는 데 재사용하는 바람에 고대의 많은 유적지들은 심각한 훼손을 당했다. 하지만 무슬림들이 파라오 시대와 그리스 로마 시대와는 다른 새로운 이슬람 건축양식을 발전시킨 것도 사실이다. 이집트의 여러 지역 특히 수도 카이로에는 훌륭한 이슬람 유적지들이 많이 남아 있다.

카이로에 건설된 초기 이슬람 시대의 대표적 건축이 9세기의 이븐 툴룬 모스크이다. 이븐 툴룬 모스크는 *툴룬 왕조를 세운 아흐마드 이븐 툴룬이 4년에 걸쳐 세운 것으로 현존하는 카이로 최대의 모스크이다. 이 모스크는 구운 벽돌로 건설된 것이 특이하며 기하학적으로 장식된 129개의 창문도 볼 만하다. 예배시간을 알리는 높은 첨탑(미나렛)은 높이가 약 40미터에 달한다. 첨탑의 꼭대기에 오르는 계단은 내부에 있지 않고 바깥에 붙어 있어 이라크 사마라에 있는 나선형 대모스크를 연상시킨다.

이븐 툴룬 이후 이어진 *파티마 왕조 때는 가우하르 장군이 969년 푸스타트의 북쪽에 새로운 수도 엘카히라(카이로의 아랍식 이름)를 건설하였다. 파티마 왕조의 '파티마'는 예언자 마호메트의 딸이며, 이 왕조는 이슬람 세계의 정통 후계자가 예언자의 딸 파티마 계보로 이어져야 한다고 주장했다.

파티마 왕조 기간에 건설한 대표적 건축물이 현재 아랍 이슬람 세계의

▲이븐 툴룬 모스크의 첨탑.

학문중심지인 아즈하르 대학교이다. 20세기초 현대적인 카이로 대학교를 설립하기 전까지만 해도 '이집트의 지식인들'이라 하면 무조건 아즈하르 대학교의 졸업생들(아랍어로 아즈하리)을 의미하였다. 카이로 대학교 이전까지 아즈하르 대학교는 천년 이상 이집트의 유일한 교육 기관이었던 만큼 아즈하르 대학교가 이집트의 교육과 문화에 끼친 공로는 지대하였다. 아즈하르를 방문하지 않고 이집트를 방문했다고 말할 수 없는 까닭이 여기에 있다.

천년의 역사를 자랑하는 아즈하르 대학교의 전신은 970년 설립된 아즈하르 모스크이다. 순수한 학문기관이라기보다 처음에는 이슬람 사원으로 출발하였음을 이름을 통해서도 알 수 있다.

아즈하르 이전에 이집트에는 두 개의 사원 즉 구 도시 푸스타트의 아므르 븐 알아스 사원(이집트 최초의 이슬람 사원)과 이븐 툴룬 사원이 있었다. 그러나 이 두 개의 사원이 종교적인 예배장소로 그친 반면, 아즈하르

▶이집트에서 두 번째로 오래 된 이븐 툴룬 모스크.

◀ 첨탑에 오르는 계단이, 첨탑
의 바깥에 나선형 계단으로
되어 있는 이븐 툴룬 모스크.

사원에서는 예배와 함께 교육도 이루어졌다.

아즈하르 대학교가 건설된 배경은 다분히 종교적이었다. 앞에서 말한 것처럼 이집트의 파티마 왕조는 이슬람 세계 전체로 보아서는 이단적인 이스마일 시아파였다. 이 왕조는 이슬람 제국의 합법적인 계승자가 파티마의 남편 알리라고 생각했으므로 순니파인 바그다드 아바스 왕조에 순종하지 않았으며, 오히려 카이로를 중심으로 시아파에 의한 통치를 꾀하려 했다.

파티마 왕조가 들어서기 전까지 이집트 주민의 대다수가 순니파였으므로 모스크를 통해 시아파의 교리를 선전하려고 했다. 그 결과, 당시로서는 이단적인 시아 교리를 이집트 전체에 전파하는 역할을 수행하기 위해 아즈하르가 건설된 것이다.

아즈하르 사원이 완성된 해는 972년이었으나 대학교의 성격을 지니게 된 것은 16년 후 칼리프 아지지가 이슬람 법학자들에게 시아의 교리와 법전을 가르치라고 지시하면서부터였다. 이 지시에 따라 최초의 입학생이 시아 사상에 관한 강의를 듣기 위해 아즈하르 사원에 들어온다.

아즈하르 사원이 시아파 사상의 선전장으로 건설된 것은 사실이지만 그렇다고 이곳에서 가르친 과목들이 전부 종교적인 것만은 아니었다. 가르친 과목 중에 철학, 윤리학, 천문학, 언어학, 수학, 논리학, 문학 과목 등도 포함되어 있었다. 그러나 파티마 왕조의 뒤를 이은 후기 왕조들은 파티마 왕조처럼 진보적이지 못했으므로 비종교적인 과목의 교육은 거의 이루어지지 못했다.

파티마 왕조의 뒤를 이은 아유브 왕조부터 개혁이 이루어진 근대까지 아즈하르에서는 순전히 종교적인 과목만을 가르쳤으며 비종교적인 과목의 교육은 금지하였다. 그럼에도 불구하고 18세기말까지 아즈하르는 약 70명의 교수와 상당수 국내외 학생들이 수학하는 이슬람 세계의 가장 중요한 교육기관으로 남아 있었다.

◀아므르 븐 알아스 사원. 이
집트 최초의 이슬람 사원.

아즈하르 대학교의 토론식 수업

아즈하르의 초창기 수업들은 비공식적이고 격식 없는 토론식 수업이었다. 금요예배가 끝나면 이름있는 학자들이 모스크 바닥에 편히 앉아 시아파의 교리에 관해 서로 토론하는 형태였다. 몇 년 후에는 학생들도 이 토론에 참여할 수 있게 되었고 학문적인 교과 과정도 도입하였다.

최초의 교과 과정이 정확히 어떠했는지는 알 수 없다. 그러나 이슬람학의 기초라 할 수 있는 아랍어, 이슬람 율법, 코란의 해설은 틀림없이 있었던 것으로 생각된다. 교재는 특별히 정해져 있지 않았으나 이슬람의 경전 코란 만큼은 오늘날에도 그렇듯이 모든 학문의 필수교재로 사용되었을 것이다.

▼아즈하르 사원의 내부. 이곳의 각 기둥을 중심으로 강의가 진행되었다.

아즈하르의 교육제도가 고대 이집트 시대의 교육제도에 기원을 두고 있다면 과장된 표현일까? 잘 알려져 있다시피 파라오 시대에 교육기관은 신전神殿이었고 교수는 신전의 제사장들과 필경사들이었다. 플라톤, 탈레스, 솔론, 피타고라스, 데모크라토스 같은 학자들이 고대 이집트 신전의 제사장들 밑에서 공부하였다는 기록이 있다. 그러므로 파라오 시대 이후에는 신전 대신 이슬람 사원이 교육기관의 역할을 대신하였다고 보아도 무방할 것이다.

아즈하르 대학의 전통적 교육방식도 고대 파라오 시대의 신전교육과 비슷한 점이 많다. 권위 있는 교수가 모스크의 기둥 옆에 의자를 놓고 앉으면, 학생들이 그를 중심으로 빙 둘러앉아 수업을 받는 식이다. 대학교 교수직을 나타내는 영어의 'Chair' 개념이 여기서 발전했다고 한다.

대학교의 조교를 나타내는 영어의 'Reader'는 아즈하르를 비롯한 모스크에서 공식적으로 인정하는 코란 독경사Reader of Quran에서 유래된 것이다. 단과대학, 기숙사 제도 역시 아즈하르에 기원을 두고 있으며 아즈하르 대학의 쉐이크는 영국의 대학 학장과 비슷하다. 이런 점들로 볼 때, 현대 서구의 교육제도는 고대 이집트의 교육제도와 이슬람의 교육제도에 영향을 받았다고 할 수 있다.

아즈하르 대학교에 들어가기 위해서는 놀라운 기억력을 필요로 한다. 중세 때 아즈하르 입학에 필요한 유일한 자격은 코란의 반절을 암기해야 한다는 것이었으며 이 전통은 현재까지 그대로 전해져 온다. 아즈하르의 입학과 교육과정에서 코란 암기는 시작이자 끝이라고 말할 수 있다.

학생들은 보통 10대 초반에 대학에 들어가 6년에서 10년 동안 자신이 하고 싶은 분야에 따라 자유롭게 공부했다. 수업은 각 전공마다 기둥이 하나씩 부여된 이슬람 사원에서 진행되었다. 자신의 전공분야를 결정한 학생들은 배우고 싶은 교수를 선택한 후, 기둥을 중심으로 둥그렇게 둘러앉은 학생들의 모임을 찾아가면 되었다.

과목이 끝나면 교수는 수료증을 학생들에게 주었는데 이것은 졸업 후에 직장을 잡는데 도움이 되었다. 수업은 초급반에서 고급반에 이르기까지 난이도에 따라 조정되었으나 모스크 안의 여러 개 기둥을 중심으로 동시에 수업이 이루어졌기 때문에 수업 분위기는 소란한 편이었다. 순수하게 예배를 하러 오는 사람들도 수업 때문에 정신을 집중하여 예배보기가 힘들었다. 이 때문에 마물루크 시대에 이르러서는 몇 개의 전용 강의실을 사원 부지 안에 건설하였다.

한편, 중개무역의 독점권을 누리던 마물루크 왕조는 유럽이 자체적으로 비단을 생산하고 후추를 수입하자, 경제적으로 타격을 입는다. 이 때를 즈음하여 1517년 오스만 터키는 마물루크에 대하여 전쟁을 선언하였고 마물루크가 전쟁에 패한 후 이집트는 오스만 터키의 한 주로 전락하고 만다.

침체에 빠진 아즈하르의 개혁

오스만 터키의 지배기간 동안 아즈하르는 지적 침체의 늪에 빠진다. 교수들은 중세 이래로 가르쳐 온 방식에서 한 치도 벗어나지 못한 채 구태의연하게 시대에 뒤진 지식만을 가르쳤다. 학문의 독창적인 사고와 새로운 방법론은 찾을 길이 없었고 나날이 현학적으로 되어 갔다.

1798년, 나폴레옹의 이집트 원정은 침체에 빠진 이집트에 강한 문화적 충격을 주었다. 서양의 발전된 문화에 자극을 받은 이집트의 무하마드 알리 파샤는 비종교적 학교를 건립하고 유럽에 유학생을 파견하는 등 교육의 개혁을 꾀한다. 아르하즈의 개혁 정책은 알리 파샤의 후계자들에 의해 이어졌다.

아즈하르의 개혁에 가장 큰 공로를 세운 사람으로 무하마드 압두(Muhammad Abduh 1849~1905)를 빼놓을 수는 없다. 무하마드 압두는 국가 무프티(권위 있는 이슬람법 해설가)가 갖는 큰 영향력을 행사하여 아즈하르의 보수적인 지도자들을 설득했다. 그 결과 아즈하르에는 시험

제도가 신설되고 출석 규칙이 정해졌으며 행정의 단일화, 중앙화가 이룩된다. 비록 보충적인 수준에 그치긴 했지만 교과과정에 비종교 과목들도 도입되었다.

일련의 개혁조치로 이집트 교육의 근대화를 위한 길을 닦은 무하마드 압두는 카이로 대학교 전신인 이집트 대학이 설립되기 직전에 사망했다. 그의 사후 아즈하르 내 개혁적 교수들과 보수적 교수들간에 개혁에 관한 길고도 지루한 논쟁이 계속되었다가 1930년에 아즈하르는 대수술을 겪고, 그 후 1961년에는 아즈하르 대학에 의대, 농대, 공대가 새로이 신설되기에 이른다.

이집트의 교육전통과 아즈하르 대학교

현재 아즈하르는 명실상부한 4년제 종합대학교이다. 전세계의 모든 무슬림들이 아즈하르로 유학을 꿈꾸고 있으며 실제로 매년 수천 명의 외국인 학생들이 유학을 오고 있다. 아즈하르의 특이한 점은 종교적 이유로 여자대학이 따로 있다는 것이다. 남녀의 유별을 강조하는 분위기 때문인지 여자대학의 교수들도 대부분 여성이다.

아즈하르 대학교의 학생들은 학비를 전혀 내지 않고, 다양한 형태의 장학금을 받으며 공부에만 전념할 수 있다. 외국인 학생의 경우, 기숙사가 무료로 제공되는 것은 물론, 1년에 1회 방학중에 고국행 왕복 비행기표가 무료로 제공된다. 아즈하르 대학교가 공부하는 학생들에게 많은 편의를 제공하는 것은 이집트인들의 교육관과 관계가 있다.

이집트인들의 학문과 학자들에 대한 존경은 고대로 거슬러 올라간다. 고대 이집트의 한 현자는 아들과 나일강을 여행하면서 "너의 마음을 배움을 향해 열어 놓아라. 그리고 그것을 어머니처럼 사랑하거라. 왜냐하면 배우는 것보다 귀중한 것은 없기 때문이다." 라고 말했다. 이슬람의 교조 마호메트 역시 "요람에서 무덤까지 배움을 추구할지라"라고 이야기했다고

▶아즈하르 대학교.

하며 "배움을 구하라, 중국에 가서라도 ……"라는 유명한 속담이 전해져
오기도 한다.

　학문과 학문을 하는 사람들을 존경하는 분위기 속에서 이집트 사람들은
아즈하르 학생들이 공부에만 전념할 수 있도록 희사(헌금)를 아끼지 않았
다. 또 와크프라는 종교기금을 만들어 "학문을 추구하는 사람들"을 위해
항상 뭔가를 제공했다. 학생들과 교수들에게 제공된 그 무엇은 빵 덩어리
일 때도 있었고, 쉐이크가 타고 다닐 노새일 때도 있었다.

아즈하르 대학교는 학생들에게 많은 특전을 제공하고 있으나 입학은 매우 까다로운 편이다. 그 중에서도 가장 어려운 점이라면 코란을 통채로(?) 암기해야 한다는 조건일 것이다. 자국인의 경우, 코란을 완벽하게 외우지 못하면 입학이 불가능하다. 외국인의 경우는 다소 완화된 조건이기는 하지만 최소한 코란의 1/3은 암기해야 한다. 무슬림이 아니면 아즈하르 대학교에 입학할 수 없다는 것은 말할 필요도 없다.

파티마 왕조의 기인 칼리프 하킴

이슬람 세계의 제4대 정통 칼리프 알리로부터 이슬람 제국의 통치권을 찬탈한 우마위 가家는 그 후 알리의 후손들을 박해하여 무슬림 세계의 분열이 야기된다. 세력이 약했던 알리의 가족을 추종한 분파는 시아파, 나머지는 순니파로 불렸다. 알리의 추종자들을 정통 무슬림들(순니파)이라고 부르지 않는 데서도 알 수 있듯이 알리의 추종자들은 수적으로 열세였고, 정치적으로도 약했다. 따라서 당시에는 '정통 무슬림'이 아닌 이단으로 간주된다.

오늘날 이집트에 존재하는 이상한 풍습 중에는 이슬람의 교조 마호메트의 딸 파티마와 알리 가계의 세습통치를 주장한 파티마 왕조에서 유래한 것이 많다. 파티마 왕조의 칼리프 가운데 특히 하킴은 기이한 인물로 평이 나 있다. 하킴은 불과 11살의 나이에 왕위에 올랐는데 나이가 어렸던 탓에 초기에는 그의 가정교사 바르자완이 이집트를 실질적으로 지배하였다. 그러나 불과 4년 후인 그의 나이 15세 때 하킴은 가정교사를 제거하고 이집트를 직접 다스리기 시작한다.

재위 초기에 하킴은 학문과 종교, 과학과 예술에 정열을 쏟아 훌륭한 왕이라는 평을 받았다. 그가 세운 다르 엘 히크마Dar el-Hikmah는 일종의 학문의 전당으로서 이슬람세계 방방곡곡에서 온 신학자와 학자들이 이곳에 모여 토의를 하였다.

하킴이 재위 초기에 행한 조치들 중에는 개혁적이고 합리적인 것들이 많다. 예를 들어, 그는 동물을 학대하는 사람들에게 벌금을 부과하였고 무게와 도량형의 단위를 표준화하여 엄격히 시행하였다.

하킴은 자기 자신에게도 매우 검소하여 칼리프에게서 일반적으로 기대할 수 있는 화려함과 사치스러움을 누리지 않았다.

예를 들어, 하킴은 보석이 박힌 왕관이나 모자 대신 투박한 천으로 만든 터번을 썼으며, 혈통 좋은 말이 아니라 늙어빠진 노새를 타고 다녔다고 한다.

하킴은 또 사람들이 자신에게 절을 하거나 손에 키스를 하는 등 자신에 대한 숭배 행위를 거부했다. 뿐만 아니라 800명의 노예를 해방시키고 그

▼하킴 사원.

때까지 무겁게 부과돼 오던 중과세를 철폐했으며, 왕실 소유의 땅을 일반 백성들에게 무상으로 나누어주는 선정을 베풀기도 하였다.

그러나 시간이 갈수록 그가 내리는 결정과 법령들은 초기와는 달리 점점 엄격하고 이상해져 갔다. 그가 내린 금주령은 술을 마시는 행위는 물론 제조하거나 판매하는 행위까지 금했고 "음주행위를 정당화하는 어떤 의견이나 해석"까지도 위법으로 간주했다. 하지만 그의 재위 기간 동안 이 금주령이 여러 차례 내려진 것으로 미루어 일반 시민들은 잘 지키지 않았던 것으로 보인다.

파티마 왕조의 여인들

비교적 교육을 잘 받았던 지배층 여성들과는 달리, 파티마 왕조의 일반 여성들은 매우 부당한 취급을 받은 것으로 유명하다. 일반 여성들은 사회적인 역할을 수행하지 못함은 물론 철저하게 공공활동이 제한되었다.

파티마 왕조 기간 동안 일반적으로 여자와 그 자녀들은 건물의 이층에서 외부세계와 단절되어 살았으므로 지루한 하렘의 생활에 재미를 주는 여자방문객, 이야기꾼, 가수, 점쟁이, 예언자 등을 자주 초대하였다. 그런가하면 하렘은 오락용 애완동물로 가득 차는 경우도 많았다.

당시의 건축 양식으로 오늘날에도 흔히 볼 수 있는 마슈라비야라는 것이 있다. 나무로 만든 격자형 창문을 말하는 이 마슈라비야는 중세 이슬람 시대에 카이로의 거의 모든 건축물에 사용되었던 것으로 두 가지 중요한 기능을 행한다. 그 하나는 이집트 여름의 햇빛과 뜨거운 열기를 차단하는 것이고, 다른 하나는 집안의 구성원 특히 여자들을 보행자들의 시선으로부터 차단하는 것이다.

그러나 나무로 만든 이 격자형 창문이 외부세계와 집안을 완전히 차단할 수는 없었다. 남녀의 엄격한 구별을 어기지 않고도 집안의 여자들이 거리의 생활을 내다 볼 수 있었기 때문이다.

파티마 왕조의 칼리프 하킴은 여자 혼자서 공공의 장소에 나타나는 것은 물론 장례식에 참석하는 것을 금한 왕으로도 유명하다. 재위 9년째에는 아예 여자들이 집 밖으로 못 나가게 하였을 뿐만 아니라 건물의 창이나 옥상에 나타나는 것도 금지했다. 그는 자신이 제정한 이 법의 실행을 확실하게 하기 위해 여성용 신발을 만드는 것을 금했고 이를 어기는 사람은 위법으로 엄한 처벌을 가하기도 했다.

칼리프 하킴이 개인적으로 좋아한 것과 싫어한 것도 곧 엄격한 법으로 만들어졌다. 예를 들어, 하킴은 일반인들이 즐겨먹는 음식 물루키야(채소를 이용한 일종의 수프)를 먹지 못하게 법으로 제정하기도 하였는데 그 이유는 그 음식의 발음이 '왕권'을 뜻하는 '말라키야'와 비슷하였기 때문이다. 물론 하킴 자신이 물루키야를 너무 좋아한 나머지, 다른 시민들이 먹지 못하게 하였다거나, 그의 정적政敵이 좋아한 음식이기 때문이라는 설도 있다.

장기의 일종인 체스놀이 역시 시간을 낭비하고 반이슬람적이라는 이유로 불법으로 선포했다. 하킴은 또 야간에 시내를 산보삼아 돌아다니길 좋아하였는데 이 때문에 카이로의 상인들은 밤에도 램프를 억지로 켜고 있어야 했다.

시아파 이슬람 교리를 믿었던 칼리프 하킴이 순니 무슬림들, 기독교인, 유대인에게 가한 탄압도 가혹했던 것으로 알려져 있다. 그는 이집트 내 교회들을 이슬람 사원으로 개조하도록 명령했는가 하면 예루살렘에 있는 그리스도의 성묘를 파괴하기도 하였다. 기독교인들에게 다른 사람과 구별되는 특별한 옷을 입으라고 강요하기도 했다.

1020년에는 자신이 지상에 내려온 알라의 구현체具現體라고 주장하여 발발한 폭동이 거의 내란에 가깝게 발전한 적이 있었다. 이때를 즈음하여 하킴은 왕궁을 벗어나 아주 먼 지역에까지 산책을 나갔다 돌아오곤 했는데 자신의 신격화 사건 이후, 산책을 나갔다가 무깟담 언덕에서 그의 노새와 함께 불가사의하게 사라져 버렸다.

하킴의 행방이 묘연한 상태에서 일설에 따르면, 한 남부 이집트인이 칼리프를 살해하였다고 자백하여 체포되었다고 한다. 그에게 하킴을 어떻게 죽였냐고 질문하자 그는 남부 이집트인들의 전형적인 솔직함으로 "이렇게 ……"라고 말하면서 심장을 칼로 찔러 자살했다고 한다. 하킴의 누이 싯트 엘물크가 용의선상에 오른 것은 하킴이 죽은 후 수년 간 이집트를 통치하였기 때문이다.

그가 사망한 후 파티마 왕조의 신학자 다라지는 하킴의 신성을 믿고 그의 가르침을 추구하는 종파를 만들어냈다. 현재 레바논, 팔레스타인, 시리아에서 커다란 영향력을 행사하고 있는 드루즈파가 그것이다.

이스마일리야파의 신자들 중에서도 하킴의 금욕주의적 성격을 조명하고 그의 광기에 관계된 이야기들을 허무맹랑한 것으로 치부하는 사람들이 많은데 이 종파 중의 하나가 인도의 부흐라스파이다. 현재 전세계적으로 약 50만 명의 신자들이 따르고 있는 하킴, 과연 그는 미친 사람이었을까? 수많은 신자들이 그를 추종하고 있는 것만 보아서는 누구도 하킴을 미쳤다고 말할 수 없으리라.

파티마 왕조의 사치와 종말

파티마 왕조의 칼리프들 중에는 오늘날의 관점에서 보아도 엄청난 재산을 가진 사람들이 많았다. 칼리프 무스탄시르(1036~1094)는 동산動産으로만 3천만 디나르 이상(순금 120톤의 가치가 있음)의 재산이 있었다고 한다. 재산이 많았던 만큼 칼리프와 왕족들의 낭비와 사치는 극에 달했다.

예를 들어, 파티마 왕조의 칼리프 아프달은 아주 정교한 장난감 인형을 가지고 있었다. 이 실물 크기의 여자 인형 8개 중 넷은 흑단처럼 까만 호박나무로 만들었고 나머지 넷은 눈처럼 흰 상록수로 만들어졌다고 한다.

향기가 나는 인형들은 아주 섬세했고 값비싼 보석으로 장식한 옷을 입고 있었다. 그의 오락실 홀에 놓여 있던 이 장난감 마네킹은 칼리프가 지날 때마다 사람의 작동 없이도 머리를 숙여 인사를 했다고 하는데 어떻게 그럴 수 있었는지는 아직도 미스테리로 남아 있다.

파티마 왕조의 광적인 사치는 그리 오래가지 못한다. 7년 동안 지속된 기근은 나일강 바닥을 거의 드러나게 했다. 이 자연 재해는 정치적 불안에 편승하여 이집트에 가공할 만한 재난을 안겼다. 기근의 7년 동안 달걀 한 개의 값은 무려 1 디나르(순금 4그램, 현재의 가격으로 약 4만원)까지 치솟았다. 금세기 초의 역사가 스탠리 레인 풀은 그 최악의 위기를 다음과 같이 묘사하고 있다.

"마침내 사람들은 서로 잡아먹기 시작했다. 거리를 지나가는 행인이 있으면 창문에서 갈고리를 던져 사로잡아 죽인 다음 요리했다. 인육이 공공연히 판매되었다. 기근으로 시작된 이 재앙은 전염병이 돌면서 끝났고 전염된 모든 집에는 24시간 안에 살아 있는 생물이 없게 되었다."

재앙이 끝났을 때 파티마 왕조는 더는 옛날의 영광을 찾아볼 수 없을 정도로 피폐되어 누군가 슬쩍 밀기만 해도 쓰러질 건물과 같았다.

재위 말엽 칼리프 무스탄시르는 폭동에 가까운 사회적 혼란과 궁중의 피비린내 나는 정권쟁탈을 막기 위해 바드르 엘가말리라는 아르메니아계 지방 총독을 카이로에 불러들였다. 카이로에 비밀리에 도착한 바드르 엘가말리는 피비린내 나는 계략으로 질서를 회복한 후, 그 공로로 와지르(재상)의 칭호를 부여받았다. 하지만 그는 재상에 만족하지 않고 파티마 왕조의 실질적인 지배자가 된다.

가말리의 재상정치는, 페르시아계 시아파 전사, 하산 이븐 엘삽바흐가 이집트에 건너옴으로써 종식되었다. 이집트에 온 삽바흐는 파티마 왕조의 옛 영광을 회복한다는 명분을 내걸고 가말리를 몰아냈다.

대외적으로 삽바흐는 셀주크 터키의 점령지인 카스피해 근처의 알라무트 성채를 점령한 후 그곳을 강력한 게릴라 조직의 훈련장소로 사용했다. 그의 게릴라 훈련병들은 프로그램 중에 포함된 사상교육 시간에 대마초의 일종인 하쉬쉬를 마셨다고 하여 하샤쉰(하쉬쉬를 이용하는 사람들)으로 불린다.

칸 엘칼릴리에서 못 구하는 물건은 없다

파티마 왕조의 가우하르 장군이 건설한 새 도시 카이로는 기존의 푸스타트와 거리가 꽤 떨어져 있었다. 카이로는 사방이 담으로 둘러싸인 성곽도시였으며 이 성안에는 왕궁, 정부관청, 상점, 도서관, 화폐 주조국, 일반 주민들의 주택 등이 자리잡았다. 중심지역은 '바인 엘카스라인(두 왕궁 사이)'이라 불렸는데 이 중심지역을 관통하는 대로가 있어 북문인 '밥 엘 푸투흐(정복의 문)'와 남문인 '밥 엘주와이라'(주와이라의 문)를 연결했다. 비좁긴 하지만 이 도로는 오늘날에도 카이로의 주요 도로로 남아 있다.

칸 엘칼릴리는 성곽도시 카이로 시대의 한 구역 이름으로 수세기 동안 카이로의 상업과 대외 무역의 중심지 역할을 한 곳이다. 현재 칸 엘칼릴리는 동쪽으로 후세인 모스크, 서쪽으로 사가(금은 세공인들)거리, 남쪽으로 무스키 거리, 북쪽으로 살라히야 학교를 포함한다.

'칸 엘칼릴리에서 구할 수 없는 물건은 없다'라는 말이 유행할 정도로 다양한 상품이 존재하는 이 시장에서 물건을 살 때는 부르는 가격의 반절이 제값이다. 하지만 반절에 도달하기 위해서는 흥정을 시작할 때 부르는 가격의 1/3부터 시작해야 한다는 것이 불문율이다. 칸 엘칼릴리는 이집트를 찾는 사람들이 반드시 들리는 명소 중의 하나이다.

칸 엘칼릴리의 뜻은 '칼릴리 왕자의 칸(여관)'인데 부왕인 술탄 엘자히르 엘바르쿠크 밑에서 당시로서는 아주 중요한 관리를 맡았던 칼릴리 왕자가 건설한 칸(여관)이었다. 칸 엘칼릴리는 칼릴리 왕자의 칸이 그냥 시장의 명칭으로 굳어진 것이다. 이 당시 칸은 카이로 시장안 뿐만 아니라 시외에도 많이 건설되어 주로 대상隊商들의 휴식처와 무역로의 역참 기능을 하였다.

▶칸 엘칼릴리 시장.
한때 동양 최대를
자랑했다.

이 시대의 한 역사가는 칼릴리 왕자의 칸에 주로 페르시아 상인들이 묵었다고 기술하고 있다.

"이 여관은 위대한 주인의 왕궁처럼 보인다. 아주 높고 아주 견고하며 3층으로 되어 있다. 아래층은 상인들이 고객들을 맞아 값비싼 상품을 파는 방들이 있었고, 아주 부유한 상인들만이 이 여관에 판매대를 가질 수 있다. 주로 거래하는 상품은 보석, 향료, 인도산 비단 옷감이다"

이 글로 미루어 '칸'이란 원래 정방형, 또는 장방형의 뜰을 가진 2~3층의 전통 건축물임을 알 수 있다. 위층의 방들은 상인들의 거주지로 사용하였고 아래층의 방들은 상품의 창고 겸 판매대로 사용하였다. 또 안 뜰은 주로 상인들의 짐을 실을 낙타의 마굿간으로 사용한 것으로 보인다. 결국 칸이란 주택과 상점이 결합한 복합 건물로 오늘날의 '상가 주택'에 비유할 수 있다.

중세의 유명한 아랍 역사가 마크리지는 당시 칸 엘칼릴리 지역에 거의 12,000개의 상점과 칸이 늘어서 있었다고 한다. 칸 주위의 좁은 골목은 상인들과 고객들, 물 나르는 사람들, 음식 파는 사람들, 노새, 낙타 등으로 언제나 혼잡을 이루었다. 상인 중에는 이집트는 물론 먼 시리아, 페르시아, 수단, 유럽 각국에서 온 사람들도 있었다.

1511년 마물루크 왕조의 술탄 구리는 칼릴리 왕자의 칸을 부수고 새롭고 더 큰 칸의 건설을 명령했다. 그러나 새로 건설된 칸은 '구리의 칸'으로 불리지 않고 계속해서 칼릴리의 칸(칸 엘칼릴리)으로 불렸다. 술탄 구리는 편의시설을 확대하여 상업 활동을 장려했으므로 오스만 터키 제국의 이집트 정복(1517)때까지 칸 엘칼릴리는 상업과 무역 중심지로 남았다.

당시 카이로에 왔던 프랑스의 여행가는 자신이 보았던 칸 엘칼릴리를 다음과 같이 설명하고 있다.

"중앙에 세련된 모양의 샘이 있는 큰 저택 안에는 아름다운 비단, 보석, 자기와 더불어 인도와 페르시아에서 온 다른 많은 상품들이 팔렸다."

동서 육상 무역의 중심지로서 카이로 시의 위상은 1498년 바스코 다 가마가 아프리카의 희망봉을 돌아 극동에 도달하는 새 대양 무역로를 개척함에 따라 쇠퇴한다. 동양 최대의 시장 칸 엘칼릴리 시장의 명성도 이에 따라 퇴색하기 시작했다.

설상가상으로 당시 이집트를 지배하고 있던 오스만 제국은 카이로의 상인들을 이스탄불로 보내는 정책을 추구하여 지역 생산량의 감소 를 가져왔다. 시간이 지날수록 지난날 번창했던 큰 규모의 칸들은 과거의 활발함을 더 이상 회복하지 못했고 칸 엘칼릴리의 명맥은 영세한 규모의 칸들에 의해 근근히 유지하였다.

산 자의 주거지, 죽은 자의 안식처 '카라파'

아즈하르 대학교와 칸 엘칼릴리 전통시장을 지나 300미터 정도 걸으면 카이로 시의 외곽도로가 나온다. 이 외곽도로 바깥쪽으로 펼쳐지는 고색 창연한 회색빛 건물들이 이른바 죽음의 도시 카라파(아랍어로 까라파 Qarafah)라고 하는 곳이다.

카라파는 일종의 공동묘지라고 할 수 있으나 넓은 도로들이 뚫려 있는 계획도시의 형상을 갖춘 특이한 지역이다. 도로 옆에 늘어선 정방형의 무덤 부지는 집처럼 담이 쳐져 있고 대문을 통해 안으로 들어가게 되어 있다. 이슬람 세계의 다른 도시에서는 찾아보기 힘든 이 특이한 무덤들은 마치 작은 집처럼 생겼다.

이슬람 시대의 무덤양식인 카라파와 파라오 시대의 무덤이 서로 비슷한 점이 있다고 생각하는 사람들이 있으나 실제로 두 가지 점에서 중요한 차이를 보인다. 파라오 시대의 무덤이 나일강 서편에 있는 것과 달리 이슬람 시대의 무덤은 해가 뜨는 나일강 동편에 있고 시신을 미라로 만들지도 않았다.

카라파를 단순히 우리나라의 공동묘지라고 이해하면 안 된다. 공동묘지 안에 도로가 뚫려 있고 도로 옆에 집들이 늘어서 있으며, 구멍 가게와 카

폐도 있기 때문이다. 보통 가족의 공동묘로 사용하는 무덤 안에는 무덤을 찾는 가족들이 쉴 수 있는 건물이 부속되어 있는데 이곳에 아예 사는 사람들도 많다. 인구면에서 보았을 때, 최초에 이 카라파에 거주한 사람들은 가족묘를 지켜주는 무덤지기와 그 가족들뿐이었으나 지금은 그 수가 250만 명을 넘는다.

'투라비'라고 불리는 무덤지기들은 가족묘를 지켜주면서 유족들로부터 생활비를 받아쓰고 그들이 방문하면 편의를 제공한다. 초기에는 사람이 거의 살지 않았던 카라파는 시간이 흐르자 무덤의 조용함과 오염되지 않은 공기로 무덤을 방문하는 가족들에게 공원이나 피크닉 장소와 같이 변했다.

이로 인해 카라파에 사람들이 몰렸고, 자연히 상주하는 사람들도 많아져 1800년경에는 카이로 전체 인구의 약 1/4이 이곳에 거주하게 되었다. 20세기초 카라파는 인근의 채석장 노동자들에게 직장과 가까운 최적의 주거 장소로 떠오르면서 상주하는 사람들의 수가 기하급수적으로 증가했다.

카라파에 몰려 온 사람들 중에는 시골에서 상경한 사람들도 많이 있다. 가난한 노동자와 시골 농부들에게 주택값이 전혀 들지 않는 카라파는 충분히 매력적인 장소이기 때문이다. 1960년 카라파 거주자 수는 9만 명이었으나 현재는 약 250만에 달할 것으로 추정된다. 이곳을 방문하는 사람들에게 '살아 있는 무덤' 카라파는 이국적이고 상식을 초월하는 신기한 풍경을 제공해 준다.

피에 물든 알리 모스크

카이로 동편의 무갓담 언덕에 높고 견고하게 건설한 살라흐 엘딘 성채를 방문하는 사람 중에 이 성채 안에서 발생한 비극적이고 잔인한 대학살 사건을 기억하는 사람은 더 이상 없을 것이다.

이 대량학살 사건은 이집트 태수 무하마드 알리(1769~1849)가 사전에 치밀한 모의를 꾸며 마물루크(당시 마물루크 왕조는 무너졌지만 그들의 후예는 아직도 정치적으로 영향력을 행사하고 있었다.)들을 성채로 불러들인 후, 돌아가는 그들을 무차별 살해한 사건이다.

시타델의 대학살 사건은 알리 태수의 아들이 사우디아라비아의 와하비 운동을 진압하기 위해 파견하는 이집트 원정대의 사령관 취임식날에 발생했다. 이 기념식에 자신의 통치에 순종치 않던 마물루크들을 전부 초대한 무하마드 알리는 연회가 끝난 후 귀가하는 그들을 향해 사격을 퍼부어 학살했다. 물론 모든 문은 잠겨진 상태였으므로 빠져나갈 구멍은 전혀 없었

▲무하마드 알리

다. 이 대량학살 사건에서 오직 한 사람의 마물루크만이 말을 탄 채 성 아래로 뛰어내려 살았을 뿐 나머지는 전부 살해당했다. 기록에 따르면 이들이 흘린 피가 성채 아래로 강물처럼 흘러내렸다고 한다.

무하마드 알리는 그리스에서 출생하였으나 알바니아 혈통인 것으로 알려져 있다. 그는 나폴레옹의 점령으로부터 이집트를 해방시키려고 파견된 군대의 일원이었으며 1799년 아부 키르 전투에 참가하였다. 이집트 내 알바니아 군단의 사령관이 되었다가 쿠데타를 일으켜 이집트의 왕이 됐다.

시타델 안에 있는 무하마드 알리 모스크는 그의 이름을 딴 것으로 1830년~1848년 사이에 건설되었다. 모스크는 크게 안뜰과 본당으로 나뉘는데 안뜰은 가로 52미터, 세로 54미터의 정방형으로 중앙에 세정洗淨을 위

▼알리 모스크.

▲알리 모스크 안뜰에 있는 세정대.

한 분수대가 있다. 예배를 하려는 모든 사람들은 모스크에 들어가기 전에 이 분수대에서 몸을 씻었다.

안뜰의 가장자리는 대리석으로 된 회랑이 역시 대리석 기둥을 받친 채 서로 연결되어 있다. 이 때문에 알리 모스크는 '대리석 모스크'라고 불리기도 한다. 회랑의 지붕에는 작은 돔 여러 개가 모자를 쓴 것처럼 얹혀져 있다.

분수대의 서쪽 면에 있는 시계탑은 룩소르 신전에 있는 오벨리스크를 선물한 알리 파샤에게 프랑스의 루이 필립 왕이 답례로 보낸 것이라고 한다. 이집트에서 가져간 오벨리스크는 파리의 콩코르드 광장에 현재까지 우뚝 서서 아름다운 자태를 뽐내고 있으나 루이 필립이 선사한 시계는 오

◀알리 모스크 본당 내부.

▲알리 모스크 내부의 미흐랍.

▲무하마드 알리 태수의 묘

래 전에 고장난 상태이다.

이 모스크를 건축한 터키의 건축가 유세프 보쉬나는 터키에 있는 하기야 소피아 교회(나중에 이슬람 사원으로 변함)를 모델로 삼았다고 한다. 모스크 본당의 내부에는 중앙 천장에 지름 21미터, 높이는 52미터에 달하는 큰 돔이 있다. 중앙의 큰 돔은 네 개의 기둥에 의해 받쳐져 있고 주위에는 그보다 작은 네 개의 반원 돔과 키블라(무슬림들의 예배방향인 메카의 카바 신전 방향)를 나타내는 미흐랍(모스크 정면의 움푹 들어간 부분) 돔이 둘러싸고 있다.

모스크의 바닥에 깔린 붉은 카펫, 천장에서 늘어뜨린 장식 유리, 큰

▲술탄 하산 모스크(왼쪽)와 리파이 모스크(오른쪽).

원을 그리며 매달린 크리스탈 등불이 실내를 밝히는 모습 등이 볼만하다. 모스크 안으로 들어가다 보면 입구 오른편에 무하마드 알리 파샤의 석관이 있다.

왕의 석관은 하얀 대리석으로 만들어 졌는데, 석관의 바깥에는 꽃 모양의 무늬가 되풀이되어 새겨져 있다. 황금으로 도금된 비문이 하얀색 대리석과 잘 어울린다.

모스크의 바깥 서쪽 지붕 위로는 두 개의 연필처럼 뾰족한 미나렛(첨탑)이 우뚝 서 있다. 높이가 84미터에 이르는 첨탑의 내부에는 위로 오르는 계단이 있는데, 이 계단을 통해 사람이 직접 위로 올라가 많은 사람이 예배 시간을 알 수 있도록 하루에 5번씩 아잔(예배시간을 알리는 구성진 소리)을 읊었다. 그 사람을 아랍어로 무앗진이라 한다.

나라에 따라 모스크 건물 양식은 틀리지만 전통적으로 모스크의 외부에는 첨탑이 있으며, 내부에는 예배 방향을 나타내는 미흐랍과 민바르(설교단)가 있기 마련이다. 그러나 최근에는 음향기기의 발달로 사람이 직접 높은 첨탑에 오르는 대신 녹음된 소리를 스피커를 통해 방송하기도 한다. 이런 이유로 요즈음에는 도심지에 첨탑을 가지고 있지 않은 모스크도 많이 건설하고 있으나 예배방향을 나타내는 미흐랍과 설교단이 없는 모스크는 없다.

피라미드의 돌로 건축한 하산 모스크

알리 모스크의 전망대에서 카이로를 내려다보면 바로 아래에 거대한 두 개의 모스크가 시야에 가득 찬다. 주위의 고색창연한 풍광과 어우러져 신비하게 보이는 이 두 개의 모스크가 바로 술탄 하산 모스크와 리파이 모스크이다.

술탄 하산 모스크는 이집트를 다스린 터키계 술탄 중 19번째 술탄이다. 이 모스크의 건설은 1356년 술탄 하산에 의해 시작되었으나 1363년 그의 왕자 중 하나인 바쉬르 아가 때 완공하였다.

하산 모스크가 가지고 있는 두 개의 첨탑 중 높은 것은 높이가 82미터에 달하는데, 이보다 500년 뒤에 건설된 무하마드 알리 모스크의 첨탑에 비해 불과 2미터 낮은 높이이다. 이 모스크의 건설에 사용한 돌의 일부가 나일강 서편에 위치한 피라미드를 벗겨 가져온 돌이라고 한다.

모스크 내부의 홀은 한 면의 길이가 32미터인 정방형으로 네 면에 홀 바닥보다 높은 이완(건물 안으로 들어간 응접실 같은 방)이 있다. 석조 아치와 둥근 천장으로 된 이 이완은 매우 이색적이다. 하산 모스크는 원래 마드라사(학교)로 건축하였는데, 내부의 이완이 교실과 같은 역할을 했다.

▲**무앗진.** 하루에 다섯 번씩 예배 시간을 알린다.

▲술탄 하산 모스크의 내부.

건축미를 높이 평가하는 사람들은 아주 큰 석조 이완의 아치에 찬사를 아끼지 않는다. 모스크 내부의 벽면에는 장식을 거의 하지 않았는데 그 이유는 신자들이 예배에만 전념할 수 있도록 하기 위해서라고 한다.

사연이 많은 리파이 모스크

술탄 하산 모스크와 마주보고 있는 리파이 모스크는 카이로에서 가장 유명한 모스크 중 하나로 이슬람 사회의 통념을 깨트리고 여성이 건설했다. 주인공은 수에즈 운하의 완공을 지켜본 이스마일 태수의 어머니, 쿠샤이르 하님이다.

▲술탄 하산의 묘. 대리석에 코란의 내용이 새겨져 있다.

▶리파이 모스크 정문에서 올려다 본 모습.

하님은 리파이 모스크를 그녀 자신과 자식, 그리고 미래의 이집트 왕들을 위해 건설하였다. 그래서인지 이 모스크에는 파루크 왕을 포함한 수많은 이집트 왕실 식구들이 묻혀 있으며 이란 왕 팔라비도 이곳에 묻혀 있다. 호메이니의 혁명 이후 왕좌에서 물러난 팔라비는 외국으로 망명을 시도했으나 전부 거부당하고, 사다트 대통령의 배려로 마침내 이집트로 망명할 수 있었다. 1980년 병사한 팔라비 왕의 장례식에서 그의 운구를 담은 행렬은 카이로 시내 압딘 궁전에서 리파이 모스크까지 퍼레이드를 벌이며 도착했다. 그의 장례식 행렬은 당시 이집트 대통령 사다트, 팔라비의 가족, 리챠드 닉슨 미국 대통령이 앞에서 인도한 세기의 사건으로 전국에 생방송되기도 했다.

리파이 모스크 안에서 볼만한 또 다른 무덤이 파루크 1세의 무덤이다.

파루크 1세는 나세르의 혁명으로 왕위에서 물러나 이탈리아에서 망명생활을 하다가 1965년 사망했다. 비운의 왕이었지만 '세기의 플레이보이'로도 이름이 높았던 그의 유해는 어제의 신하 나세르가 이집트 대통령이 된 후, 이집트에 옮겨져 이름없는 무덤에 초라하게 매장되었다가 뒤를 이은 사다트 대통령 시절에 리파이 모스크의 가족묘로 이장되어 현재에 이른다. 세계인의 관심을 끌었던 비운의 왕 파루크 1세 묘의 비문에는 다음과 같이 짧게 아랍어가 쓰여 있다.

"하나님의 용서를 받은 파루크 1세. 압딘 궁궐에서 1920년 2월 11일 출생하여 1936년 5월 6일 왕위에 올랐으며, 1952년 7월 26일 왕위를 이양하다. 1965년 4월 18일 하나님의 자비에게로 돌아가다."

◀리파이 모스크 안에 안치된 이란 팔라비 왕의 묘.

▼리파이 모스크 안에 있는 비운의 왕 파루크 1세의 묘.

1912년에 완공된 리파이 모스크는 건축술의 측면에서 술탄 하산 모스크와 비슷한 점이 많아 얼핏 보면 쌍둥이 건물로 착각하기 쉽다. 모스크의 이름 '리파이'는 모스크 부지의 소유자였던 리파이 가문의 이름을 딴 것인데, 이 가족은 심령술과 독사를 잘 다룬 것으로 유명했다.

▼알리 모스크와 성채의 야경.

5. 오천년 파라오 문명의 발원지

멤피스의 박물관

기원전 3,200년경 이집트 남부의 햄족이 이집트를 통일하고 그 최초의 도읍지로 정한 곳이 멤피스라면 사카라는 그 공동묘지였다. 두 지역은 모두 기자에서 남쪽으로 약 26킬로미터쯤 떨어진 나일강변에 위치하고 있다.

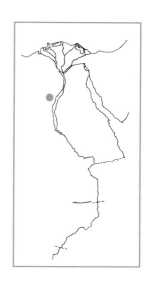

이집트 최초 통일왕조의 수도 멤피스는 약 천 년 동안 이집트의 수도였을 뿐만 아니라, 종교적 상업적으로 매우 중요한 도시였다. 그러나 현재 이집트 최초의 수도로서 멤피스의 유적은 거의 남아 있지 않다. 고고학자들이 말하는 대로, 멤피스는 전쟁으로 인한 약탈과 세월의 흐름으로 자연적 훼손이 많아 유적들이 거의 부서지거나 사라진 상태다. 기념물에 쓰인 많은 돌들을 해체하여 다른 건물을 짓는 데 재사용한 것으로 알려지고 있다.

남아 있는 얼마 되지 않는 유적은 현재 멤피스의 작은 박물관에 보관하고 있다. 멤피스 박물관에서 단연 압권이라면 박물관 내부에 있는 람세스 2세의 누운 석상이다. 이 석상은 왕관의 일부와 다리 하나가 없어진 상태라, 원래 서 있었던 것을 눕혀서 전시하고 있다. 그러나 2층으로 올라 아래를 내려다보면 이 왕의 석상을 전체적으로 감상할 수 있다.

석상의 오른쪽 어깨에는 왕의 이름이 새겨져 있는 카르투쉬(왕의 이름이 새겨진 타원형 장식 테두리)가 선명하게 새겨져 있으며 왕의 요대도 눈길을 끈다. 박물관 안뜰에 있는 무게가 약 80톤이나 되는 대리석 스핑크스도 볼만하다.

피라미드의 효시 - 계단식 피라미드

사카라는 이집트의 가장 매력적인 유적지 가운데 한 곳이다. 기자에서 버스나 택시로 약 30분밖에 걸리지 않는 가까운 거리에 있으나 매력적인 추억을 남기고 싶다면 말을 타고 가길 권한다. 원시성을 간직한 이집트의 농촌과 사막을 가장 원시적인 탈 것 중 하나인 말을 타고 가는 것 자체로도 매우 소중한 경험이 될 것이다.

여행의 출발지는 기자의 피라미드이다. 소요되는 시간은 왕복 4시간,

▶누워 있는 람세스 2세의 석상.

구경하는데 2시간, 도합 6시간이면 충분하다. 말은 길들여져 있으며, 전구간에서 천천히 가기 때문에 과거에 말을 전혀 타보지 않았던 사람도 쉽게 타고 갈 수 있다.

말 대신 낙타를 타고 가는 사람도 있으나 네 시간 동안 낙타를 타고 가는 것은 매우 힘든 일이다. 낙타 위에서 앞뒤로 몸을 흔들며 4시간의 여행을 마치면 건강한 사람이라도 1주일은 앓아 누워 있어야 할 정도이다.

말을 타고 갈 경우, 아부 시르의 피라미드 단지를 지나게 되는데 이곳에 있는 네 개의 피라미드는 모두 제5왕조 때의 피라미드들이다. 제4왕조 때 건설된 기자의 거대한 피라미드에 비해 이곳의 피라미드들은 규모면에서 보잘것없어 피라미드의 건설이 세월이 흐를수록 퇴보하였음을 느낄 수 있다.

말몰이를 하는 이집트 안내인에게 '이 피라미드들은 무엇입니까?'라고 물으면 십중팔구 'I don't know.' 혹은 'Oh, nothing important.'라고 대답한다.

▶사카라의 계단식 피라미드.

　멤피스에서 그리 멀지 않은 사카라는 이집트에서 가장 넓은 무덤 단지로 약 6킬로미터에 걸쳐 있다. 이 무덤 단지는 파라오 제1왕조 시대부터 그리스 프톨레마이오스 왕조에 이르기까지 약 3000년 동안 사용되었다. '사카라'라는 이름은 매의 머리를 한 신 소카르에서 유래하였다고 한다.

　사카라에는 마스타바 양식과 계단식 피파미드 양식으로 된 약 15개의 발굴된 왕묘와 여러 개의 귀족묘가 있다. 이 지역을 발굴한 고고학팀에 따르면, 이 수는 이곳에 있는 무덤의 약 1/3에 불과하며 나머지 2/3는 발굴 중이거나 지하 어딘가에 묻혀 발굴을 기다리고 있을 것이라고 한다. 실제로 현재 진행중인 발굴현장도 많이 있다.

　'마스타바'란 고대 이집트 사람들이 일상생활에서 많이 쓰이던 등받이가 없는 장방형의 진흙 의자이다. 아마도 유럽인들과 함께 고대 이집트의 무덤 발굴에 참여했던 이집트 인부들 자신들이 사용하던 의자를 연상하여 붙인 이름일 것이다.

　마스타바 형식의 무덤은 지하에는 시신을 안치하고 지상에는 장방형의 부지에 담을 두른 후, 내부에 여러 개의 부속실을 만들어 놓은 무덤을 말한다. 다시 말하면 지하에 시체를 안장하는 현실과 부속실을 만든 후 지상에는 제사를 지낼 1층 짜리 무덤집을 지은 것이다. 구조물 내부의 벽면에는 양각으로 새겨진 죽은 자의 모습과 여러 가지 그림이 그려져 있다.

이 마스타바 형식의 무덤에서 피라미드 형태로 바뀌는 과도기적 무덤 양식이 바로 계단식 피라미드이다. 계단식 피라미드를 처음 만든 사람은 제3왕조 조세르 왕의 재상이자 건축가였던 임호테프였다.

임호테프는 자신의 왕을 위해 그때까지 전통적 무덤이었던 한층의 마스타바 대신 마스타바 위에 여러 층의 마스타바를 쌓아올린 무덤을 만들었다. 이렇게 탄생된 이집트 최초의 계단식 피라미드는 1층 13미터, 2층 12미터, 3층 11.5미터, 4층 10.5미터, 5층 10미터, 그리고 마지막 층 마스타바의 높이는 9.5미터로 총 높이가 65미터에 달하는 거대한 규모였다. 이집트 분묘 사상 새로운 장을 연 이 새로운 무덤양식이 발전하여 마침내 사각뿔 모양의 피라미드가 된다.

기원전 2700년경에 건설되어 5,000년의 역사를 지닌 이 계단식 피라미드는 오늘날까지도 원형을 그대로 유지하고 있어, 보는 이로 하여금 감탄을 자아내게 한다. 수천 년 이상 원래 모습의 유지가 가능했던 것은 전통적으로 무덤을 짓는데 사용해왔던 진흙 벽돌 대신 돌을 사용하였기 때문이다.

사카라에 있는 무덤들 중에는 귀족들의 묘도 상당수 있는데 왕묘와 달리 일상생활의 장면들이 벽면에 다채로운 색깔로 양각되어 있는 점이 특색이다. 무덤의 벽면에는 동물의 사육, 여러 가지 상행위, 제조 행위, 가족 생활은 물론이고 늪지에서 하마를 사냥하거나 사막에서 사자를 사냥하는 장면 등이 잘 묘사되어 있다. 따라서 당시의 생활상을 알 수 있는 자료로 가치가 높다.

사카라에 있는 것 중에 가장 잘 보존되어 있는 귀족 묘는 티의 무덤이

▶사카라의 제5왕조 시대 주민의 무덤 벽화중 하나로 종교의식을 위해 도살하는 장면.

▶사카라의 제5왕조 시대 무덤에서 발견된 벽화로 고인의 명복을 빌기위해 제물들을 나르는 장면.

▶제5왕조 티의 분묘에 있는 벽화로 나무배를 만드는 다양한 방법을 보여준다.

다. 궁중 귀족이었던 티의 묘 벽면에는 나일강에 떠 있는 배들과 그가 아내와 함께 악사들이 연주하는 플룻을 듣는 모습이 묘사되어 있다.

메레루카의 묘는 고대 이집트의 산업 활동이 잘 묘사되어 있는 것으로 이름이 높다. 한 서기書記가 세공하기 전에 금의 무게를 재는 장면이 이곳에 있다.

계단식 피라미드의 바로 남서쪽에 위치한 제5왕조 시대의 마지막 파라오 우나스의 피라미드는 외관상으로는 별로 인상적이지 않지만 내부는 소위 '피라미드 텍스트'로 꾸며져 있다. 이 피라미드 텍스트에는 시신을 안장할 때 행해지는 신에 대한 찬송, 예배 방식, 고인에 대한 추도의식, 사자死者의 내세 생활을 위한 음식물, 의복의 목록 등이 기록되어 있다. 약 714개의 주문으로 구성된 이 피라미드 텍스트는 영 바의 분출을 위한 기도문도 담고 있다.

파라오 우나스는 조세르처럼 유행을 선도하는 사람이었다. 조세르가 최

▶메레루카의 마스타바 무덤 입구(왼쪽), 『사자의 서』가 새겨진 우나스 왕의 피라미드 내부(오른쪽).

초로 계단식 피라미드를 건설한 이후, 이집트에 200년 이상 피라미드 건설기가 이어진 것처럼, 파라오 우나스가 피라미드 안에 벽화와 상형문자를 최초로 새겨 넣은 이래, 그 후의 파라오들도 계속하여 이를 답습했다.

우나스 왕 피라미드의 원래 높이는 18미터밖에 되지 않아 제4왕조 때 건설된 다른 왕들의 피라미드에 비교하면 초라하기까지 하다. 피라미드의 건설은 제4왕조 때 절정을 이루고 후대에 건설된 피라미드는 규모가 현격히 작아졌음을 다시 한번 느낄 수 있다.

세라피움 - 황소의 무덤

세라피움은 계단식 피라미드 북서쪽으로 약 500미터 정도 떨어져 있는데 멤피스의 주신主神인 신성한 황소 아피스가 죽어서 묻혔던 곳이다. 황소신 아피스는 프타 신이 현시화한 것으로 간주되어 멤피스에서 특별히 숭배되었다.

전설에 따르면, 아피스는 하늘의 벼락을 맞은 황소가 낳은 송아지였다. 한 번 수태를 한 이 황소는 다시는 송아지를 낳지 못했으며, 황소가 낳은 송아지는 프타 신전에 모셔져 신으로 숭배되었다고 한다.

아피스는 제19왕조의 람세스 2세 이래 그렇게 불렸으나, 그리스의 프톨레마이오스 왕조 때 오시리스와 아피스를 결합한 세라피스로 바뀌었다.

이 신성한 황소는 멤피스의 신전부지 안에서 살았으나, 죽으면 다른 황소가 그 자리를 대신했다. 이 신성한 황소는 늙어서 죽는 것은 허용되지 않았고 반드시 제사로 죽어야 했다. 제사로 죽은 황소의 고기는 먹고 가죽과 뼈, 신체의 일부는 미라로 만들어 거대한 화강암 석관 속에 밥그릇 몇 점과 함께 묻히게 되는데 세라피움은 바로 이 황소의 미라를 매장한 장소이다.

세라피움이 이집트 고고학에서 중요한 이유는 황소를 묻는 방에 파라오의 즉위 원년과 사망한 해를 기록한 명판名板이 함께 발견되기 때문이다. 세라피움의 가장 오래 된 부분은 기원전 1,290년경 람세스 2세의 재위기간에 만든 것이다.

람세스 2세가 만든 아피스 지하 묘지는 원래 68미터 길이였으나, 기원전 7세기경 프삼메티쿠스 1세가 새로운 지하 회랑을 건설하여 덧붙였다. 아피스 지하 묘지는 뒤에 다시 길이 198미터로 확장되어 기원전 30년까지 사용되었다.

사카라의 세라피움에는 25개의 아피스가 미라 처리되어 각각 무게 70톤에 달하는 거대한 화강암 석관에 매장되어 있었다. 그러나 이 석관들은 전부 도굴당했고, 1851년 프랑스 고고학자 오귀스트 마리에트가 유일하게 손상되지 않은 한 석관을 발견하였다. 석관 속에 있던 미라는 현재 카이로 농업 박물관에 소장되어 있다.

이집트 유적의 보호자, 마리에트

상폴리옹이 상형문자를 해독함으로써 굳게 닫힌 이집트 고고학의 문을 열었

▲신성한 황소 아피스.

다면 마리에트는 이를 바탕으로 이집트 고고학을 발전시킨 사람이다.

마리에트는 이집트 고고학의 발전과 유적의 보호라는 두 가지 측면에서 독보적인 공헌을 하였다. 기승을 부리던 이집트 유적지의 조직적인 약탈이 끝나게 된 것도 마리에트에 의해서였다.

프랑스 브르고뉴 대학 교수로 재직중이던 마리에트가 이집트에 대해 열렬한 동경을 품은 것은 1842년이었다. 마리에트는 사망한 사촌 네스트 로트의 유품을 분류하다가 그가 그린 이집트 그림을 보고 이집트에 대해 강한 동경을 품게 됐다고 전한다. 결혼하여 가정을 이루고 비교적 안정된 직장을 가졌던 그였지만, 이집트의 열병을 뿌리치지 못하고 결국 이집트 고고학에 매달리게 됐다. 교수직을 버리고 파리에 온 그는 루브르 박물관에서 연구를 하면서 이집트 연구에 전념했다.

마리에트는 1850년, 콥트어 필사본을 구입할 임무를 띠고 이집트 땅을 최초로 밟았다. 그의 이집트 내 최종 목적지는 콥트교의 총본산이라 할 수 있는 와디 나트룬(나트룬 오아시스)이었다. 그런데 그가 이집트를 방문하기 얼마전 영국인 두 사람이 와디 나트룬에 들어가 수도승들에게 술을 먹여 취하게 만든 후, 많은 양의 필사본을 몰래 가져간 사건이 발생했다.

이 우스꽝스런 도난 사건으로 이집트의 콥트 교황은 외국인을 배척하게 되었고, 늦게 수도원에 도착한 마리에트는 문전박대를 당했다.

마리에트는 필사본을 구하지 못한 대신 이집트 역사에 기록될 만한 대단한 유적지를 발굴하게 되는데 그것이 바로 사카라의 세라피움이다.

마리에트가 사카라의 세라피움을 발견하게 된 경위는 이렇다. 나트룬 오아시스의 입장을 완강하게 거부당한 마리에트는 필사본 구입이라는 자신의 원래 임무를 도저히 수행할 수 없음을 깨달았다. 그러던 몇 주일 후, 마리에트는 사카라에서 반쯤 모래에 덮여 있는 스핑크스를 발견했다. 이 스핑크스를 본 순간 마리에트는 기원전 24년경에 스트라보가 쓴 글을 떠올렸다.

◀아피스의 석비. 프톨레마이오스가 제물을 바치고 있는 모습으로 사카라의 세라피움에서 발굴되었다.

그 글은 "멤피스에서도 세라피움을 볼 수 있었는데, 그곳은 모래가 많은 지역이라 어떤 것은 반쯤 모래에 덮여 있었고 어떤 것은 머리까지 모래에 덮여 있었다. 신전으로 걸어가는 사람들도 모랫더미에 덮여버리지 않을까 걱정이 들었다."라는 내용이었는데 이 스핑크스를 본 순간 그것이 멤피스의 세라피움까지 연결되어 있는 여러 개의 스핑크스 중 하나일지도 모른다는 생각에 이른 것이다.

그는 신속한 판단으로 필사본 구입 비용을 이 유적지의 발굴작업에 전용하기로 결정한다. 스핑크스를 하나씩 들어내고 세라피움 신전으로 들어가는 길을 치워 가는 작업은 약 2년 이상 계속되었다.

1851년 마침내 신전의 입구까지 접근한 그는 두 가지 문제에 봉착하게 되었다. 하나는 경비였고, 다른 하나는 이집트 정부에 의한 발굴 중지 명령이었다. 그때까지 자신의 발굴에 대해 비밀을 유지했던 그는 결국 지원 요청을 위해 프랑스 한림원에 발굴 사실을 알려야 했다.

프랑스 의회는 3만 프랑의 지원금을 마리에트의 발굴 작업에 제공하는 것을 동의했다. 경비문제는 이렇게 하여 해결이 되었으나 두 번째로 발굴 중지 명령은 쉽게 해결되지 않았다. 발굴 중지 명령의 철회를 위한 이집트와 프랑스 사이에 긴 협상이 계속되었다. 그리고 마침내 1852년 프랑스 총영사의 중재로 작업 중지 명령이 철회되었다는 소식이 마리에트에게 날아 왔다.

합법적으로 발굴을 계속할 수 있게 된 마리에트가 황소 미라들이 잠들어 있는 지하실 입구를 발견했을 때 내부는 무질서한 상태였다. 높이 3미터, 폭 2미터, 길이 4미터나 되는 대형 석관들의 뚜껑은 열려 있거나 기울어져 있었고 무덤 속의 조상과 기타 유물들은 여기저기에 널려 있었다. 마리에트는 이 모든 것을 원래대로 복원하고 청소를 해 놓았다.

세라피움의 발견은 이집트 고고학의 발전을 위해 매우 중요한 사건이었을 뿐만 아니라 무명 인사에 지나지 않았던 마리에트를 한순간에 국제적인 인사로 탈바꿈시켜 놓았다. 발굴을 마치고 프랑스에 잠시 귀국했던 마리에트는 당시 수에즈 운하의 건설을 지휘하고 있던 페르디낭 드 르셉스의 후원으로 1857년 다시 이집트에 건너왔다.

이집트의 왕 사이드 파샤는 마리에트를 환영했고 새로운 발굴작업에 필요한 자금은 물론이고 나일강을 따라 이동할 수 있도록 증기선까지 제공했다. 마리에트는 이후로 기자, 사카라, 아비도스, 테베, 엘리팬타인 등지에서 유적발굴을 계속할 수 있었으나 그가 한 일 가운데 가장 가치 있는 일은 발굴한 유적들을 체계적으로 보존한 것이다.

이집트 태수 사이드에 의해 이집트 고대 유물 관리국의 책임자에 임명된 마리에트는 이집트 최초로 블라크 박물관(카이로 박물관의 전신)을 건립하고 이곳에 그때까지 발굴된 유물들을 모아놓고 관리하기 시작했다.

이집트 통치자들이 이집트 유물의 해외 반출을 장려하고 때로는 선물로 유물을 주는 등 문화재 보존에 대해 전혀 관심을 보이지 않는 상황에서 외국인이 이집트 유적보호에 앞장선 사실은 주목할 만한 일이다.

이집트 최초로 박물관을 설립하고 유물 지키기에 힘을 쏟은 마리에트의 동상은 현대 카이로 국립박물관 정원 한켠에 우뚝 서서 자신이 아니었더라면 소멸되었을지도 모를 이집트 유물을 관람하기 위해 몰려오는 외국인 관광객들을 굽어보고 있다.

마리에트의 뒤를 이어 1861년 고대 유물 관리국 국장에 임명된 프랑스인 가스통 마스페로(1846~1916)의 노력 역시 높이 평가되어야 할 것이다. 그는 유물 관리국장에 오랫동안 재직하며 문화재 관리국의 취약한 기반을 확실히 다졌고 이집트인들의 문화재에 대한 관심을 고취시키는 한편 기자의 피라미드와 룩소르의 신전을 발굴하기도 했다.

*오귀스트 마리에트 (1821-1881) 프랑스의 고고학자로 이집트 유적 발굴에 많은 업적을 남겼다. 1849년 루브르 박물관의 이집트부(部)에서 일했으며 이듬해 고대 필사본을 얻기 위해 이집트를 여행하였다. 이집트에 4년동안 거주하면서 발굴작업을 계속하였고, 발굴한 것 대부분을 루브르 박물관으로 보냈다. 프랑스로 돌아가서는 루브르 박물관 관장이 되었다. 1858년 이집트 정부의 요청으로 이집트로 가서 국가 유물 관리위원으로서 여생을 그곳에서 보냈다. 무허가 발굴을 일체 금하였으며, 유물거래와 국외반출을 제한하였다.

제3부
역사의 공간

◀파이윰의 토트 신전에 남아 있는 기둥.

1. 알렉산드로스와 클레오파트라

정복왕 알렉산드로스

이집트 제2의 도시 알렉산드리아의 아랍어 발음은 '아스칸다리야'로 이집트를 정복한 알렉산드로스 대왕의 아랍식 이름 '아스칸다르'에서 유래한 이름이다.

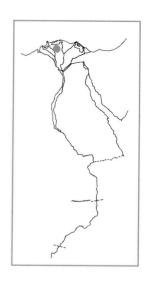

알렉산드리아는 기원전 332년에 25세의 나이로 이집트를 정복한 알렉산드로스 대왕이 건설했다. 알렉산드로스 대왕은 이집트를 정복한 후 해군 함대의 기지 겸 지중해 무역의 중심지로 새로운 항구의 필요를 느끼고 새 도시 건설에 적합한 지역을 물색하던 중 지중해 연안의 작은 어촌(당시의 지명은 라코티스Rakotis)이 가장 좋은 입지라고 판단했다.

옛날에는 카이로에서 갈라진 나일강의 두 갈래 지류 중 서쪽 지류가 라코티스를 통해 바다로 흘러 들어갔다. 지금은 이 지류가 라코티스 동쪽으로 수 킬로미터 이동한 상태이지만 알렉산드로스 대왕 시대에는 강을 끼고 있는 이곳이 새로운 도시의 건설에 적합했을 것이다.

알렉산드로스 대왕은 직접 새 도시의 경계와 주요 건물의 위치를 정한 후, 건축가 *디노크라테스에게 도시의 설계를 명했다고 한다.

당시의 어촌 라코티스는 지금은 안푸쉬 만灣으로 알려져 있는데 알렉산드리아 해안선 서쪽 끝에 위치하고 있다. 스파르타의 왕 메넬라오스가 3천 년 전에 트로이에서 귀환하던중 정박하였다는 바로 그 항구이다.

알렉산드로스 대왕은 일생동안 자신의 이름을 딴 60여 개의 도시를 건설한 것으로 유명한데, 불행하게도 대왕 자신은 살아 생전에 이 알렉산드리아를 보지 못했다.

알렉산드리아의 흥망성쇠

알렉산드로스 대왕의 사망 후 그의 부하 장수 프톨레마이오스 소테르는 이집트에 프톨레마이오스 왕조를 세워 알렉산드리아를 약 300년 동안 지배했다. 이 기간 동안 프톨레마이오스 왕조의 후계자들은 많은 그리스 과학자, 철학자, 예술가들을 알렉산드리아로 불러 학문과 예술의 발전을 꾀하였다.

유명한 수학자 유클리드, 지구의 둘레를 계산해 낸 에라토스테네스, '아르키메데스의 원리'로 유명한 아르키메데스는 알렉산드리아에서 활동한 대표적인 학자들로 손꼽히고 있다.

프톨레마이오스 왕조의 학문 장려 결과, 알렉산드리아는 급속히 발전하여 기원전 200년경에는 세계에서 가장 근대적이고 예술적인 도시 중 하나가 되었다. 프톨레마이오스 왕조 기간 동안 알렉산드리아는 수많은 건물과 대학교, 도서관, 고대 세계의 7대 불가사의 중 하나인 파로스의 등대 등이 세워졌다.

특히 '세계에서 가장 큰 서고'로 알려진 알렉산드리아의 도서관은 약

*디노크라테스(?~?) BC 4세기경의 그리스 건축가로 알렉산드리아의 좁은 마을과 불규칙한 거리를 질서정연한 평면으로 건설하였다.

▲반원형의 해안선을 가진 지중해변의 알렉산드리아.

10만 권의 파피루스 원본과 40만 권의 복사본을 포함하여 약 50만 권의 도서를 소장하였다고 전한다. 방대한 자료를 소장한 알렉산드리아 도서관이 어떻게 하여 파괴되었는지에 대한 정확한 기록은 없으나 일설에 의하면 율리우스 카이사르가 알렉산드리아를 공격했을 때 화재가 발생하여 소실되었다고 한다.

프톨레마이오스 왕조 기간에 알렉산드리아는 지중해 연안의 도시들과 활발한 무역활동을 벌여 많은 부를 축적하기도 했다. 그러나 세월이 흘러 지중해 건너편에 새로운 도시 로마가 급속히 성장하면서 알렉산드리아는 점차 쇠퇴하기 시작했다. 그리고 마침내 기원전 30년 클레오파트라 시대에 알렉산드리아는 로마에 점령당하고 말았다.

115년 로마의 황제는 나일강과 홍해를 연결하는 수로를 재개통시켰다. 이 수로는 수백 년 전 고대 이집트의 파라오들에 의해 처음 건설되었다가 외적이 이 수로를 이용하여 이집트를 공격할 수 있다는 이유로 폐쇄한 상태였다. 수로를 재개통한 후, 알렉산드리아는 명실상부하게 동서 무역의 중심지가 되어 풍요와 번창을 구가할 수 있었다.

알렉산드리아의 쇠퇴는 경제적인 이유로 인해 알렉산드리아 주민들과 로마의 황제 사이에서 빈번히 불화가 발생함으로써 시작하였다. 콘스탄티노플 대제는 알렉산드리아의 대안으로 급기야 자신의 이름을 딴 새 도시를 건설하는데 이 도시가 지금의 터키 이스탄불, 콘스탄티노플이다. 알렉

▶프톨마이오스 왕조의 창시자인 프톨레마이오스 소테르.

산드리아는 이제 지중해 연안에 또 하나의 경쟁도시를 갖게 된 것이다.

알렉산드리아의 쇠퇴와 하락은 무슬림 장군 아므르 븐 엘아스가 이집트를 정복한 이후에 가속화했다. 아므르 장군은 바빌론(지금의 구 카이로 지역에 바빌론의 오래 된 성채가 남아 있음)을 정복한 후, 알렉산드리아로 진군하여 로마인들을 몰아냈다. 그후 카이로의 남쪽에 푸스타트를 건설한 후, 그곳으로 수도를 옮긴다. 새 수도 푸스타트는 곧 이집트에서 가장 활발한 도시가 된 반면, 알렉산드리아는 옛날의 영광을 점점 잃고 역사의 뒤안길로 잊혀져갔다. 알렉산드리아가 이집트의 수도가 되는 일은 그 후로 다시는 일어나지 않았다.

알렉산드리아의 쇠퇴를 가속화시키는 데는 자연도 한몫을 하였다. 세월이 흐르면서 나일강의 흐름에 변화가 일어난 것이다. 푸스타트에서 두 갈래로 갈라지는 나일강의 두 지류 중 서쪽 지류는 원래 알렉산드리아를 거쳐 지중해로 흘러갔다. 그러나 이 지류가 물길을 약간 동쪽으로 틀어 알렉산드리아가 아닌 로제타를 통해 바다로 흘러가게 된 것이다.

예상치 못한 지형상의 변화로 인해 하구로서의 가치마저 상실한 알렉산드리아는 사람들의 기억 속에서 더욱 빠르게 잊혀져갔다.

오스만 터키 시대에는 터키의 술탄에 의해 알렉산드리아 대신 로제타를 콘스탄티노플로 오가는 주항구로 삼는 결정이 내려졌다. 이 결정으로 그나마 근근히 명맥을 유지하던 알렉산드리아의 상공업이 공식적으로 더욱 몰락함으로써, 더는 도시의 활발한 기운을 찾아보기 힘들게 되었다.

설상가상으로 알렉산드리아는 중세 유럽의 십자군 전쟁 때 공격을 받아, 나폴레옹이 1798년 그의 군대와 함께 도착했을 때는 약 4천 명 정도의 주민이 사는 가난한 어촌으로 전락해 있었다.

알렉산드리아에 새로운 활기가 돌아온 것은 무하마드 알리의 통치 기간 중이었다. 재위 기간중인 1820년 알리 태수는 나일강과 알렉산드리아를 연결하는 마흐무디야 수로를 개통시킴으로써 알렉산드리아는 이집트의

▶알렉산드로스 대왕.

질좋은 목화 수출항으로 재부상했다.

무하마드 알리 시대에는 알렉산드리아의 재건축작업과 상공업의 부양 정책이 활발히 전개되어 도시는 활기를 되찾지만, 이로 인해 고대 그리스 로마 시대 유적이 큰 훼손을 당하는 비운을 겪기도 한다.

재건축 과정에서 얼마 남지 않은 고대 그리스 로마 시대의 유적지들을 부수고 그 위에 새 건물을 지었을 뿐만 아니라 옛 유적 등에 있던 돌들을 재건축에 사용하는 경우가 많았기 때문이다. 고대 알렉산드리아의 파괴는 실로 광범위하게 일어났으며 이로 인해 얼마 남지 않은 그리스 로마 시대의 유적은 거의 사라져 버리게 되었다.

오늘날의 알렉산드리아

천 년 이상 이집트의 수도였던 역사 도시 알렉산드리아는 오늘날에는 고대 도시라기보다는 유럽의 휴양지 같은 느낌을 준다. 하얀 모래 해변이 해안도로를 따라 끝없이 이어져 있고 해안도로의 안쪽으로는 현대식 건물들이 즐비하게 늘어서 있다.

보통 줄여서 '알렉스'라고 부르기도 하는 알렉산드리아는 이집트 최대의 항구 도시이자 지중해 연안의 가장 큰 휴양도시로 해마다 이집트는 물론 해외 각지에서 수천, 수만 명의 인파가 주말과 휴일을 보내기 위해 몰려온다. 알렉산드리아는 1년 중 어느 때 방문해도 그 독특한 매력을 풍기지만 여름이 아무래도 그 절정이라 할 수 있다.

배를 타고 바다 쪽으로 나가 알렉산드리아를 바라보면 햇빛이 반사되어 마치 도시 전체가 바다 위에 떠있는 하얀 섬처럼 아름답다. 금빛 해변에 나가보면 일찍이 E. M. 포스터가 '상쾌한 바다'라고 묘사한 바 있는 지중해의 푸른 물결이 끝없이 밀려 온다. 태양은 언제나 따스한 햇볕을 선사하고 시원한 바람은 상쾌함을 더해 준다.

알렉산드리아의 야경 또한 놓칠 수 없는 구경거리이다. 해안도로를 따

▶그레코 로망 박물관에서 볼 수 있는
클레오파트라 7세의 두상.

라 늘어선 수많은 카지노, 호텔, 나이트 클럽, 영화관, 극장, 오케스트라
콘서트 등은 여기를 찾는 다양한 취향의 사람들을 만족시켜 준다. 그냥 코
르니쉬(해변 도로)의 벤치에 앉아 지중해의 밤 파도 소리를 들으며 먼 바
다에서 깜박이는 배들을 바라보기만 해도 행복한 기분이 온몸에 흐른다.

카이로에서 225킬로미터 정도 떨어져 있는 알렉산드리아는 비행기, 기
차, 고속버스로 갈 수 있다. 사막의 고속도로를 달리는 고속버스는 에어컨
시설이 있어 안락하게 쉬면서 차창 밖으로 펼쳐지는 이국적 파노라마를

구경할 수 있다. 델타의 평야지대를 기차로 달리는 철도 여행으로는 드넓은 평야에서 일하는 농부들의 모습과 시골풍경을 감상할 수도 있다. 끝이 보이지 않는 델타의 평야를 바라보노라면 이집트 전체 국토의 95%가 사막이라는 말이 전혀 실감나지 않는다.

1882년만 해도 알렉산드리아는 인구 25만 명의 작은 항구에 불과했으나 약 100년이 흐른 지금은 인구가 무려 25배나 증가하여 600만에 달하고 있다. 알렉산드리아는 동쪽 몬타자 공원에서 서쪽 항구까지 동서 길이가 25킬로미터나 되지만 남북의 폭은 2킬로미터 정도밖에 안 된다.

다시 말해, 알렉산드리아는 지중해 해안선을 따라 동서로 길게 발달한 벨트 모양의 도시 구조를 보이고 있다. 오늘날의 알렉산드리아는 매년

▶ 덴데라 하토르 신전의 남쪽 벽에 묘사된, 클레오파트라와 아들 카이사리온.

3,000척 이상의 배가 출입할 뿐만 아니라 대외 물동량의 약 70%가 이곳을 통해 빠져나가는 이집트 제1의 항구도시이다

클레오파트라와 알렉산드로스 대왕의 도시

현재 알렉산드리아에 남아 있는 그리스 로마 시대의 유적지로는 알렉산드리아 중앙역 근처에 위치한 원형극장, 폼페이우스의 기둥, 지하 무덤 카타콤보가 대표적이며 시내에 있는 그레코 로망 박물관 역시 가볼 만한 곳이다.

십여 년 전 알렉산드리아를 처음으로 방문했을 당시, 지금부터 약 2,000년 전 프톨레마이오스 왕조의 마지막 황녀 클레오파트라를 떠올리며 그녀의 모습이나 그녀가 살았다는 궁전을 구경하고 싶었으나 유감스럽게도 알렉산드리아에 클레오파트라의 자취가 남아 있는 곳은 없었다. 사람들에게 물어보니 현재 해변로에 있는 세실 호텔 부근에 그녀가 살았던 궁전이 있었을 것이라는 말을 들었을 뿐이다.

클레오파트라가 알렉산드리아에서 살았으므로 그녀의 흔적이 많이 남아 있겠지라고 생각한 것은 착각이었다. 엘리자베스 테일러(클레오파트라 역)와 리처드 버튼(안토니 역)이 열연했던 영화 〈클레오파트라〉를 기

▲ 알렉산드로스 대왕.

◀클레오파트라.

▲**룩소르 신전의 예배소 벽화.**
알렉산드로스 대왕 앞에 미노스 신
이 서 있다.

억하는 사람에게 알렉산드리아는 어쩌면 실망을 줄 지도 모른다. 오늘날 알렉산드리아에서 클레오파트라의 모습은 박물관에나 가야 볼 수 있기 때문이다.

참고로 말하면 그녀의 모습이 많이 나타난 유적지는 사실 알렉산드리아가 아니라 알렉산드리아에서 남쪽으로 약 800 킬로미터나 떨어진 룩소르 근처 덴데라에 있다. 또 이집트에서 그리스 로마 시대의 신전을 가장 잘 보존하고 있는 지역은 룩소르에서 북으로 약 40킬로미터 정도 떨어진 곳에 위치한 에드푸이다.

프톨레마이오스 왕조의 마지막 황녀였던 클레오파트라는 로마에게 패한 후 스스로 목숨을 끊었다. 알렉산드로스 대왕의 무덤 위치가 수수께끼인 것처럼 클레오파트라 역시 알렉산드리아에 묻혀 있을 것이라는 추측만 무성한 채 무덤의 정확한 위치는 베일에 싸여 있다.

알렉산드리아는 이집트에서 로마식 도시 구조를 보이고 있는 유일한 도시이다. 시가 도로는 거의 전부가 직각으로 교차되어 전체적으로 거대한 체스판과 같은 모양이다. 시가지의 일부에는 로마 시대에 도로로 사용된 돌길이 그대로 남아 있다.

알렉산드리아 건설 당시 두 주요 도로 카노픽 로路와 소마 로는 오늘날 각각 후리야가 거리, 나비 다니엘 거리로 불리는데 알렉산드로스 대왕의 무덤이 이 근처 한 모스크 지하에 있다고 하여 세간의 관심을 끈 적도 있다.

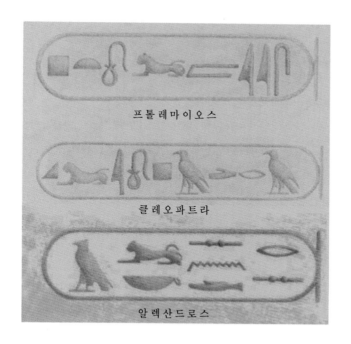

프톨레마이오스

클레오파트라

알렉산드로스

◀상형문자.

일설에 따르면 알렉산드로스 대왕은 열병에 걸려 소아시아에서 죽었다. 그런데 죽기 전에 이집트의 멤피스에 묻어달라는 유언을 하였다고 한다. 그의 사후 이집트의 왕이 된 부하장수 프톨레마이오스 1세는 알렉산드로스 대왕의 유언대로 시신을 이집트로 운반하여 재매장하였다는 설이 있다. 어떤 사람들은 알렉산드로스 대왕의 무덤이 나비 다니엘이 아니라 그가 생전에 아몬 신에게 신탁을 하였던 시와 오아시스에 있다고 생각한다. 그런가 하면 그가 행한 유언대로 카이로 남부의 멤피스에 무덤이 있을 것이라고 생각하는 사람들도 많다.

알렉산드리아의 시가지 밑에 그리스 로마 시대의 유적들이 묻혀 있는 것은 사실이다. 그러나 대왕의 무덤을 찾기 위해 현재 지상 위에 세워진 건물들을 부수고 땅을 파헤칠 수도 없다. 그러므로 알렉산드로스 대왕의 무덤은 영원히 수수께끼로 남을지도 모른다. 그리고 무덤이 발견되지 않는 한, 우리는 위대한 영웅의 무덤을 발견하리라는 기대와 희망도 버리지

▲클레오파트라의 두상.

못할 것이다.

지하로 꺼진 로마 시대의 원형극장

문제의 나비 다니엘 거리에서 3분 정도 걸으면 '콤 엘딕카'라는 지역에
로마 시대 원형극장이 있다. 3세기경 로마인들은 알렉산드리아에 3개의
원형극장을 건설하였는데 그 중에 남은 것은 이곳뿐이다.

그리스 로마 시대의 원형극장을 주로 언덕에 건설하였듯이, 이 원형극
장도 언덕을 깎아 계단을 만들고 그 밑에 무대가 설치되어 있다. 그러나
원래 언덕이었던 극장은 주위의 지대가 나일강의 토사로 높아지는 바람에
현재는 오히려 지표면 아래에 꺼진 상태이다.

원형극장은 한꺼번에 700명의 관객이 앉아 음악을 듣거나 연극을 관람
했는데 6세기경에 있었던 지진으로 붕괴되었다고 한다. 중세 내내 이 지
역은 쓰레기 적치장과 무슬림들의 묘지로 사용되었고 나폴레옹 이후
1952년까지는 영국군 진지로 사용되다가 1964년에 발굴된 역사가 있다.

파란만장했던 원형극장의 정상 둘레에는 몇 개의 돌기둥이 있는데 붉은
색이 도는 기둥은 아스완의 채석장에서, 푸른색이 도는 기둥은 멀리 아시
아에서 가져온 돌이라고 한다. 13층 계단으로 된 관객용 좌석은 유럽에서
가져온 대리석으로 만들어 졌다. 극장 무대 뒷편 좁은 터널길에서는 연극
에 생생함을 주는 여러 가지 소리를 만들었다. 큰돌을 굴려 천둥소리를 낸
것이 한 예이다. 극장 주위에는 학교와 공중 목욕탕 등이 있었다고 하지만
지금은 그 자취만 남아 있을 뿐이다.

지하무덤과 폼페이우스의 기둥

원형극장에서 그리 멀지 않은 곳에(걸어서 약 20분) 있는 콤 엘슈카파 지
하무덤은 고대 신화의 장면이나 벽화를 간직하고 있어서 고대 알렉산드리
아 시민들의 삶과 신앙을 이해할 수 있게 해 준다. 이집트에 기독교가 공

▲로마 시대의 원형극장(왼쪽).
콤 엘 슈카파 지하무덤(오른쪽).

인되기 전 기독교인들이 비밀리에 예배를 보고 죽은 후에는 무덤으로도 사용되었던 이 카타콤은 아랍어로 '콤 엘슈카파'라고도 불린다. 그 의미는 '자기瓷器 조각들의 언덕'이란 뜻이다.

2세기경에 건설된 콤 엘슈카파 지하무덤은 수직으로 바위를 뚫고 약 30미터 정도 지하로 들어간 양식이다. 내부는 고대 이집트, 그리스, 로마 풍의 예술로 장식되어 있으며 조상에게 제사를 지내기 위해 찾아온 가족들이 쉴 방도 마련되어 있다. 무덤은 3층 아파트식인데 약 300구의 시신을 수용할 수 있는 공간을 가지고 있다.

로마 시대에 초기 기독교인들은 박해를 피해 이곳에서 몰래 예배를 보

*카타콤 무덤으로 사용하기 위해 좁은 통로와 회랑으로 이루어진 지하묘지를 말한다.

기도 했다. 무덤 안에 있는 벽화나 조각 등에 십자가 모양이 있는 것이나 미로가 많은 것이 그 때문이다. 십자가는 예배를 볼 때 필요했을 것이고 박해를 가하는 로마의 군인들로부터 달아나려면 미로가 있어야 했을 것이다. 내부에 서서 빛이 들어오는 천장을 올려다보면 그 빛이 신비하게 느껴진다. 문득 밀폐된 지하공간에 아름다운 찬송가 소리가 들리는 듯하다.

이 지하무덤을 나와 10분 정도 걸리는 가까운 언덕에 로마 황제 디오클레시안을 위해 건립한 '폼페이우스의 기둥'이 서 있다. 이 기둥은 알렉산드리아에 기근이 발행했을 때 식량을 보내준 황제에 대한 감사의 표시로 세운 것이라 한다.

이 기둥의 이름 폼페이우스와 실제 폼페이와는 전혀 상관이 없으나 다음과 같은 일화가 전한다. 폼페이우스는 후에 로마 제국의 황제가 된 카이사르에 대항해 싸우다가 패한 후, 이집트로 도주해 왔다. 알렉산드리아 정부는 카이사르의 기분을 상하지 않도록 도피해 온 폼페이우스를 사로잡아 목을 벤 후 카이사르에게 보낸다. 자신에게 대항한 폼페이우스의 목을 받은 카이사르는 그것을 항아리에 넣어 알렉산드리아 성 밖에 묻지만 알렉산드리아 시민들은 유골 항아리가 바로 이 기둥 꼭대기에 있다고 믿었다. 이 때문에 현재까지 이 기둥은 '폼페이우스의 기둥'이라고 불린다는 것이다.

14세기 중세 아랍의 가장 위대한 여행가로 여겨지는 이븐 밧투타는 이 기둥을 보고 "이 아름다운 도시에 경이감을 일으키는 놀라운 것들 중 하나"라고 묘사하였다. 현재 남아 있는 높이 약 25미터, 두께 약 2미터의 거대하고 붉은빛이 도는 이 돌기둥 하나는 900킬로미터 남쪽에 위치한 아스완의 채석장에서 가져온 것으로 알려져 있다. 옛날에는 같은 크기의 기둥이 400개나 서 있었다고 하는데, 나머지 399개 돌기둥의 행방은 묘연하다.

이 기둥 가까이에 프톨레마이오스 왕가가 황소신 아피스를 숭배하려고 건설한 신전(세라피움)과 신전에 부속된 도서관이 있었다고 하는데, 세라피움 신전과 도서관은 화재로 소실되었고 지금은 세 개의 화강암 스핑크스만 남아 있다.

*크니도스 아나톨리아 남서해안의 중요한 교역 중심지였던 그리스 고대 도시.

세계 7대 불가사의, 파로스 등대

프톨레마이오스 1세는 파로스 섬과 알렉산드리아 사이에 '헤프타스타디온'이란 다리를 건축하여 연결했는데 이 다리를 경계로 두 개의 항구 즉, 오늘날의 동부항과 서부항이 발전하게 된다.

일찍이 알렉산드리아의 미래가 상업과 교역에 달려 있다는 것을 간파한 프톨레마이오스 1세는 항구를 건설한 후 *크니도스 출신의 소스트라토스에게 등대의 건설을 명한다. 뛰어난 건축가인 그는 등대의 부지로 가장 적합한 장소가 파로스 Pharos 섬의 동쪽 끝이라고 결정했다.

기원전 279년에 완공을 본 이 등대는 위치한 섬의 이름을 따라 '파로스' 등대란 이름이 붙여졌다. 고대 세계의 7대 불가사의 중 하나인 이 등대의 꼭대기에는 바다의 신 포세이돈이 우뚝 서 있었다고 하며, 등대의 정확한 높이는 알 수 없으나 114미터~132미터(혹은 180미터)에 부속실만 300개가 있었다고 한다.

등대의 꼭대기에는 등불이 있어 밤에는 멀리 50킬로미터나 떨어져 있는 배들이 등대를 볼 수 있었고 낮에도 거대한 거울을 이용해서 등대의 역할을 했다. 빛의 반사에 사용한 이 거울은 세공한 유리나 반투명한 돌로 만들었다고 하는데 어마어마했

▼알렉산드리아의 폼페이 기둥.

던 등대 건물보다 더 신비했던 것으로 알려지고 있다.

등대의 1층에는 최소한 30개나 되는 반인반어半人半漁의 해신상海神像과 태양의 진로에 따라 손가락이 움직이는 신기한 동상이 있었다고 한다.

파로스 등대는 646년 아랍의 장수 아므르 븐 알아스와 그의 군대가 알렉산드리아를 함락시킬 때만 해도 거의 완전한 상태로 남아 등대의 기능을 행하고 있었다. 알렉산드리아를 점령한 아랍군들은 아랍어로 '마나라'라고 부른 이 등대에 감탄한 나머지 이슬람 사원을 건설할 때 첨탑(미나렛)의 모델로 삼았다고 전한다.

아마도 7세기 말부터 시작된 파로스 등대의 붕괴와 파괴는 그후 오랜 세월 동안에 걸쳐 반복적으로 발생하였다. 8세기에 등대의 신비한 등불이 꼭대기에서 떨어짐에 따라 등불대신 큰 화톳불이 사용되었다. 12세기에는 알렉산드리아를 강타한 지진으로, 8각형 모양인 등대의 2층이 파괴되었고, 1303년과 1326년에 발생한 두 차례의 큰 지진은 등대의 대부분을 파괴했다.

1325년 알렉산드리아를 방문한 아랍의 대여행가 이븐 밧투타는 등대의 기초 부분이 일부 파괴되긴 하였으나 아직 계단을 통해 안으로 들어갈 수 있었다고 했다. 그러나 1349년 다시 알렉산드리아에 온 그는 남아 있던 구조물이 거의 부서져 안으로 들어갈 수가 없었다고 전한다. 이상으로 미루어 볼 때 파로스 등대는 14세기 중엽에 등대로서의 구실을 상실하였던 것 같다.

이븐 밧투타 이후 약 100년이 지난 15세기 중엽, 이집트의 술탄 카이트 베이가 옛 파로스 등대 부지에 이른바 '카이트 베이 성채'를 건설하였다. 성채의 건설에 사용한 돌의 일부는 등대의 잔해라고 전한다.

카이트 베이 성채 건설 이후 파로스 등대는 역사의 뒤안길로 사라진 상태였으나 최근 들어 등대의 발굴이 활발히 진행되어 마침내 바닷 속에 가라앉은 잔해를 발견하기에 이르렀다. 지난 95년 국내의 어느 일간지는 다

▶파로스 섬의 파로스 등대 그림.

음과 같은 내용을 외신면을 통해 보도했다.

 세계 7대 불가사의 가운데 하나로 꼽히는 고대 이집트 알렉산드리아의 파로스 등대가 신비의 베일을 벗고 있다.

 기원전 280년 알렉산드리아 항구 입구에 세워진 파로스 등대는 높이가 무려 1백 80미터나 되는 거대한 석조물. 이 등대에는 대형 등불을 밝히는 데 사용된 기름을 꼭대기까지 올리기 위한 수압기가 설치됐고 불길은 50킬로미터 밖에서도 보였던 것으로 알려져 있다. 그러나 이 등대는 1100년과 1307년에 발생한 지진으로 무너진 뒤 흔적을 감추었고 그 동안 발굴작업도 이루어지지 않았다.

 파로스 등대의 모습이 부분적으로나마 드러나게 된 것은 프랑스 해저 고고학 발굴 팀의 지난 1년여에 걸친 작업 결과이다. 그 동안 발굴 팀은 파로스 등대의 부서진 잔해 수백 점을 발견했다. 이들은 이어 또다시 수심 7미터의 해저에서 화강암으로 만든 높이 4.55미터, 무게 12톤 규모의 여신상의 몸통 부분을 크레인으로 인양하는 데 성공했다.

 현재 해저에는 스핑크스와 부서진 오벨리스크, 아이시스(이시스) 여신상 등 화려하고도 웅장했던 파로스 등대의 면모를 짐작케 하는 잔해들이 널려 있는 상태다. 또 조형물마다 이집트 상형문자가 새겨져 있어 파라오의 신비는 물론 고고학 분야나 등대 연구에 큰 도움이 될 것으로 전문가들은 기대하고 있다.

나폴레옹과 카이트 베이 성채

현재 우리가 볼 수 있는 파로스 등대의 흔적은 섬의 해변을 따라 버려진 상태에서 바닷물에 씻기고 있는 바위들뿐이다. 옛 파로스 등대의 부지에는 1480년에 건설된 카이트 베이 성채가 지중해의 바람과 파도를 맞으며 우뚝 서 있다.

 이 성채는 지중해를 통해 쳐들어오는 오스만 터키 제국을 막기 위해 건설되었으나 현재는 해군 박물관으로 사용하고 있다. 성채의 내부에는 이곳에서 그리 멀지 않은 지중해의 아부 키르에서 1798년 나폴레옹의 함대와 영국의 넬슨 제독이 지휘하는 함대가 벌였던 해전의 유물을 많이 진열하고 있다. 예를 들어, 나폴레옹의 배에서 쓰인 콤파스, 갑판 아래에 있는 수병에게 명령을 전달하기 위해 사용된 긴 파이프, 프랑스 혁명 당시 사용하던 많은 은화들이 볼만하다.

성채 안에 진열되어 있는 유물 중에 특이한 것은 항아리 형태로 된 수류탄이다. 이 수류탄은 13세기경 이집트의 마물루크들이 사용한 것으로 수류탄이라기보다는 화염탄이라고 보는 것이 더 적당한 생김새이다.

나폴레옹의 프랑스 군대는 아부 키르 해전에서 패배함으로써 지중해의 해상권을 영국에게 빼앗기고 본국과 고립되는 지경에 빠진다. 본국과 고립되었던 1년 동안 나폴레옹은 이집트의 행정을 개혁하고 학교와 병원을 세우는 한편, 이집트의 유물 연구에 많은 관심을 쏟았다. 이집트는 이때부터 비로소 서양문물의 우수성을 각성하고 근대화에 착수하기 시작한다.

◀**카이트 베이 성채.** 파로스 등대가 있던 자리에 세워졌다.

그레코 로망 박물관

고대 알렉산드리아의 유적지는 많이 파손되었고 그 지명도 대부분 아랍어로 바뀌었으므로 오늘날에는 그리스 로마 시대의 알렉산드리아를 감상하기가 불가능하다. 그러나 다행스럽게도 기원전 3세기~기원후 3세기까지의 유물을 소장한 그레코 로망 박물관에서 그 영광의 역사를 조금이나마 느껴볼 수 있다.

1892년에 건설되어 이집트에서는 가장 오래 된 박물관인 그레코 로망 박물관은 약 4만 점의 유물을 소장하고 있다. 유물의 대부분은 기념 건조물, 조상彫像, 미라, 동전, 스카렙(쇠똥구리)인데 특히 프톨레마이오스 왕조이래 이집트에서 사용한 동전 전시실이 볼만하다.

그 밖에 그레코 로망 박물관에서 볼만한 것은 4세기경에 진흙으로 만들어진 타나그라 조각상들이 있다. 여자와 아이들이 전부인 작은 조각상들을 타나그라 조각상이라고 부르는 이유는 이와 비슷한 조각상들이 그리스의 타나그라에서 발견되었기 때문이다. 이 조각상들을 통해 4세기경 일반주민들이 어떻게 살았는지 짐작할 수 있다.

▼알렉산드리아의 그레코 로망 박물관.

박물관의 입구를 통과하여 오른쪽으로 돌면 로제타석의 사본이 있다. 그리스어, 이집트 민중문자, 고대의 상형문자 세 가지 문자로 기록되어 있는 이 검은색 현무암 돌은 1798년 나폴레옹의 이집트 원정 당시 발견되어 유명한 샹폴리옹에 의해 해독되었다. 이집트학의 실마리를 푸는 결정적 단서였던 이 로제타석의 원본은 현재 대영 박물관에 소장되어 있다.

그레코 로망 박물관에서 놓칠 수 없는 것이 클레오파트라의 두상이다. 북부 이집트를 상징하는 코브라가 달린 왕관을 쓴 여왕은 코가 일부 떨어져 나간 모습이지만 그녀의 아름다운 모습을 충분히 간직하고 있다.

클레오파트라의 두상 바로 옆에는 그녀의 애인 율리우스 카이사르의 두상이 있고 명상록의 저자 마르쿠스 아우렐리우스 황제의 입상도 가까이 전시되어 있다.

*아바스 2세(1874~1944) 영국의 이집트 통치기 때 영국에 저항하여 탁월한 민족주의 지도자로 부상했다. 1914년 영국에 의해 퇴위당한 뒤 스위스로 망명하여 여생을 보냈다.

*1952년 혁명 나세르가 군주제를 몰락시킨 혁명.

이집트 왕실 별장 몬타자 궁

이집트 왕실의 호화스러운 생활을 보여주는 것으로 몬타자Montazah궁을 빼놓을 수는 없을 것이다. 몬타자 궁은 1892년 케디브(이집트의 왕) *아바스 2세 때 건설되어 왕실의 여름 별장으로 사용한 곳이다. *1952년 혁명 발발 이후 이 별장은 공원이 됐고 지금은 일반인들도 자유롭게 들어갈 수 있다.

높게 에워싼 담 안으로 펼쳐진 140만 평방 킬로미터의 넓은 공원에는 갖가지 열대수와 꽃들이 우거져 있으며, 왕실의 별장 건물과 어우러지는 아름다운 해변이 볼만하다.

왕실의 별장은 왕실의 여자들을 위한 하람릭과 남자들을 위한 살람릭의

◀로마와 이집트 양식이 섞인 알렉산드리아의 로마인 묘지.

▶몬타자의 왕실 별장.

두 채로 구성되어 있는데, 모두가 동화 속에 나오는 마법의 성처럼 생겼다.

제1차 세계대전 기간 동안 살람릭은 야전병원으로 사용되기도 했으나 1922년 푸아드 왕이 다시 별장으로 보수하여 사용했다. 이국적인 시계탑도 이때 세워졌다.

하람릭은 현재 이집트 대통령의 여름 별장으로 사용하고 있으며 아랍국가 원수들이 이집트를 방문했을 때 그들의 숙소로도 사용하는 유명한 곳이다. 왕실 별장의 바로 아래에는 하늘색 빛이 도는 몬타자 쉐라톤 호텔이 있는데, 바다에 면한 이곳에서는 하늘과 바다와 푸른 공원이 어우러지는 보기드문 파노라마를 감상할 수 있다.

아름다운 공원을 걸어 서쪽으로 조금 나아가면 공원과 '꿈의 섬'이라 불리는 작은 섬을 이어주는 다리와 마주친다. 이 다리를 건너 섬으로 들어가면 '찻집'이라 불리는 정방형의 건물이 한 채 있다. 이 건물은 원래 1952년 혁명의 주역 중 하나였던 살라흐 살림의 별장으로 사용하였으나 그가 사망한 후 폐쇄돼 있다.

꿈의 섬을 조금 들어가면 작은 등대가 나오는데 이 등대 안쪽으로 호수처럼 들어온 바닷물은 파도가 거의 없어 마치 크고 둥근 풀장과 같다. 이 해안은 수영하기에 최상의 조건이지만, 이집트인들은 직접 수영을 하기보다는 백사장에 앉아 바다를 구경하는 것을 즐기기 때문에 바닷속에 들어가 수영하는 사람들은 거의 없다.

2. 파라오 신전의 열쇠 상형문자와 샹폴리옹

알렉산드리아에서 동쪽으로 53킬로미터 떨어진 작은 항구도시 라쉬드는 나일강의 두 갈래 큰 지류 중 서쪽 지류가 지중해로 흘러 들어가는 곳에 있다. 로제타라고도 불리는 라쉬드는, 바로 이곳에서 1798년 나폴레옹이 로제타석을 발견하여 유명해진 이름이다.

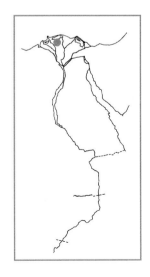

잘 알다시피 약 3,000년에 걸친 파라오 시대는 수많은 유물과 유적지를 이집트 곳곳에 남긴 채 기원전 332년 그리스의 알렉산드로스 대왕의 침입과 함께 종말을 고했다. 그 후 이집트는 무려 2천 년이 넘게 외국의 지배를 받는데, 이 기간 동안 외국의 통치자들은 이집트의 이익보다는 자신과 자기 나라의 이익을 먼저 생각했고 이집트의 찬란한 유적은 보호의 대상이 아니라 약탈의 대상이었다.

외국의 지배를 받는 동안 이집트 문화재나 유적지의 손실은 막대하였으

▲나폴레옹 원정대가 로제타 근처에서
발견한 로제타석.

나 그 중에서도 가장 아쉽고 커다란 손실은 고대 이집트 문명의 표현도구였던 상형문자가 사라져 버린 것이다. 더 정확히 말한다면 상형문자를 해독할 수 있는 사람들이 어느 날 갑자기 사라져 버린 것이었다.

고대 이집트 문명의 기본이 되는 상형문자가 언제 어떻게 사라졌는지 정확하게 아는 사람은 없으나 상형문자의 소실이 기독교와 관계가 있다는 것만은 분명하다. 379년 테오도시우스 황제가 기독교를 국교로 삼기 전까지만 해도 이집트 땅에는 상형문자를 해독할 수 있는 제사장들이 신전을 중심으로 아직 존재하고 있었기 때문이다.

로마 제국은 초기에 황제 숭배사상이 주류를 이루었고 왕신王神의 개념이라 할 수 있는 이집트의 파라오 숭배사상은 어떤 면에서 로마 제국의 황제 숭배사상과 비슷하였으므로, 기독교가 공인되기 전만 해도 이집트 유적이 이단 취급을 당하지는 않았다. 그러나 콘스탄티누스 대제가 기독교로 개종하고 뒤를 이은 테오도시우스 황제가 기독교를 로마 제국의 국교로 선언하자 상황은 달라지기 시작했다. 이집트의 파라오 유적을 우상 숭배의 상징으로 간주하였고 391년 테오도시우스 황제는 로마 제국내에 있는 모든 이교도 신전을 폐쇄하라는 칙령을 내렸다. 이집트에 있던 신전들은 이 칙령에 따라 폐쇄되었고, 따라서 상형문자를 읽고 쓸 수 있는 얼마 남지 않은 제사장들도 신전을 떠나게 되었다.

신전 폐쇄로 인해 발생한 다른 큰 손실은 이집트 제사장 마네토가 프톨레마이오스 1세의 요청에 따라 그리스어로 집필한 마네토『이집트지誌 AE giptiaca』원본이 불타버린 것이다.

450년경 이집트에 고대 상형문자를 해독할 수 있는 사람은 거의 없는 상태였으나 상형문자에 닥친 시련은 여기서 끝나지 않는다. 640년 아라비아 반도에서 밀려온 이슬람 군대에 의해 이집트가 정복된 후 이번에는 고대의 문명과는 근본적으로 다른 언어와 종교가 이집트에 유입된 것이다.

이슬람 시대에 상형문자는 신비에 싸인 언어로 변했고 이집트인들 가운데 상형문자를 기억하는 사람들은 찾아볼 수 없었다. 이러한 상황은 1822년 프랑스 고고학자 샹폴리옹에 의해 상형문자가 해독될 때까지 약 1,200년 이상 계속되었다.

수천 년 동안 신비에 싸여 있던 상형문자의 해독에 결정적 역할을 한 계기는 나폴레옹의 이집트 원정과 뒤를 이은 로제타석의 발견이었다. 1798년 당시 나폴레옹의 이집트 원정은 세계인들이 전혀 예상하지 못했던 사건이었다.

나폴레옹의 이집트 원정에 영향을 끼친 사람은 외상 *탈레랑이었다고 알려져 있다. 탈레랑은 당시 오스만 터키의 지배하에 있던 이집트를 프랑스가 차지하여 동방 무역을 정착시킬 수 있는 계기로 삼아야 한다고 주장했다. 그는 이집트를 점령할 경우, 원정대를 인도로 보낼 수 있으며 이로 인해 궁극적으로는 인도에 이권을 가지고 있던 영원한 맞수 영국을 견제할 수 있다고 보았다.

나폴레옹은 처음에는 이집트 원정을 매우 주저하였으나 탈레랑의 주장대로 결국 원정을 결심했다.

나폴레옹의 이집트 원정군은 특이하게도 원정대 중에 전투 수행과는 관계가 없는 수학자, 천문학자, 토목기사, 광산기사, 건축가, 화가, 인문학자 등 175명의 학자들을 포함하고 있었다.

선전포고도 없이 알렉산드리아에 쳐들어온 프랑스 군대앞에 이집트인들은 저항다운 저항을 한 번도 못해 본 채 무릎을 꿇었으나 나폴레옹의 이집트 정복과정이 그리 쉬운 것만은 아니었다. 거친 자연환경과 풍토병이 프랑스 원정대를 괴롭혔기 때문이다. 전쟁 초기에 병사들은 전쟁의 동기

*탈레랑(1745~1838) 프랑스 대혁명과 나폴레옹 시대 루이 필립 시절까지 줄곧 고위 관직을 지냈으며, 뛰어난 협상 수완으로 유명하다.

▲피라미드 전투 장면.

를 몰라 어리둥절한 상태에서 이질과 열병 등 풍토병과 싸워야 했다.

그러나 피라미드 전투에서 승리를 거두자 병사들의 사기도 올랐다. 전투를 벌이기에 앞서 나폴레옹이 병사들에게 하였다는 "병사들이여! 4,000년의 역사가 그대들을 지켜보고 있다."라는 말은 아직까지도 유명하다.

피라미드 전투가 끝난 후 나폴레옹은 기자, 불라크, 올드 카이로, 카이로 네 곳에 야전병원을 건설하고 행정기구를 정비하는 한편, 인구조사를 실시하고 세제개혁을 단행하였다.

이집트에서 프랑스의 승리는 짧은 승리로 끝났다. 그 해 8월 1일 영국의 넬슨 함대와 프랑스 함대가 벌인 지중해의 아부 키르 해전에서 프랑스 함대가 거의 전멸당했다. 이 전투의 패배로 프랑스 군대는 본국과 고립되는 상황에 처했으나 이집트로 보아서는 오히려 발전된 근대 문물과 접하는 기회가 된다.

나폴레옹은 이집트의 고고학 유적지에 대한 탐사활동에도 관심을 가지고 있었다. 그의 지시에 의해 테베, 룩소르, 카르나크 등지에서 행해진 고고학 탐사활동과 로제타석의 발견, 그리고 비방 드농(1747~1825)일행이 그려놓은 이집트 그림과 『이집트지誌 Description de l'Egypte』의 출간은 유럽에 사라진 파라오 시대의 이집트에 대한 열풍을 몰고 왔다.

비록 나폴레옹의 군사행동은 성공을 못했지만, 동행한 학자들이 추진한 고대 이집트와 동방의 문물에 관한 연구는 이집트 고고학사에 큰 발자취를 남겼다. 특히 나폴레옹 군대의 장교가 발견한 로제타석은 앞에서 말한 대로 샹폴리옹이 이집트 상형문자를 해독하는 결정적인 계기가 되었다.

로제타석 상형문자는 누가 풀 것인가

로제타석은 이집트의 지중해 연안 로제타에서 쥘리앙 요새를 건설하던 나폴레옹 원정대 소속 공병장교 피에르 부샤르가 발견하였다. 피에르 부샤르는 용감한 군인이었을 뿐, 이 검은색 비석이 담고 있는 내용이 기원전 196년 사제들이 프톨레마이오스 5세(BC 210년경~180년)에게 경의와 감사를 표하기 위해서 작성한 포고문임을 알지 못했다.

그러나 나폴레옹 원정대는 이집트 유적의 중요성을 알고 있었고, 고대 이집트 유물을 발견하면 보고하라는 지시를 내렸었다. 그는 곧 이 검은색 비석을 원정대와 함께 이집트에 와 있던 학자들에게 운송시켜 해독을 의뢰했다.

로제타석이라고 불리는 이 검은색 현무암의 상·중·하단에는 각각 상형문자, 이집트 민용문자, 그리스 문자가 기록되어 있었다. 학자들은 이 비석을 보는 순간, 수천 년 동안 수수께끼에 싸여 있던 이집트 상형문자의 비밀이 마침내 풀릴 것이라는 예감을 느꼈다. 그리스 문자를 쉽게 해독할 수 있었기 때문에 이를 바탕으로 같은 내용일 것이라고 생각되는 상형문자의 해독은 어렵지 않을 것이라고 믿은 것이다. 그러나 단지 시간 문제일 뿐이라고 생각했던 상형문자의 해독은 그 후에도 20년 이상이 걸렸다.

로제타석의 발견으로 학자들이 가졌던 기대와 흥분은 잠깐, 아부 키르 해전에서 영국의 넬슨 함대에게 대패한 나폴레옹은 영국 함대의 포위망을 뚫고 단신으로 본국에 귀환했다.

프랑스군의 패배와 함께 영국은 이집트를 점령하고 프랑스인들이 발견한 로제타석도 전리품으로 획득했다. 그러나 다행스럽게도 프랑스인들은 로제타석의 복사본을 만들어 놓았기 때문에 상형문자의 해독작업은 그 후 영국은 물론 프랑스와 기타 유럽 국가들에서 행해질 수 있었다.

로제타석의 복사본을 기초로 고대 이집트 상형문자의 해독에 열중한 학자는 많았다. 프랑스의 샹폴리옹(1790~1832) 뿐만 아니라 영국인 학자

▲샹폴리옹.

영, 스웨덴 학자 아커블라드, 프랑스인 사시 등도 모두 로제타석의 복사물을 가지고 연구에 몰두했다.

그 중에서도 어학실력이 탁월한 영국인 영은 샹폴리옹의 경쟁자였다. 14세 때 영은 이미 그리스어, 라틴어, 프랑스어, 터키어, 아랍어, 히브리어, 시리아어, 이탈리아어, 에티오피아어를 터득하고 있었으므로 상형문자의 해독은 영에 의해 이루어질 가능성이 많았다. 그러나 영은 샹폴리옹과 달리 한 가지 일에 몰두하지 못하고 의학, 물리학, 식물학 등 다양한 분야에 관심을 두고 있었으므로 연구성과는 미미했다.

로제타석에 쓰인 그리스어 부분은 학자들이 쉽게 해독했다. 이를 토대로 하면 같은 내용일 것이라고 추정되는 상형문자와 민용문자로 쓰인 부분도 어렵지 않게 해독할 수 있을 것 같았다. 그러나 상형문자의 해독작업에 걸린 긴 연구 기간에 비해 얻어진 성과는 보잘것 없었다. 아커블라드와 사시는 민용문자로 쓰인 문장에서 단어 몇 개만을 해독할 수 있었고, 영은 10여 개의 단어만을 해독할 수 있었다.

샹폴리옹 역시 작업을 시작한 지 20년이 지나도록 이렇다 할 성과를 못 올리고 있었다. 많은 학자들의 집념어린 노력에도 불구하고 상형문자의 해독이 쉽지 않았던 것은 상형문자가 표의문자와 표음문자 두 가지로 쓰이고 있었기 때문이다.

상형문자를 해독한 샹폴리옹

상형문자는 고왕조 시대의 고어古語, 중왕조 시대부터 신왕조 시대에 걸친 중기어中期語, 신왕조 시대부터 후기왕조 시대에 걸친 말기어末期語로 나뉜다.

이집트인들은 신전의 문자, 칙령 등 정서법正書法이 요구되는 경우에는 상형문자로 기록했지만 고왕조 시대에 이미 신관이 파피루스 등에 쓰기 위해 신관문자, 즉 상형문자의 간략서체를 만들었다.

Dans l' premier Système applicable ^{seulement} aux Caractères Sculptés en Grand, on cherchait, par des teintes plattes, à rappeler à peuprès, la couleur naturelle des objets représentés: Ainsi les Caractères figurants le ciel (1) étaiv peints en bleu, la terre (2) en Rouge, la Lune (3) en Jaune, le Soleil (4) en Rouge, l'Eau (5) en bleu ou en Verd (6)

1.   3   5.

2   4   6

Les figures d'Hommes en pied, sont peintes, sur les grands monumens d'après des règles assez constantes: les chairs sont en Rouge plus ou moins foncé, les coeffures ^{généralement} en bleu et la tunique blanche, les plis des draperies étant indiqués par des traits rouges

On donnait ordinairement des chairs jaunes aux figures de Femmes et leurs Vétements Variaient en blanc, en Verd ou en Rouge.

Les mêmes règles sont suivis dans le coloriage des hieroglyphes dessinés en petit sur les Stèles et les Sarcophages; mais les Vétemens sont tous de couleur Verte.

▶클레오파트라의 카르투쉬를 해석한
샹폴리옹의 노트.

기원전 7세기경에 이집트인들은 상형성 없이 빨리 쓰는 문자인 민용문
자(혹은 민중문자民衆文字)를 고안하여 상업용으로 썼는데 로제타석에
표기되어 있는 것은 바로 이 민용문자였다. 3세기경에는 상형문자가 그리
스어의 영향을 받은 새로운 문자체계로서 콥트어가 이집트인들 사이에 생
겨난다.

Hieroglyph(상형문자)는 그리스어의 hiero(신성하다)와 glyph(새기
다, 조각하다)가 결합한 형태이다. 글자 뜻으로 미루어 그리스인들은 상형
문자를 어디엔가 새겨 넣는 신성한 문자나 성스러운 조각으로 보았던 것
을 알 수 있다.

상형문자로 쓰인 가장 오래 된 유물은 기원전 3,200년 경의 것으로 추
정되는 '나르메르 왕의 팔레트' 혹은 '전갈 왕의 곤봉'이다. 상형문자 체
계가 처음으로 출현한 시기는 정확히 알 수는 없으나 학자들은 나르메르
왕의 팔레트보다는 더 오래 전이라고 믿고 있다.

상형문자가 마지막으로 기록된 때는 로마의 테오도시우스 황제 때인
394년이다. 그로부터 200년이 채 안 된 551년 '이집트의 경이'라고 불리

는 필레 신전마저 폐쇄됨으로써 수천 년 이상 사용해 오던 이집트의 상형문자는 1822년 샹폴리옹이 해독할 때까지 약 1,200년 이상 풀 수 없는 수수께끼로 남은 것이다.

상형문자는 세월이 흐르면서 발전한 형태로 쓰이긴 하였으나 초창기에 750개 정도였던 상형문자의 체계는 마지막 신전인 아스완의 필레 신전이 폐쇄될 때까지도 원래 모습 그대로 남아 있었다. 비슷하게 상형문자로 태어난 중국의 한자가 세월의 흐름에 따라 급속도로 단순화되어 원래의 모습과 많이 달라진 채 쓰이고 있는 점을 감안하면 이집트 상형문자의 불변성은 놀랄 만한 것이다.

상형문자는 지팡이에 기대고 있는 늙은 노인, 젖을 먹이는 소, 파피루스 더미, 보트 등과 같이 고대 이집트인들에게 잘 알려진 것들의 그림이 대부분이다.

750개에 불과하던 상형문자의 수는 세월이 흐를수록 늘어나 프톨레마이오스 왕조 시대에 이르면 수천 개가 된다. 상형문자 수가 증가한 이유는 정확히 알 수 없으나 신관들이 불운한 환경 속에서 자신들의 생각을 감추

▲상형문자.

기 위해 많은 상형문자를 만들었을 가능성이 높다.

상형문자의 각 문자는 본래 소재 자체를 나타내는 표의문자였으나 일찍부터 음의 전용에 의해서 표음문자의 구실도 하고 있었다. 또 두음의 활용으로 24개의 알파벳을 가지고 있었다. 예를 들어, 처음에는 돗자리를 의미했던 사각형이 그 머리자음인 'ㅍ'음으로, 처음에는 부엉이만을 의미했던 부엉이 그림이 머리자음인 'ㅁ'음으로 발전한 것이다. 이러한 점에서 상형문자는 오늘날 세계에서 널리 쓰이고 있는 각종 알파벳의 선조라고 볼 수 있다. 상형문자 750개 중에서 알파벳으로 발전한 24개를 제외한 나머지는 복자음 문자였다. 상형문자의 해독을 위해서는 알파벳은 물론이고 두세 개의 소리를 가지고 있는 이 복자음 문자를 알아야 읽을 수 있다. 초기에 상형문자 해독에 열중했던 학자들이 쉽게 결론을 내지 못한 것도 거기에 이르려면 엄청난 노력과 인내가 필요하였기 때문이다.

상형문자는 극소수의 문자를 제외하면 99% 이상이 옆모습을 그린 것들이다. 그 이유는 정확히 알 수 없으나 사물의 가장 변하지 않는 모습이 옆모습이라고 생각했던 고대 이집트인들의 믿음과 관련이 있는 듯하다.

상형문자는 가로쓰기와 세로쓰기가 전부 가능하며 실제로 유물이나 유적지에 기록된 것들도 다양한 형태로 나타난다. 읽는 방법도 왼쪽에서 오른쪽, 오른쪽에서 왼쪽, 위쪽에서 아래쪽, 아래쪽에서 위쪽으로 전부 읽을 수 있다. 상형문자에 구두점은 없으며 알파벳은 자음만 있고 모음은 나타나지 않는다.

상형문자는 표음문자이자 동시에 표의문자이다. 표음문자로서의 상형문자는 하나의 자음만을 나타내는 24개의 알파벳과 두 개 이상의 자음의 결합을 나타내는 복자음 문자로 구성된다. 표의문자로서의 상형문자는 한자처럼 한 문자가 하나의 단어를 나타내며 발음도 가능하다.

상형문자에는 한정사로 기능하는 것들도 있는데 이 한정사는 음가가 없으므로 발음되지 않는다. 한정사는 단어의 끝에 쓰여져 단어의 의미를 분명하게 하며 구두점이 없는 상형문자의 어떤 단어가 끝나는 곳을 나타내기도 한다. 한정사의 종류는 거의 수백 개에 이르며 인간, 동물, 새, 물고기, 건물, 배, 나무, 풀 등 다양한 그림으로 나타나고 있다.

약 1,200년 이상 풀 수 없는 수수께끼로 남아 있던 상형문자의 복잡한 문법체계를 풀어낸 장 프랑수아 샹폴리옹은 1790년 12월 프랑스 피젝에서 출생하였다. 어렸을 적부터 이집트에 관해 형 조세프로부터 이야기를 들은 샹폴리옹은 이집트와 이집트 문화를 동경하였다고 한다.

유명한 로제타석은 그의 나이 9살 되던 해에 발견되었다. 그는 나폴레옹의 이집트 원정에 관한 이야기를 많이 들으면서 자랐다. 11살 때는 형의 도움으로 그르노블 고등학교에 장학생으로 입학하였다. 이 학교에서 샹폴리옹은 그가 원하는 과목만을 들었는데 예를 들어, 수학 시간에는 수업에 들어가지 않는 대신 라틴어, 그리스어, 히브리어, 아랍어, 시리아어, 아랍어, *칼데아어를 공부하였다.

그가 동방의 언어에 몰두하였던 것은 이미 그에게 이집트 상형문자의 해독이라는 뚜렷한 목표가 있었기 때문이었다. 17세가 되었을 때 그는 파리로 가서 다시 2년 동안 페르시아어와 콥트어를 배웠다. 샹폴리옹이 로제타석의 사본을 손에 받아 보았을 때 그의 나이 18세였다.

샹폴리옹이 상형문자를 해독하기 위해 풀어야 할 수수께끼는 많았으나 기본적으로 해결해야 할 문제는 상형문자가 그려진 그대로를 상징하는 문자인가 아닌가 하는 점이었다. 첫 번째 가능성으로 만약 오리가 오리 이상도 이하도 아닌 오리만을 나타내는 것이라면 상형문자는 상징문자象徵文字이다.

두 번째 가능성은 오리가 오리외에 다른 어떤 것을 동시에 의미한다는 것이었다. 이럴 경우 상형문자는 표의문자가 될 것이다.

그리고 세 번째 가능성은 각각의 상형문자가 하나의 소리, 또는 하나의 글자라는 것이다. 이 가능성에 따르면 오리는 A나 B나 C 같은 한 개의 철

▲상형문자.

*칼데아어(語) 지금의 이라크 남부지역 (아라비아 사막에서 유프라테스강 사이의 페르시아만의 움폭 들어간 지역)의 말.

자가 되므로 상형문자는 표음문자表音文字가 되는 셈이다. 상형문자의 해독과정에서 세 가지 가능성 중 어느 하나를 적용해서는 어려운 점이 많았고 두 가지만을 결합한다 해도 역시 애매한 점이 많았다.

상형문자의 해독에 매달린 지 약 20년이 지난 1822년 9월 14일 파리에서 개최된 비문과 순문학회의에서 천재학자 샹폴리옹은 상형문자란 한 낱말 안에 들어 있는 상징문자이자 표의문자이며 동시에 표음문자라는 결론을 내렸다.

상형문자 해독에 관한 샹폴리옹 최초의 공식발표는 1822년 9월 29일 프랑스 파리의 학사원에서 있었다. 그리고 곧 독일인 이집트 학자 렙시우스가 그 발표를 지지했다.

샹폴리옹은 연구에 박차를 가해 수많은 비문을 계속 검토하였고 그의 연구 결과를 실제로 확인하기 위해 이집트행 배를 탔다. 그 전까지 상형문자의 해독은 순전히 상상력을 동원한 자신과의 고독한 싸움이었다. 이집트에 도착한 그는 약 15개월 동안 알렉산드리아에서 아스완까지 이집트 방방곡곡을 여행하면서 가는 곳마다 상형문자로 쓰인 것을 읽고 번역하고 복사해 두었다. 그리고 마침내 그는 자신의 연구 결과에 대해 확신을 가졌다.

상형문자 해독에 관심을 가지고 지원해 주던 비문과 순수문학 아카데미의 종신 사무국장 다시에게 쓴 편지에서 그는 다음과 같이 말하고 있다. "나일강 하구에서 누비아의 제2여울목까지 강을 따라 여행한 결과 〈음성 상형문자의 알파벳에 관하여〉는 수정할 부분이 전혀 없음이 명백해졌다고 말씀드리고자 합니다. 우리의 해독은 정확했습니다." 이로써 오랜 세월 동안 베일에 싸여 있던 상형문자는 마침내 그 얼굴을 세상에 드러냈다.

샹폴리옹은 41세의 젊은 나이로 세상을 떠났지만 그가 이룩한 위대한 연구 성과를 바탕으로 고대 이집트에 관한 과학적인 연구를 시작할 수 있었다.

3. 제국주의와 파라오의 후예들

수에즈 운하를 구경해 본 사람들이 느끼는 기분은 사람에 따라 다르겠지만, 공통적으로 느끼는 감정은 이상하게 신기루와 같이 믿겨지지 않는다는 것이다. 일찍이 아랍인들은 낙타를 가리켜 '사막을 항해하는 배'라고 불러왔지만 낙타도 아닌 엄청나게 큰 배가 사막 한 가운데를 유유히 미끄러져 가는 광경을 보고 감탄하지 않을 사람은 아마 없을 것이다.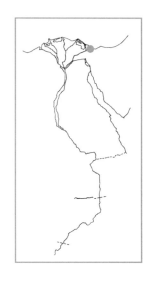

마치 모래바다를 항해하는 듯한 거대한 선박들의 모습은 비현실적이고 신기루처럼 느껴지지만 그것들은 분명히 거기에 있으며 그 존재를 부인할 수 없다. 기자의 대피라미드처럼 수에즈 운하 역시 인터넷 시대인 2000년 대에도 보는 사람들에게 강렬한 인상을 남기고 있다.

19세기 중엽 페르디낭 드 르셉스가 최초로 사막을 가로지르는 운하를 건설하여 홍해와 지중해를 연결하려고 했을 때 그는 외부로부터 많은 저항과 반대, 회의와 비웃음에 직면해야만 했다. 영국에서는 외교단이 그의 계획을 실행 불가능한 것으로 결정했고 언론 역시 그를 조롱하고 그 계획의 무모함을 비웃는 기사를 썼다.

한마디로 말해 어느 누구도 그의 계획을 성공할 수 있는 것으로 보지 않았다. 그럼에도 이 계획이 결실을 맺게 된 것은 무엇보다도 르셉스 자신의 불굴의 의지와 지칠 줄 모르는 노력 때문이라고 보아야 한다. 그리고 한가지 여기에 덧붙인다면 행운이 따랐기 때문일 것이다.

1869년 수에즈 운하의 개통식은 19세기를 통틀어 가장 볼만한 구경거리 중 하나였다. 그 당시 이집트의 왕 이스마일로부터 초대를 받은 많은 손님들은 개통식 수 주일 전부터 속속 이집트에 몰려들었다.

초대받은 손님 중에는 유럽사회에서 내로라 하는 왕족, 귀족, 외교관은 물론 예술가, 의사, 언론인, 문학가, 과학자 등에 이르기까지 각계각층의 명사들이 포함되어 있었다. 그러나 참석한 귀빈들 중에서 군계일학이라면 단연코 나폴레옹 3세의 황후 *외제니였다.

운하의 건설자 페르디낭 드 르셉스는 전도양양한 외교관으로 떠오르던 마드리드 시절, 아직 소녀였던 왕비 외제니와 잘 아는 사이였다. 이 젊은 시절의 인연으로 르셉스가 수에즈 운하 건설에 필요한 기금과 재원을 모으려 할 때부터 왕비는 외교적 지원을 비롯한 각종 지원을 아끼지 않았고 프랑스 궁전 안에서 언제나 그의 확고부동한 지지자가 되어주었다. 르셉스는 왕비 외제니를 '운하의 대모'라고 칭할 정도였다.

또한, 르셉스가 수에즈 운하의 건설권을 따게 된 것에는 이집트 왕 무하마드 알리의 어린 아들 사이드와 특별한 친분을 가질 수 있었던 점도 작용했다.

20년 전, 지중해의 아름다운 도시 알렉산드리아에서 영사로 근무하고 있을 당시 르셉스는 불굴의 용기와 화려한 기사도 정신으로 연로한 무하마드 알리의 신임을 받고 있었다. 당시 알리는 키는 땅딸막하고 몸은 비대

*외제니Eugenie(1826~1920) 외교정책에 많은 영향을 끼친 정치력이 강한 나폴레옹 3세의 황후.

◀수에즈 운하 개통행사.

한 어린 왕자 사이드 때문에 걱정이 대단했다. 그래서 그는 르셉스에게 아들을 데려가 강한 교육을 해달라고 부탁했다.

왕의 부탁을 받은 르셉스는 사이드 왕자를 데려가 사막에서 말타기, 알렉산드리아 항구에 정박한 선박의 가판대 기어오르기 등 강도 높은 훈련을 시켰다. 이 훈련이 뚱뚱한 왕세자에게는 매우 가혹하였음에도 두 사람이 그 후로 절친한 관계를 유지한 것은 신기하기까지 하다. 어떤 사람들은 르셉스가 강도 높은 훈련을 시키지만, 한편으로는 사이드가 좋아하는 스파게티를 눈치껏 더 먹을 수 있게 해줘 어린 황태자의 환심을 샀다고 말하기도 한다.

이유야 어찌되었든 1854년 이집트의 새 파샤로 등극한 사이드 왕이 처음으로 행한 외교적 행사는 르셉스를 이집트의 국빈으로 초청한 것이었

▲수에즈 운하를 통과하는 최초의 선단.

다. 그리고 방문한 지 며칠만에 외교관에서 기업가로 변신한 르셉스는 그의 오래 된 친구로부터 전격적으로 운하의 공사권을 따낼 수 있었다.

운하 건설의 역사

지중해와 홍해를 연결하는 운하의 건설 계획을 처음으로 생각한 사람이 페르디낭 드 르셉스는 아니었다. 그 이전에도 운하의 건설을 계획하고 시도해 본 사람들이 많았기 때문이다. 고대 이집트 파라오 시대부터 이집트 사람들은 육로가 아닌 인공 수로를 통해 나일강에서 홍해로 나아가고자 했다. 나일강의 지류를 이용한다면, 지중해에서 홍해까지 선박으로 이동하는 것이 불가능한 것만은 아니었다.

기원전 14세기경 세티 1세와 람세스 2세의 통치 기간에 이미 '파라오의 수로'라는 운하가 존재했는데, 이 수로는 지금의 자카지크 근처 나일강 지류에서 동쪽으로 투밀라트 오아시스를 거쳐 비터 호수까지 연결하는 것이었다. 기원전 7세기 초까지 이 수로는 진흙으로 막혀 있다가 제26왕조의 네코 왕(BC 672~664)이 재개통시키려고 하였으나, 외부의 적이 이 수로로 쳐들어 올 가능성이 있다는 한 제사장의 경고로 중단했다.

이 수로를 다시 복원한 것은 기원전 521년 페르시아의 *다리우스 왕이 이집트에 침입한 후였다. 로마 시대에는 트라잔 황제가 이 수로를 다시 정비하였고 이슬람 시대에는 아므로 븐 알아스가 이 수로를 재정비한 후 '믿는 이의 장군 운하'라고 개칭하기도 하였다.

그러나 이 수로의 노선은 현재의 운하 노선과는 차이가 있었다. 현재의 수에즈 운하 노선대로 운하를 건설할 필요성을 느낀 것은 15세기 말 오스만 터키의 세력이 강성해지면서부터였다. 당시 오스만 터키의 융성과 막강한 세력 때문에 유럽의 여러 국가들은 이집트를 거치지 않고 동방으로 가는 새 길을 절실히 필요로 했다.

콜럼버스가 이집트를 거치지 않고 동쪽으로 항해하여 인도에 가려다 뜻하지 않게 신대륙을 발견한 것이나, 바스코 다 가마가 아프리카의 희망봉을 돌아 인도로 가는 새 항로를 발견한 것 역시 이러한 시대적 상황에서 이루어진 것이다.

새로운 항로의 발견으로 이 기간중 포르투갈, 스페인, 영국, 네덜란드의 동방무역은 계속 증대하였으나 이탈리아 베네치아인들은 인도에 대한 중개 무역의 이익을 상실하였다. 베네치아인들은 이집트 술탄에게 수에즈 운하의 건설을 설득하였으나 성공하지 못했다. 그 이유는 당시 이탈리아 동부를 위협하고 있던 오스만 터키의 싸움, 수에즈 운하 건설 계획의 성공 여부에 대한 의심, 모래가 운하로 흘러들어갈 수 있다는 우려, 지중해와 홍해의 수면 높이가 틀릴 것이라는 오해 때문이었다.

프랑스 역시 희망봉 항로를 이용하는 것이 무리였다. 영국과 네덜란드

▲페르디낭 드 르셉스. 수에즈 운하의 아버지라고 일컬어진다.

*다리우스 왕(BC 550~486) 뛰어난 행정조직과 대규모 건축 사업으로 유명하다. 몇 차례 그리스 정복을 꾀하였고 BC 490년 마라톤에서 아테네에게 패하였다.

▲수에즈 운하 건설에 영향을 끼친 프랑스 황후 외제니의 초상.

와는 달리 프랑스는 남부의 마르세이유라는 중요한 항구를 감안해야 했으므로 아프리카의 희망봉을 도는 것보다는 이집트를 거쳐 동방에 도달하는 방법에 집착하였다.

19세기 들어 유럽에 산업혁명이 일어나고 동방물자의 필요성이 급증함에 따라 희망봉을 돌아가는 항로는 너무 느리고 길게 느껴졌다. 이러한 상황에서 영국도 이집트를 거쳐 인도와 중국을 가는 경로에 깊은 관심을 가지게 된다.

프랑스와 영국 두 나라의 운하에 대한 관심은 이집트 태수 무하마드 알리 통치 기간에 절정에 달했다. 무하마드 알리 역시 이집트 근대화에 관심을 가지고 있었으므로 유럽의 건설 전문가들에게 기꺼이 편의를 제공하고 있었다.

그러나 막상 운하의 건설문제에 대해서는 무하마드 알리 자신도 매우 조심성 있게 접근했다. 그는 *보스포루스 분쟁에서처럼 국제 항로로 인해 이집트가 피해를 보지 않을까 우려했고 운하의 건설권을 둘러싸고 이집트 내에서 외국인들끼리 충돌이 발생하는 것을 원치 않았다. 그래서 생각한 것이 운하 건설의 특권을 한 나라에게 주지 않고, 대신 우호적인 유럽 기술자의 도움을 받아 이집트가 직접 운하를 건설한 후, 배타적으로 운하를 소유하는 것이었다.

무하마드 알리 사후 아바스가 이집트 태수에 오르자, 영국은 알렉산드리아와 카이로간 철도 공사 계획을, 프랑스는 지중해와 홍해를 연결하는 운하의 건설 계획을 제시했다. 이 두 개의 계획 중 영국의 계획이 채택되어 아바스 재임 기간중 철도 건설은 완공을 보았다.

운하 건설 계획이 부활된 것은 아바스 사후 이집트 태수에 오른 사이드 때였다. 사이드 파샤(1854~63재위)는 운하 건설권을 자신의 소년 시절 절친한 친구였던 페르디낭 드 르셉스에게 부여했으나 처음에 사이드가 생각한 것은 인류 전체의 이익을 위해 한 나라의 독점 항해를 막고 공동의 이

*보스 포루스 흑해와 마르마라 해를 연결하여 터키의 아시아 지역과 유럽 지역을 가르는 해협으로 19세기 이 해협의 통과를 둘러싸고 유럽 열강들의 분쟁이 있었다.

익을 실현하는 것이었다. 그러나 친구에 대한 전적인 신임 속에서 체결한 운하 건설 계약은 문구가 모호하였고 이집트 정부의 권한은 별로 없는 것이 되었다.

더구나 계약서는 임의 해석의 가능성을 내포하고 있어서 원래 의도와는 상관없이 이집트의 의무로 둔갑하는 구절이 많았다. 수에즈 운하 회사는 이집트와 유럽의 주식으로 400백만 파운드의 자본금을 모아 설립하였고, 운하 건설 이익의 15%는 이집트 정부가, 10%는 운하의 건설자가, 나머지 75%는 주식 보유자가 갖는 것으로 되었다.

▲사이드 파샤 (1822~1863).

불공평한 계약 조건에 대한 불만은 르셉스의 친구였던 사이드 태수가 사망한 후 이집트 태수에 오른 이스마일에 이르러 표출되었다. 그는 아직 지중해 물이 팀사 호수에 도달하지 않았을 때 수에즈 운하 회사에 다음과 같이 말했다.

"나는 운하가 이집트의 손에 있길 바라지, 이집트가 운하에 좌우되길 원치 않는다."

이집트와 운하 회사와의 분쟁은 영국과 프랑스의 압력과 중재로 이집트가 노동력을 제공하기로 한 조항을 철폐하고 운하 회사에 양도하기로 한 불필요한 땅의 환원에 합의를 보아 해결되었다. 이후 운하 건설 작업은 일사천리로 진행되었고 10년이 지난 1869년 마침내 지중해와 홍해의 상봉을 볼 수 있었다.

최초의 선박들이 홍해의 수에즈와 지중해의 포트 사이드를 항해한 이래, 이 운하는 지난 130년 동안 많은 역사적 사건을 경험해야만 했다.

영국에게 수에즈 운하는 '제국의 동맥' 즉, 인도와 극동지역의 식민지로 가는 지름길이었다. 1, 2차 세계 대전 중에 참전국 군대들은 이 운하의 양쪽 제방을 사이에 두고 진영을 쳤으며 1956년에 거의 3차 세계대전 직전까지 치달았던 구소련과 서방세계의 분쟁의 초점 역시 이 수에즈 운하였다.

수에즈 운하의 중요성은 이 운하가 서양과 동양간에 가장 짧은 항해로를 제공한다는 데 있다. 예를 들어, 유럽의 배가 아프리카의 희망봉을 돌아 페르시아만에 도착하려면 약 17,200킬로미터를 항해해야 되지만 이 운하를 통과할 경우 약 7,240킬로미터로 항해 거리가 줄어든다. 시간과 거리의 단축은 곧 이 운하를 통행하는 선박의 경제적, 전략적 이익을 의미하는 것이다.

사업적인 면에서 보았을 때 이 운하는 어느 누구도 포기할 수 없는 중요성을 지니고 있다. 수에즈 운하는 서구의 공업 국가들과 남반구와 아시아 사이의 교역노선이 되었다.

북쪽으로 향하는 배는 주로 군사 산업단지에 공급할 원료, 즉 말레이시아의 고무, 호주의 양모, 스리랑카와 인도의 홍차, 아프리카의 구리와 기타 광물자원, 아랍의 석유 등을 운송한다. 한편, 유럽과 미국의 공업 제품과 가공 제품은 수에즈 운하를 통하여 인도 시장과 동남아시아로 흘러들어가는 것이다.

수에즈 운하는 단지 일방 통행식으로만 운행되고 있다. 북쪽에서 오는 선박들은 일단 이 운하의 지중해 쪽 입구인 포트 사이드 항구에서 닻을 내리고 지시사항을 기다려야 한다.

포트 사이드 항구는 선박의 종류와 도착 순서에 따라 호송순위를 결정한다. 항공모함과 전함은 언제나 먼저 운하에 진출하고, 그 다음으로 대양 항해 선박, 그리고 기타 여객선이 뒤를 따른다. 가장 뒤에서 따라가는 것은 천천히 움직이는 선박(유조선이나 화물선)이다.

남쪽 행 선박들의 첫 번째 호송단은 새벽 1시에 포트 사이드항을 출발하여 운하의 중간지점에 위치한 그레이트 비터 호수까지 도착한 다음 거기서 다시 지시를 기다린다.

두 번째 남쪽 행 호송단은 아침 7시에 출발하여 이번에는 발라 지역에 도착한 후 닻을 내린다. 한편 주로 석유를 실은 북쪽 행 선박들은 아침 7

시에 수에즈 항을 출발하여 포트 사이드로 향한다.

수에즈 운하의 1/3은 자연호수를 지나게 되는데 팀사 호수, 그레이트 비터 호수, 리틀 비터 호수 등이 그것이다. 운하의 폭은 250~300미터 정도이며 전체 길이는 약 170킬로미터, 깊이는 약 35미터 정도 된다.

운하 전체에 걸쳐 선박들이 동시에 통행할 수 있는 지역은 폭이 넓은 발라와 그레이트 비터 호수 두 지역뿐이며, 운하의 나머지 지역에서는 한쪽 방향으로만 통행할 수 있다. 이러한 식으로 운하를 전부 지나려면 약 15~18시간이 소요된다. 각 선박은 네 대의 바지선의 인도를 받으며 운하를 통과하며 제한 속도가 부과된다. 이 운하를 통과하는 선박의 대수는 매주 평균 약 350대인데 1987년 한 해는 하루 평균 85대가 통과하여 최다 선박 통과의 해로 기록되고 있다.

수에즈 운하를 이집트에게

1956년 워싱턴 주재 이집트 대사 아흐마드 후세인은 델레스로부터 미국이 아스완 하이댐 건설 지원 계획을 철회하려 한다는 것을 전해들었다.

이집트의 *나세르 대통령은 이 사실을 보고 받은 후 그의 평소 스타일대로 즉각 행동을 결정했다. 7월 23일은 혁명 4주년 기념일이었다. 그는 마흐무드 유니스 소령을 불러 부대병력을 동원, 수에즈 운하 회사 사무실을 접수하라고 비밀리에 명령했다.

나세르는 아스완 하이댐의 건설을 위해 오래 전부터 미국의 지원을 기대하고 있었지만 미국의 대답은 확실하지 않았다. 그러나 나세르는 설사 미국의 원조가 없더라도 아스완 하이댐을 건설하겠다는 강한 의지를 가지고 있었다. 그 구체적인 방법은 수에즈 운하를 국유화함으로써 나오는 수익금으로 댐 건설비용을 충당하는 것이었다. 혁명기념일을 맞아 연설하기 불과 몇시간 전 나세르는 각료회의를 열어 그의 계획을 설명했다. 참석자 전원은 아연실색하는 표정이었고 운하의 국유화로 인해 벌어질 사태에

*나세르 대통령 (1918~1970)1952년 군주제를 몰락시키고, 파루크 국왕을 퇴임시켰다. 아랍연합 공화국을 건설하기도 하였다.
이스라엘과 두차례의 전쟁에서 패배하였고 요르단 내전을 중재하였다.

대해 우려했다. 농지 개혁 장관 사이드 마르이가 가까스로 입을 열었다.

"그 결정은 우리가 영국 , 프랑스를 비롯한 모든 서방국가와 직접 전쟁에 돌입하게 되는 것을 의미 합니다"

나세르는 그의 말을 자르듯이 말했다.

"나는 장관에게 싸우라고 말하지 않았소. 전쟁이 발발하면 싸우는 사람은 장관이 아니고 우리의 군대가 될 것이오. "

나세르 대통령의 결의는 대단했으므로 그의 의지를 꺾을 수 있는 사람은 아무도 없었다.

각료회의가 끝난 후 그는 알렉산드리아의 만쉬야 광장으로 가서 그의 가장 유명하고 선동적인 연설을 했다. 그의 특징은 모든 공식적인 연설에서 격식없이 이집트 암미야(방언)를 사용한다는 것이다.

"1854년 11월 7일, 르셉스가 이집트에 와서 사이드 왕을 면담하고 자신이 운하를 건설하겠다고 말했을 때 그는 이 운하가 사이드 자신은 물론이고 이집트 전체에도 많은 이익을 가져다준다고 주장했습니다." 그는 수에

▶이스마일리야 항구.

◀ 나세르 대통령의 연설 장면.

즈 운하의 건설을 계획하고 감독했던 페르디낭 드 르셉스를 상기시켰다. "그리고 이에 따라 르셉스는 1854년 11월 30일 운하의 건설권을 따냈으며 1856년에는 운하건설회사가 설립되었습니다. 이집트는 44%의 주식을 보유하는 대신 이 운하 회사에 몇 가지 의무사항을 이행해야 됐는데 그 중에 하나가 노동력을 제공하는 것이었습니다. 이 공사 기간중 우리 이집트 노동자가 12만 명이나 사망했습니다."

그의 목소리에 점점 힘이 들어가기 시작했다.

"그런데 운하가 이집트에 봉사하기는커녕 오히려 이집트가 운하에 예속되었습니다. 1866년 2월 22일의 협정서 제 16조는 '수에즈 국제 운하 회사는 이집트의 것이므로 이집트의 법과 관습에 따른다'라고 명시하고 있습니다. 정말 그렇습니까? 지금까지는 전혀 그렇지 못했습니다. 이 회사는 우리 나라 안에 있는 또 다른 나라로 자신을 간주하고 있는 것입니다."

나세르에 따르면 영국은 이집트의 44% 지분마저 빼앗아 갔다. 운하의 소득은 1955년에 3500만 영국 파운드, 즉 1억 달러였는데 그 중에서 이집트가 챙긴 돈은 어이없게도 3백만 달러로 불과 3%에 불과했다. 영국은 이

▶확장공사중인 수에즈 운하.

집트로부터 매년 1억불을 가져갔지만 향후 5년 동안 이집트에 대한 원조액으로 고작 7천만 달러만을 책정해 놓고 있었다.

수에즈 운하의 연간 소득 1억 불을 이집트가 독점할 경우, 5년 후면 5억 불을 벌게 될 것이고 그렇게 되면 아스완 하이 댐의 건설을 위해 미국의 원조에 의지할 필요가 없을 것이라고 나세르는 생각했다. 그는 하이 댐을 이집트의 돈으로 건설하자고 역설했고, 운집한 군중은 그의 연설에 진한 감동을 받았다. 그가 연설을 끝마칠 무렵, 이집트 군대는 이미 수에즈 운하를 접수하고 있었다.

영국과 프랑스는 이스라엘과 함께 곧 군사력을 동원하여 운하에 대한 공격을 개시했으나 세계의 여론은 이미 나세르에게 충분히 유리하게 전개돼 있었다. 국제적인 여론은 3국의 공격(소위 3국 간섭)을 표리부동한 웃음거리로 만들었고, 시들어가는 대영제국은 국제 여론에 굴복하여 운하에서 군대를 철수해야 했다.

이집트가 운하를 국유화하자 그때까지 운하를 운영해 오던 영국은 당연히 불만이었다. 영국은 많은 선박을 한꺼번에 통행하게 하여 이집트인들이 이 운하를 운영할 자체 능력이 없음을 보이려 했다. 그러나 영국의 계산은 빗나갔고 이집트인들은 한 번의 실수도 없이 모든 선박을 통과시켰다.

운하의 국유화이래, 이집트 소유의 수에즈 운하 회사(SCA: Suez Canal Authority)는 가장 효율적이고 수익성이 뛰어난 운영을 하는 공사公社로 인정받고 있다. 이 운하의 본부는 현재 이스마일리야에 있다.

미래에 독점은 없다, 위협받는 수에즈 운하

영국 수상 이든Eden이 한 때 "대영 제국의 자동문"이라고 일컬었던 수에즈 운하는 오늘날 이집트 경제의 생명줄이다. 1967년과 1973년 두 차례의 아랍·이스라엘 전쟁 때문에 운하가 약 8년간 폐쇄된 적도 있었지만 1992년 한해에만 16,629척의 선박이 운하를 통과하여 18억 6천만 불의 외화를 벌여들였다. 그러나 10년간의 폐쇄를 끝내고 1975년에 운하가 재개통된 이래 과거에 빈번했던 유조선의 출입은 꾸준히 줄고 있다. 60년대에 운하 수입의 70%를 차지했던 석유 수송은 이제 30~35로 하락했다. 현재 통과하는 대부분의 상품은 마른 화물이다. 운하의 수입의 감소를 초래한 주원인은 수송 양식의 변화이다.

원유의 경우, 예전에는 초대형 유조선에 의한 운송이 대부분이었으나, 지금은 주로 파이프에 의한 송유를 하고 있다. 시베리아 횡단 철도 역시 수에즈 운하의 이익을 감소시키는 요인이다.

수에즈 운하에 도전하는 것들은 많다. 수에즈 운하와 경쟁할 가장 야심찬 계획 중에는 북극의 얼음을 깨고 새 항로를 개척하려는 계획도 있다. 물론 아프리카의 희망봉도 경쟁대상이다. 또 이스라엘의 엘리아트에서 지중해 연안의 아슈칼론까지 놓인 이스라엘의 원유 파이프가 재활성화할 경우에 대비해 운하의 통행세를 인하해야 한다는 우려의 목소리도 있다.

"미래에 독점은 없다. 우리는 다른 길과 가격 전쟁을 벌이게 될지도 모른다."라고 수에즈 운하 회사 사장은 말한다. 수에즈 운하 회사는 이 곤경을 타개할 계획으로 일본과 벨기에의 도움을 받아 운하를 깊이 1미터, 폭 30미터를 더 확장하는 공사를 벌이고 있다. 이 공사를 완공하면 지금까지 너무 거대하여 통과할 수 없었던 대형 선박들 예를 들어, 최대 톤수 12만 톤에서 최대 톤수 16만 톤까지의 유조선도 운하를 통과할 수 있다.

▼수에즈 운하.

4. 수에즈 운하의 수문장 두 도시 이야기

수에즈 운하의 건설을 시작하던 당시 이집트의 통치자는 사이드 파샤였으나 그는 공사가 한창 진행중에 사망하고 그의 뒤를 이은 조카 이스마일 파샤가 완공을 지켜보았다. 이스마일 파샤는 두 가지로 유명하다.

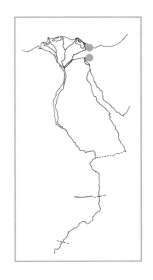

하나는 이집트를 파산지경으로 몰고 간 그의 사치와 허영이고, 다른 하나는 광적일 정도로 유럽풍을 좋아했다는 것이다. 특히 이스마일 파샤는 프랑스 것은 무엇이든지 찬사를 아끼지 않았다. 그는 1867년 파리 만국박람회를 구경한 후 다마스커스, 바그다드와 함께 천일야화의 도시인 카이로의 도로가 미로처럼 골목길들이 많다하여 건물들을 철거하고 파리처럼 만들었던 장본인이기도 하다.

그는 운하 건설에 종사하던 기술자들과 노동자들이 살던 도시를 자신의 이름을 따 이스마일리야로 불렀고, 운하의 북쪽 지중해변의 도시는 그의

▶이스마일리야 시내에 버려
진 이스라엘의 탱크. 수에즈
전쟁의 잔해이다.

숙부 사이드 파샤의 이름을 따 포트 사이드(사이드 항)라고 부르도록 했다.

그러나 그의 이름을 딴 이스마일리야에는 광적인 그의 유럽풍 애호를 충족시켜줄 만한 것이 하나도 없었다. 1869년 그는 수에즈 운하의 개통식에 즈음하여 프랑스 황후 외제니와 많은 유럽의 명사들을 위해 이스마일리야에 궁전을 지었다. 또한 역사적인 첫 번째 선박의 운하 통과를 구경하기 위해 이스마일리야에 몰려 올, 수많은 유럽인 관광객들을 위해 오락과 편의 시설의 건설에 거금을 소비했다. 그의 노력으로 1800년대에 이스마일리야는 수도 카이로와 이집트 제2의 도시 알렉산드리아에 버금가는 서구식 도시가 되었다.

이스마일리야의 도로는 유럽식으로 넓고 곧게 건설되었으며 호텔, 백화점, 식당 등과 같은 건물들이 빽빽히 들어섰다. 거리에는 유럽식 정장을 입고 모자를 쓴 사람의 수가 이집트 전통복장인 갈라비야를 입고 따르부쉬(터키식 모자)를 쓴 사람보다도 많았다. 전화와 가스 파이프는 다른 이집트의 대도시보다 훨씬 이전에 설치되어 있었다.

▶이스마일리야 **북부**. 칸타라의
운하에 페리가 지나가고 있다.

아름답고 편리한 호반의 도시 이스마일리야에 시련이 시작된 것은 이스
마일 파샤가 사망한 뒤부터였다. 그는 죽었지만 새 도시의 건설에 쏟아부
은 천문학적인 외채는 영국으로 하여금 채권 확보를 위해 이집트에 대한
통제를 더욱 강화하게 만들었다.

열렬한 민족주의자였던 이집트 육군 대령 아흐마드 오라비는 이러한 영
국의 간섭에 저항했으나, 1882년 영국은 군대를 이스마일리야에 주둔시
키고 아흐마드 오라비를 실각시킨 후 사실상 이집트를 점령하였다. 이렇
게 하여 시작한 영국의 이집트 통치는 1936년 영국군이 철수함에 따라 종
료되지만, 운하지역에는 영국의 군대가 그대로 남아 있었다.

제1차 세계대전과 제2차 세계대전 기간중에 영국은 인도로 가는 귀중
한 항로 수에즈 운하를 확보하고 선박의 통행을 유지하기 위해 싸웠던 반
면, 독일은 영국의 이익이 되는 운하를 봉쇄하려고 하였다. 그래서 또 한
번 이집트는 열강들이 벌이는 세력다툼의 각축장이 되었다.

제2차 세계대전중 연합국과 동맹국은 지중해 연안의 알라메인을 비롯

한 이집트 내 다른 지역에서 싸워 수천 명의 사망자를 냈으나 그 모든 전투들은 수에즈 운하의 확보 아니면 봉쇄를 위한 싸움이었다.

두 차례의 세계대전 기간중 이스마일리야에서는 지금까지도 이집트의 종교, 사회, 정치에 막대한 영향력을 행사하는 운동이 일어났다. 이른바 *무슬림 형제단 운동이라고 불리는 이 운동은 1928년에 카이로에서 이스마일리야에 온 교육자 하산 엘반나에 의해 시작되었다.

사회보장과 정치분야에서 초기 이슬람 정신에 입각하여 개혁을 해야 한다고 주장한 그는 이스마일리야에 병원과 보건소의 설립, 자선단체의 설립을 위해 노력하였고 1932년에는 다시 카이로에 돌아와 모스크와 두 개의 학교를 건설하기도 하였다.

또 하나, 이스마일리야에서 벌어진 이집트 근대사의 중요한 사건은 1952년에 발생했다. 그 때까지 운하 지역에 주둔하고 있던 영국군은 전후 냉전 시대가 도래함에 따라 구소련에 대항하여 운하를 더욱 확고하게 보존하려고 했다. 반면 이집트는 영국군의 주둔에 불만이었으므로 이에 반대하는 수많은 항의 시위를 벌였다.

이런 상황에서 영국은 반영 시위와 폭동의 본거지임을 주장하면서 이스마일리야에 있던 경찰형무소를 공격하였다. 탄약이 곧 바닥난 이집트군과 중무장한 영국군대가 벌인 이 싸움은 불공평한 싸움이었으며, 50명 이상의 이집트인 사망자를 내고 끝났다. 노벨상 수상작가인 이집트인 나기브 마푸즈(1911~)는 그의 소설 〈가을 메추라기들〉에서 이 싸움을 신랄하게 비판하고 있다.

이스마일리야의 이 대량학살은 곧 카이로의 '검은 토요일' 사건에 불을 붙여 수많은 카이로 시민들이 쉐퍼드 호텔을 비롯한 서구의 시설물을 방화하였다. 그리고 이 과정에서 9명의 영국인이 사망했다.

50년대, 60년대, 70년대 내내 이스마일리야는 이집트와 서구, 이집트와 이스라엘과의 전투에서 항상 중심지였다. 나세르 대통령이 수에즈 운하의

*무슬림 형제단 운동 종교정치 조직으로 코란과 하디스를 중심으로 이슬람 세계의 순수화로 외세를 배척하고 현대 이슬람 사회를 건설하는 것을 주장하였다.

국유화를 선언하였을 때 영국, 프랑스, 이스라엘 3국은 이집트와 전쟁을
선포하였고 이스마일리야는 이 전쟁에서 또 한 차례 심한 폭격을 당했다.

　이른바 3국 간섭이라고 불리는 이 싸움은 수에즈 운하가 이집트의 것이

◀ 이스마일리야의 위치한 르셉스의 저택.

▲포트사이드 시가지.

되어야 한다는 국제적인 여론에 힘입어 이집트의 승리로 끝났지만 운하 변에 위치한 도시들 특히, 이스마일리야의 피해는 극심했다.

이스마일리야가 더욱 심각한 피해를 당한 것은 1967년 이스라엘과 벌인 6일 전쟁에서였다. 시나이 반도를 가로질러온 이스라엘 군대가 운하 건너편에 있던 이스마일리야에 대해 공격을 퍼부은 것이다.

전쟁이 끝난 후 운하지역은 사람이 살지 않는 땅으로 변했고 운하 자체도 봉쇄되었다. 이스마일리야는 버려졌으며 이곳의 주민들은 전쟁을 피해 떠돌아다녔다. 이스마일리야 원주민들이 다시 그들의 집으로 돌아온 것은 1973년 10월 전쟁에서 이집트가 이스라엘에게 부분적인 승리를 거두어 휴전 협정을 체결하면서부터였다.

오늘날 카이로에서 약 120킬로미터 떨어진 이스마일리야는 카이로 시민들이 가장 즐겨 찾는 주말 휴양지이다. 실제로 이스마일리야는 도시라기보다는 전원적인 작은 읍과 같은 분위기가 강하다. 교통체증은 거의 없고 자전거가 더 많이 눈에 띈다.

이스마일리야를 찾는 방문객들이 볼만한 곳이 '니므라 싯타(6번가)'이다. 프랑스풍의 이국적인 주택들이 가득 들어서 있는 이 지역에서는 수에즈 운하를 통과하는 선박들을 가까이에서 볼 수 있다. 또한 운하 건너편에 있는 시나이 반도의 눈부신 은빛 모래 언덕과 운하를 통과하는 거대한 선박이 이루는 조화는 놓치기 아까운 풍광이다.

이스마일리야에서 또 하나 빼놓을 수 없는 곳이 수에즈 운하의 건설을 감독한 르셉스가 살았던 저택이다. 이곳에 들어가려면 수에즈 운하 공사에서 발행하는 특별한 허가증이 있어야 한다. 그 저택의 내부에는 그가 입

▲포트 사이드 항구.

었던 이집트의 전통의상 갈라비야에서부터 그를 운하 공사의 현장으로 태우고 다니던 마차에 이르기까지 전부 전시하고 있다.

포트 사이드

수에즈 운하의 개통과 함께 세계의 주목을 받기 시작한 곳이 포트 사이드이다. 운하가 개통되기 전 지중해변의 포트 사이드(당시 지명으로 엘파르마 el-Farmah)는 이름이 거의 알려지지 않았던 작은 어촌에 불과했다.

포트 사이드는 대영제국의 심장부 영국에서 인도로 가는 길고 지루한 항해길의 마지막 휴게소에 해당한다. 수도 카이로에서는 200킬로미터 정도 떨어져 있으며 인구는 약 26만 명이다.

수에즈 운하의 지중해 쪽 입구인 포트 사이드는 이스마일리야와 함께 이집트가 독립을 쟁취하는 과정에서 외국과 벌인 많은 전투의 주무대였다. 1956년 포트 사이드는 수에즈 운하의 국유화 조치에 불만을 가진 영국의 폭격을 받은 것을 시작으로 전쟁의 상처가 아물새 없이 계속된 전쟁으로 시달린다.

1967년 '6일전쟁'으로 불리는 이스라엘과 전쟁이 끝난 후 운하는 8년 동안이나 폐쇄되었다.

1973년 이스라엘과의 전쟁은 이집트 군에 의해 물대포가 사용된 유명한 싸움이었지만, 시나이 반도와 수에즈 운하를 탈환하려는 나세르 대통령의 계획은 실패로 끝났다. 전쟁이 끝난 후, 운하는 침몰된 선박들로 가득 찼고 1975년 *사다트 대통령에의해 재개통될 때까지 운하를 통한 해상교통은 계속 마비된 상태였다.

포트 사이드에 번영이 찾아온 것은 이스라엘과 평화협상을 벌인 사다트 대통령이 포트 사이드를 '자유무역지대'로 선포하면서부터였다. 사다트 대통령의 이 결정으로 포트 사이드는 수많은 면세점들이 들어서기 시작해 이집트에서 가장 활발하게 상거래가 이루어지는 도시로 발전했다. 오늘날 포트 사이드는 쇼핑을 하려고 이집트 전역에서 몰려온 사람들로 언제나 북적댄다.

포트 사이드는 운하 서편의 포트 사이드와 운하 동편의 자매도시 포트 푸아드로 구성되어 있고 두 지역을 연결하는 다리는 없으나 수시로 오가는 페리로 쉽게 이동할 수 있다.

포트 사이드 도시 전체에 즐비한 상가를 목적 없이 자유롭게 돌아다니는 것은 분명히 인상적인 경험이다. 또 지중해에서 불어오는 시원한 바람을 맞으며 포트 사이드항을 통해 운하로 들어가고 나오는 거대한 선박들을 바라보는 것도 기억에 남는 추억이 될 것이다.

*사다트 대통령 1918~1981) 1970년부터 사망할 때까지 이집트 대통령을 역임하였다. 1978년 이스라엘과 평화정착으로 노벨상을 받았으나 국내 여론이 악화되어 1981년 회교 극단주의자에게 암살당했다.

제4부
은총의 공간

1. 척박한 땅에서 살아가는 사람들

'오아시스'라는 말을 들으면 사막 한가운데 대추야자 나무로 둘러싸인 지역을 연상하는 사람들이 많을 것이다. 또는 며칠동안 물 한모금 먹지 못하고 뜨거운 사막을 걷다가 쓰러지기 직전에 신기루처럼 나타나는 푸른숲과 시원한 물이 있는 오아시스를 그리는 사람들도 있을 것이다.

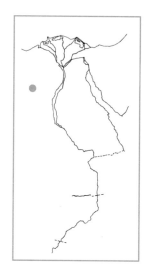

오랫동안 시와 오아시스는 타지역 주민들이 접근하기가 매우 어려웠으므로 우리가 흔히 생각하는 오아시스 즉, '고립된 사막의 안식처'라는 별명에 딱 들어맞는 곳이었다. 시와는 분명 이곳을 찾는 사람들에게 불친절하고 적대적이었다.

기원전 524년 페르시아의 왕 *캄비세스는 아몬 신의 신탁소를 파괴하기 위해 5만 명의 병사를 시와에 파병했다. 그러나 그의 보병군단은 출발지인 카르가 오아시스를 떠난 후 얼마 되지 않아, 단 한 사람도 남김없이 전

▲시나이 반도의 움 아흐바드 샘.

*칸비세스(?~?) BC 525년 이집트를
정복하고 이집트에 머물면서 에티오
피아, 아몬의 오아시스, 카르타고에 대
한 원정을 진행하였다.

*베르베르 족 북아프리카의 토착민으
로 원래는 정착생활을 하였으나 12세
기 아랍계 베두인 족의 침입으로 유목
민이 되었다. 대부분의 베르베르인은
이슬람교도이다.

부 사라지고 말았다. 이 사건은 시와 오아시스로 가는 노정이 얼마나 힘들
고 위험했는지 말해 주는 최초의 기록이다.

외부세계와 오랫동안 고립되어 있었던 까닭으로 시와 오아시스는 이집
트에서 가장 특이한 문화와 풍습을 발전시키고 있다. 언어적으로 대다수
시와 주민들이 이집트의 국어인 아랍어를 쓴다. 그러나 이들은 북아프리
카의 *베르베르 족의 후예들답게 베르베르어 방언을 동시에 구사할 수 있
다. 화려하게 수놓은 쇼울이나 의상, 손으로 짠 바구니와 은세공품, 진흙을
이용한 건축술 등은 다른 어떤 곳에서도 찾아볼 수 없는 특이한 것들이다.

요즈음은 건설기술과 교통의 발달 덕택에 방문객들이 더 이상 모래 폭
풍의 위험을 감수하지 않고도 시와에 갈 수 있다. 옛날에는 300킬로미터

나 되는 길을 14일 동안 낙타에 의지해야 갈 수 있었으나, 지금은 지중해 연안의 마르사 마트루흐에서 냉방이 된 안락한 버스를 타고 포장된 길을 따라 5시간이면 도착할 수 있기 때문이다.

한때 시와 오아시스 주민들은 외국인들에게 적대적이었으나 현재는 환영하는 분위기이다. 주민들도 많이 개방되었다. 12~13살이 넘은 여자들은 과거에 엄격히 집안에 갇혀서 생활해야 했으나, 지금은 비록 히잡(머리를 가리는 천)을 쓴 상태이긴 하지만 동네를 자유롭게 돌아다닐 수 있다. 심지어 방문객을 집안으로 불러들여 자기가 만든 수공예품들을 보여주기도 한다.

버스에서 내리는 곳이 전체 주민 약 만 명 중 6천여 명이 살고 있는 오아시스의 중심 마을이다. 이 마을은 샬리 성채의 가장자리에 위치하고 있는데, 1983년 갑작스런 홍수로 부서졌다는 성채는 현재 방치하고 있는 상태

▼시와 오아시스에 인접한 아구르미의 옛 도시.

▲아구르미 유적의 버려진 성채.

이다. 그러나 이 성채에서 보는 사막의 해돋이와 해넘이는 여행객에게 결코 잊을 수 없는 강렬한 추억을 남겨줄 것이다.

　　오아시스 주민들의 원래 거주지는 샬리로부터 약 4킬로미터 떨어진 아구르미 지역이었다. 이 곳에도 다른 성채가 있었으나 완전히 부서져 현재는 버려진 상태이다. 알렉산드로스 대왕이 찾아와 신탁을 하였다는 아몬 신전이 있었던 곳이 아구르미이다.

알렉산드로스 대왕과 시와 오아시스

기원전 331년 알렉산드로스 대왕이 머나먼 시와 오아시스까지 진군해 온 것은 아몬 신의 신탁을 받기 위해서였다. 그리스 전설에 따르면 페르세우스와 헤라클레스가 모험을 떠나기 전에 신탁을 하였다고 하는데 알렉산드로스 대왕이 시와에까지 온 이유는 아마도 이 때문이었던 것 같다.

　　알렉산드로스의 시와 행군은 여러 가지 기적을 수반했던 것으로 알려져 있다. 행군 도중 많은 비가 내려 갈증에 허덕이는 병사들의 목을 축이게 한 것이 그 예이다.

▶시와의 아몬 신전.

알렉산드로스 대왕의 부하로 시와에 왔다가 대왕이 사망한 후 이집트의 왕이 된 프톨레마이오스 1세에 따르면, 사막 한가운데에서 모래폭풍을 만나 길을 잃고 헤메는데 어디선가 신성한 뱀 두 마리가 나타나 '쉭쉭' 소리를 내면서 길을 안내하였다고 한다. 또 다른 전설에 따르면 뱀이 아니라 큰 까마귀 두 마리가 앞장서 날면서 알렉산드로스와 그의 군대를 시와로 안내하였다고도 한다.

▲시와 오아시스에서 가장 유명한 "태양의 눈" 온천샘.

무사히 시와에 도착한 알렉산드로스는 아몬 신전에서 신탁을 하였고 그가 아몬 신의 아들임을 선언했다. 이로써 대왕은 신왕국 시대 이래로 이집트의 왕들이 보유하고자 했던 '아몬 신의 아들' 이란 칭호를 합법적으로 얻게 되었다.

기원전 323년 아시아의 바빌론에서 사망한 후 그의 시신은 멤피스에 모셔져 40년 동안 안장되었다가 프톨레마이오스 2세때 알렉산드리아로 옮겨온다. 그의 묘가 어디에 있는지는 베일에 가려져 있으나 알렉산드리아 소마 가街에 있다고 믿는 사람들이 많다. 그런가 하면 시와 오아시스에 그의 무덤이 있을 것이라고 주장하는 학자들도 있는데 아마도 그렇게 생각하는 이유는 대왕이 신탁을 행했던 곳이기 때문이리라.

시와 오아시스가 갖고 있는 자랑거리로 따뜻한 물이 솟는 샘들을 빼놓을 수 없다. 이곳에 있는 여러 개의 온천 중에서 '태양의 샘' 은 기원전 5세기경의 유명한 역사학자 헤로도토스가 "아몬 신의 땅에 있는 경이로운 것들 중 하나"라고 불렀던 유명한 샘이다. 태양의 샘 외에 시와에서 가장 크고 깨끗하여 인기가 있는 샘은 '클레오파트라의 샘' 과 '판타스의 샘' 이다. 보글보글 맑은 물방울이 솟아 오르는 온천의 모습은 매우 신기하다.

시와를 방문하기에 가장 좋은 때는 11월에서 4월로 성수기에는 매일 100명 이상의 외국인 관광객이 찾는 명소이다. 5월부터는 뜨겁고 후덥지

▲카르가에서 멀지 않은 카스르 알 구
와다의 제26왕조의 사원.

근할 뿐 아니라 낮에는 파리떼, 밤에는 모기떼가 많다.

시와 오아시스의 지하 암반에서 퍼 올린 생수 '시와'는 맛이 좋기로 유
명하다.

사막 속의 은신처 오아시스

이집트 국토의 95%를 차지하는 사막은 나일강을 경계로 서부 사막과 동
부 사막으로 나뉜다. 서부 사막에는 전부 뉴벨리 주州에 속하는 바흐리야,
다클라, 파라프라, 카르가 오아시스가 있다.

이 네 개의 오아시스는 앞에서 말한 시와 오아시스와 함께 이집트의 대
표적 오아시스로 손꼽히는데 룩소르와 아슈트를 지름으로 할 때 서쪽 반
원에 속하는 지역에 들어가 있다.

▲카르가 오아시스 주변의 고대마을 히비스의 주민.

고대 이집트인들은 나일강에서 멀리 떨어져 있음에도 불구하고 풍부하게 식량을 산출해내는 오아시스를 하늘의 선물이라고 생각하였다. 그들은 오아시스를 '와하트'라고 불렀는데 그 의미는 '가마솥'이다. 아마도 불타는 사막 속 지대가 낮은 부분에 둥글게 자리잡은 오아시스의 형상에서 가마솥을 연상하였기 때문이리라.

카르가 오아시스는 현재 이집트 뉴벨리의 주도州都이다. 오아시스의 중심부에는 *베두인 약탈자들의 습격으로부터 주민을 보호하기 위해 1,000여 년 전 지하에 땅을 파고 건설한 집의 터들이 남아 있다.

땅굴의 천장은 주위에서 쉽게 구할 수 있었던 대추야자 나무 줄기로 덮고 그 위를 흙더미로 쌓았다. 그렇게 함으로써 뜨거운 여름에는 내부를 시원하게 유지하고, 추운 겨울에도 실내를 따뜻하게 유지하였을 것이다. 현재 구 카르가라고 불리는 이 지역은 대부분 방치되고 있으며 일부는 가축

*베두인 중동의 사막지대에서 아랍어를 사용하며 유목생활을 하는 민족.

▲**모래 언덕.** 바람에 의해 많은 양의 모래가 이동해 모래 언덕의 모양이 바뀐다.

의 우리로 사용되고 있다.

박해가 심했던 초기 기독교 시대에 이 오아시스는 외부세계로부터 접근이 어려웠던 점 때문에 기독교인들의 도피처가 되었다.

카르가의 기독교도 묘지인 바가와트는 마을에서 약 5킬로미터 떨어진 곳에 위치하고 있는데 이곳에서 진흙 벽돌로 만든 263개의 무덤 예배소를 발굴한 적이 있다. 박해가 심했던 당시 기독교인들의 주요 매장지였으므로 정확히 언제 것인지 확인할 수는 없으나, 일부 예배소는 3세기 초로 거슬러 올라갈 수 있다고 한다. 흥미로운 것은 구약의 장면들을 묘사한 벽돌인데, 현재 놀라울 정도로 잘 보존되어 있다.

이동하는 모래언덕을 따라

다클라 오아시스는 카르가 오아시스로부터 서쪽으로 150킬로미터 떨어져 있다. 두 오아시스를 연결하는 도로변에는 이동하는 모래 언덕이 있어

▲다클라 오아시스 지역의 마을.

장관이다. 원주민들은 이 이동하는 모래 언덕(혹은 굴러 다니는 모래 언덕)을 '키르드'라고 부른다.

이 하얀 모래 언덕은 계속해서 모양을 바꾸면서 1년에 10~15미터 정도의 속도로 바람과 함께 이동하고 있다. 모래 언덕의 위력은 아름다움 못지않게 대단한 것이어서 마을과 밭을 침식하고 전신주를 모래더미 속에 파묻히게 하는가 하면 트럭을 통채로 삼키기도 한다.

페르시아 왕 캄비세스가 보낸 시와 원정대를 전부 몰살시킨 것도 이 이동하는 모래언덕이라고 보는 사람들이 있다. 실제로 1805년에는 2,000명으로 구성된 낙타 대상隊商이 키르드 때문에 홀연 사라지기도 했다. 오아시스 주민들은 대상이 모래 언덕을 넘어섰을 때, 이동하는 모래 언덕이 덮쳐서 삼킨 것으로 믿고 있다.

▲오아시스의 농부.

카르가 오아시스에서 약 60킬로미터 지점에는 바람과 모래에 의해 자연적으로 형성된 피라미드가 있어 볼 만하다.

다클라 오아시스에서 고고학적으로 매력적인 곳은 무자와카의 로마 시
대 묘지이다. 이곳에는 1세기경으로 소급되는 무덤 두 개가 나란히 있는
데, 로마 시대의 통치자 페토시리스와 그의 부하 페토바스테스의 것이다.
무덤 내벽에 있는 벽화의 그림은 보존상태가 매우 양호하다.

바하리야 오아시스와 파라프라 오아시스는 가장 오지에 있어 접근하기
가 아주 힘들다.

◀시와 오아시스의 남부 지역은 거대
한 모래의 바다를 이루고 있다. 이 모
래 사막으로 인해 몇 세기동안 이 지역
의 탐사와 조사에 방해를 받았다.

2. 가나안으로 간 두 아이의 아버지 모세

시나이 반도는 아프리카에서 아시아로 나가는 출구이고, 지중해와 홍해를 잇는 가교이며, 유럽에서 인도양을 통해 아시아로 나가는 지름길이다. 전체적으로 보았을 때 시나이는 불모의 땅으로 처음 방문하는 사람에게 가까이하기 힘들겠다는 인상을 준다.

실제로 시나이 땅은 경작에 적합하지 않으며 비도 거의 내리지 않는다. 한낮에는 태울 듯이 뜨거운 더위가 계속되다가 밤이 되면 모진 추위가 엄습하는 일교차가 큰 기후가 오랜 세월 동안 계속되어 토양이 매우 황폐해졌다.

그러나 자세히 들여다보면 시나이 반도에 단조로운 사막만 있는 것은 아니다. 시나이 반도는 크게 북부의 사막지대, 중부의 석회암 고원지대, 남부의 화강암 산악 지대로 나뉜다.

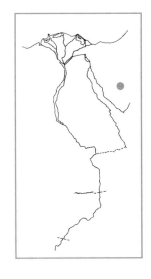

▶인공위성에서 찍은 시나이 반도의
사진.

아리쉬로부터 수에즈 운하까지의 북부는 지대가 낮은, 넓은 사막으로
시리아와 가나안 땅을 정복하기 위해 이집트의 파라오 군대가 지나다녔던
전통적인 길이 이곳에 위치한다. 반대로 힉소스, 앗시리아, 페르시아, 그
리스, 아랍, 터키의 군대 역시 비옥한 나일 계곡을 침략하기 위해 이 북부
사막지대를 횡단하기도 하였다. 성경에 나타난 고센 지방에서 블레셋으로
가는 길이 바로 북부의 사막지대에 위치한다.

삼각형 모양의 시나이 반도 남쪽 끝은 화강암 산맥지대로 이 지역에 성
경의 호렙산(혹은 시내산)이 위치한다. 호렙산은 아랍어로 '자발 무사(모

세산)'라고도 불리는데 남부지역에는 모세산 외에도 캐더린산, 세르발산, 움 슈마르산 등 굵직굵직한 높은 산들이 밀집해 있다.

시나이의 남부 지역은 지금으로부터 약 3,300년 전에 모세와 이스라엘 백성들이 젖과 꿀이 흐르는 가나안 땅을 찾아 방황하였던 곳이기도 하다. 모세와 이스라엘 백성들의 출애굽 경로는 학자들 간에 이견이 있으므로 단정할 수 없으나 북부의 블렛셋 길에는 이집트 국경 수비대가 있으므로 그쪽을 피해 여행자가 적었던 남부의 홍해 길을 택하였을 가능성이 높다.

시나이sinai는 '이빨'을 의미하는 셈어의 sen에서 유래하였다고 하는데 높은 봉우리들이 이빨과 흡사한 것으로 미루어 일리가 있는 주장이다. 시나이란 이름이 원주민들이 숭배한 여러 신들 중 달의 여신 sin에서 유래하였다고 주장하는 사람들도 있다. 시나이의 원주민들이 여러 신들을 숭배한 것은 성경의 내용으로 미루어 알 수 있는데 예를 들어, 모세의 장인이 된 *미디안의 *이드로는 많은 신들 가운데 최고의 신인 엘욘의 제사장이었다. (출애굽기 1:16)

젖과 꿀의 땅, 가나안으로

우리가 잘 아는 모세는 이집트의 관리나 군인들이 찾아나서기 어려운 미디안 지방으로 피신했다. 그곳의 한 우물에서 이드로의 일곱 딸들을 만난 모세는 그 중에서 십보라와 결혼하여 40년 동안 장인과 함께 가축을 치며 살았다. 가축들에게 물을 먹이던 당시의 생활상을 오늘날에도 그 주변에서 쉽게 볼 수 있다.

그러던 어느 날, 떨기나무의 불꽃으로 나타난 하느님이 모세로 하여금 고역으로 한탄하는 이스라엘 백성을 구하라는 명령을 내린다. 모세가 가축에게 먹인 우물(모세 샘)과 하느님이 나타났던 불떨기 나무는 현재 모세산 기슭의 캐더린 수도원 경내에 있다.

4세기경 수도원을 방문한 스페인의 에떼리아라는 여자 순례객은 불타

*미디안 『구약성서』에 나오는 민족으로 아라비아 사막 북서쪽에 있는 아카바 만에 살았다고 하는 유목민족.

*이드로 『구약성서』의 미디안에 제사장으로 모세를 피신시키고 모세의 장인이 되었다.

는 떨기 나무를 다음과 같이 묘사하고 있다.

"이 근처에는 은둔자들이 거주하는 여러 개의 암자와 교회가 있는데 그
곳에 떨기나무가 아직도 살아서 새 싹을 틔우고 있었다. 하나님이 불길로
나타나 모세에게 이야기했다는 바로 그 나무이다. "

이 불떨기 나무 사건으로 모세는 이집트로 다시 들어가 열 가지의 재앙
을 내린 끝에 파라오 바로한테 출애굽 허가를 받게 된다(출애굽기
7:14~11:10). 그리고 모세의 인도로 출애굽한 이스라엘 백성들은 시나이
를 가로질러 약속의 땅 가나안으로 향한 것이다.

모세의 정확한 출애굽 경로는 앞서 말한 대로 학자들 사이에 논란거리
이다. 그러나 성경의 사실을 종합할 때 홍해를 가로질러(출애굽기

▶**11세기경의 모자이크.** 모세가 불떨
기 나무 앞에서 신발을 벗고 있다.

14:21~22), 마라 셈을 지나(출애굽기 15:23~25), 12개의 우물과 70그루의 종려나무가 있는 엘림을 통과하여(출애굽기 15:27), 르비딤(출애굽기 17:1)으로 이어지는 코스가 오늘날의 지명이나 지형에 부합하는 코스인 것 같다.

이집트에 들어가 이스라엘 백성들과 함께 출애굽한 모세는 이집트를 나온 지 50일 후에 호렙산에 도착하여 하느님으로부터 십계명을 받는다. 호렙산(높이 2,250미터)을 이곳의 수도승들은 '성봉聖峰'이라고 부른다.

내 영광이 지날 때 호렙산에 올라

호렙산에 오르는 길은 두 갈래가 있다. 한 길은 수도승들이 고행의 일환으로 만든 경사가 가파른 길로 3,750개의 계단으로 되어 있다. 이 길은 정상에 오르는 지름길이지만 동시에 가파른 길이어서 오르기가 매우 힘들다.

다른 한 길은 오르기가 좀더 쉬운 길로 19세기 이집트 정부에 의해 건설되었는데, 경사가 완만하고 구불구불하여 걸어서 올라갈 수도 있고 수도원 앞에서 말, 낙타 혹은 노새를 타고 오를 수도 있다.

일반적으로 순례객들은 호렙산에 올라갈 때는 구불구불하고 경사가 완만한 길로 오르고 하산할 때는 가파른 계단길로 내려온다. 계단길의 풍광이 구불구불한 길보다 훨씬 좋다.

구불구불한 길을 약 3시간 반 정도 걸어 정상에 오르면 성삼위일체에게 봉헌된 작은 교회가 반긴다. 이 교회의 북쪽에는 하느님이 모세에게 얼굴을 보이지 않는 까닭을 설명한 작은 동굴이 있다.

"또 가라사대 네가 내 얼굴을 보지 못하리니 나를 보고 살 자가 없음이라. …… 내 영광이 지날 때에 내가 너를 반석 틈에 두고 내가 지나도록 내 손으로 너를 덮었다가 손을 거두리니 네가 내 등을 볼 것이요 얼굴은 보지 못하리라."(출애굽기 34:21~23)

모세 이후 약 600년이 흐른 뒤, 이스라엘의 다른 위대한 예언자 *엘리야

*엘리야(?~?) BC 9세기경 히브리 예언자로 이성과 도덕에 입각한 신앙을 주장하였고 이스라엘 백성에게 유일신론을 강조하였다.

▲미켈란젤로의 모세상.

▶호렙산 정상의 기도원.

가 이세벨 여왕의 분노를 피해 이곳 호렙산으로 피난와 동굴에 기거했다. 성경은 이를 다음과 같이 말하고 있다.

"이에 일어나 먹고 마시고 그 식물의 힘을 의지하여 사십 주 사십 야를 행하여 하느님의 산 호렙에 이르니라. 엘리야가 그곳 굴에 들어가 거기서 유하더니 ⋯⋯ "(열왕기 상 19:8~9)

십계명의 호렙산은 하루 중 아무때나 올라도 신비로운 풍광을 감상할 수 있다. 그러나 대개는 새벽 2~3시경 어둠 속에서 등산하기 시작하여 정상에 오른 다음 잠시 휴식을 취하며 일출을 기다린다. 일출과 함께 주위가 차차 밝아지면서 발 아래에 펼쳐지는 기기묘묘한 바위산들의 신비로운 풍광은 평생 잊을 수 없는 감격스러운 장면이다. 이 순간 만큼은 종교를 가지고 있지 않은 사람조차도 무한한 영감에 사로잡히게 한다. 과연 십계명을 받을 만한 영산이라는 생각을 떨칠 수가 없다.

3. 변방을 울린 성녀 캐더린의 기도

모세산 기슭에 위치한 캐더린 수도원은 그리스 정교회 소속의 수도원이다. 유스티니아 황제(527~565) 시대에 건설한 이 수도원은 건설한 이래 1,400년 이상의 세월을 원래 자리 그대로를 지키며 우뚝 서 있다.

수도원은 그 오랜 역사 동안 주변의 정치적 흥망성쇠에도 불구하고 약탈되거나 훼손된 적이 없다. 이슬람의 교조 마호메트, 아랍의 칼리프, 터키의 술탄은 물론 나폴레옹까지도 이 수도원을 보호하였기 때문이다.

313년 콘스탄티누스 대제가 기독교를 공인할 당시 불떨기 나무, 바란 광야, 시내 광야 등 시나이 반도의 곳곳에는 많은 기독교인들이 찾아와 명상과 고독 속에서 영적 순결을 구하고 있었다. 초기의 은둔자들 중에는 거칠고 척박한 광야 생활을 영위하는 도중 배고픔과 갈증으로 쓰러지는 사람들이 많았고, 때로는 호전적인 유목민들에 의해 희생되는 사람들도 많

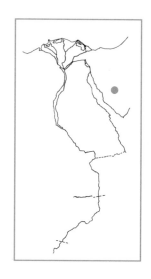

았다.

하지만 이런 악조건 속에서도 불떨기 나무 주위에는 은둔의 수도승들이 계속해서 몰려들었다. 종교적이고 영적인 삶을 살아간 초기의 수도승들은 시나이 반도의 원주민들에게 자연스러운 선교사들이었다. 그들에 의해 무슬림들의 정복이 있었던 7세기까지 대다수 시나이 주민들은 기독교를 받아들였다.

330년 시나이 반도의 수도승들은 콘스탄티누스 대제의 어머니 *헬레나 황후에게 후원을 청원한다. 황후는 그들이 청원을 받아들여 불떨기 나무가 있던 그 자리에 성모 마리아를 위한 작은 예배당을 건설해 주었다.

그러나 시나이 반도의 수도원 역사상 진정한 전환점은 6세기 유스티니아누스 황제가 건축가 스테파노를 시켜 기존의 예배당 둘레에 성채와 같이 높은 외벽을 쌓고 그 안에 큰 교회를 건설하면서부터였다.

▲캐더린 수도원 안의 예배당.

유스티니아누스 황제도 전대의 헬레나 황후처럼 교회와 수도원을 성모 마리아를 위해 봉헌하였는데, 그 이유는 불떨기 나무가 성경의 수태고지를 상징하는 것이었기 때문이다. 다시 말해, 불이 붙었어도 불떨기 나무가 타지 않았던 것은 성령의 불길로 동정녀 마리아가 임신하였으나 불에 타지 않은 것에 비유할 수 있는 것이었다. 유스티니아누스 황제는 또 수도승들을 보호할 목적으로 군대를 보내기도 하였다.

오늘날 대다수의 순례객들은 모세산 정상에서 일출을 보고 하산한 후, 캐더린 수도원을 둘러보는데 현재까지 그 원형을 유지하고 있는 수도원의 외벽은 두께가 1.8미터~2.7미터나 된다. 건설에 사용된 돌은 이 지역에

*헬레나 황후(248?~328?) 그리스도의 십자가를 발견한 사람으로 알려진 로마의 황후 그리스도의 탄생지와 승천지로 알려진 곳에 여러 교회를 남겼다.

▶성녀 캐더린의 유해를 안치한 관.

서 생산하는 화강암이라고 한다.

　수도원의 부지는 산기슭의 경사진 지대이므로 외벽의 높이가 위치에 따라 다르지만 가장 낮은 곳이라 해도 9미터 이상이며, 가장 높은 곳은 18미터에 달한다.

　원래 '현성용顯聖容 수도원'으로 불렸던 수도원이 캐더린 수도원으로 불리게 된 것은 다음과 같은 고사에서 유래한다. 294년 알렉산드리아의 한 귀족 집안에서 '도로시아'란 이름으로 출생한 캐더린은 어린 시절을 우상숭배 학교에서 공부하며 지냈다.

　귀족 집안의 아름다운 처녀로 성장한 그녀는 시리아의 한 수도승으로부터 복음을 듣고 기독교에 귀의하였다. 캐더린은 도로시아의 세례명이다.

　4세기 초 *막시미누스 황제의 기독교 박해 기간중 그녀는 예수에 대한 신앙을 고백하고 공개적으로 황제들의 우상숭배를 비난했다. 황제는 그녀를 설득하기 위해 제국의 각처에서 모은 50명의 현자를 보냈으나 오히려 그녀에게 설득당하여 현자들까지도 전부 기독교를 믿고 말았다. 그녀는

*막시미누스 황제(?~313) 그리스도교를 박해한 로마의 황제로 이교도 정책에 반대하는 그리스도교인들을 불구로 만들거나 탄광이나 채석장으로 보냈다.

결국 모진 고문을 받았으나 당당하게 황제의 가족과 귀족들에게 기독교의 복음을 전했다고 한다.

캐더린은 로마 황제에 의해 마침내 참수형을 당했다. 그러나 사형이 집행된 후 그녀의 시체가 감쪽같이 사라져 버리는 일이 발생했다. 천사들이 그녀의 시신을 시나이 반도의 가장 높은 산봉우리로 나른 것이다. 그녀의 시신은 그로부터 약 300년이 지난 후, 이 지역 수도승들의 꿈에 나타난 천사의 인도로 찾을 수 있었다. 그녀의 시신이 발견된 산의 현재 이름이 그녀의 이름을 딴 캐더린 산(해발 2,610미터)으로 시나이 반도에서는 가장 높다.

놀라운 것은 발견 당시 시신은 수백 년이 경과하였으나 거의 부패하지 않았을 뿐만 아니라 향긋한 냄새가 진동하였다는 것이다. 이 향기는 오늘날까지 계속되는 기적으로, 그녀의 시신은 현재 금관에 넣어져 수도원 안에 보관되어 있다. 캐더린의 순교 이야기는 십자군에 의해 서양에 전파되어 유럽에서는 성자로 존경을 받았다. 그리고 십자군 이후부터 현재까지 '현성용 수도원'이 아닌 '캐더린 수도원'으로 불리고 있는 것이다.

캐더린 수도원으로 들어가는 정문은 옛날에는 성채의 서쪽 벽면에 있었으나 현재는 봉해져 있다. 문 위를 올려다보면 당시의 방어전략이 반영된 통풍구와 같은 구멍이 여러 개 뚫려 있는데, 그 구멍으로 수도원을 약탈하려는 공격자들에게 뜨거운 기름을 퍼부었다고 한다.

옛날 정문의 바로 왼쪽에는 더 작은 다른 문이 하나 있는데 이 문이 현재 사용하는 문이다. 이 입구 역시 오래 전에 만들었는데 내부에 세 개의 철대문을 통해 수도원 안쪽으로 들어가게 되어 있다.

수도승의 숙소와 다른 구조물들은 성벽의 안쪽 면을 따라

▼성녀 캐더린의 성상.

지어졌다. 1951년 수도원의 남쪽 성 벽면에 새 건물이 부속되었는데 이곳에 도서관, 성화 미술관, 식당, 수도원 주교의 숙소가 있다.

불떨기 나무와 납골당

수도원 경내에서 제일 먼저 방문할 만한 곳은 유스티니아누스 황제의 건축가 스테파노가 건설한 교회이다. 542년에 짓기 시작하여 9년 후에 완공된 이 교회는 *바실리카 양식으로 교회의 천장 들보에는 황제와 그의 아내 데오도라, 건축가 스테파노의 이름이 그리스어로 새겨져 있다.

교회당 안으로 들어가는 1,400년 된 나무문의 재질은 레바논 삼나무이다. 문은 네 부분으로 나뉘어져 접히게 되어 있고 각 부분에는 토끼나 사슴과 같은 동물, 새, 꽃과 나뭇잎의 부조가 새겨져 있다. 나무문 위에는 그리스어로 다음과 같은 내용이 기록되어 있다. "이는 여호와의 문이라. 의인이 그리로 들어가리로다(시편 118:20)."

본당 안으로 들어가면 좌우로 12개의 기둥이 서 있는데 각각의 기둥은

바실리카 양식 내부가 끝까지 텅 빈 강당으로 된 직사각형의 건물. 늘어서 있는 기둥들로 구분되는 아일이 딸려 있으며, 기둥들에 아치형이나 수평형의 이음부분이 있고, 그 위에 장식없는 벽이 네이브의 목재 천장을 받치고 있다. 벽 꼭대기 부분에 창문이 있어 햇빛이 교회당 중앙에 비치도록 하였다.

▶캐더린 수도원의 수도사들.

1년의 12달을 상징한다고 한다. 기둥 위에는 특정한 달에 숭배되는 성자들의 비잔틴풍 초상화가 걸려 있다. 각 기둥은 화강암 돌덩이 하나로 만들었는데 기둥머리는 십자가, 깃발, 포도송이 등이 독특한 스타일로 조각되어 있다. 전통적으로 예수를 상징하는 양을 묘사한 기둥머리도 눈에 띈다.

교회 정면의 엡스 교회당 동쪽 끝에 내민 반원형 또는 다각형의 부분에는 예수의 현성용을 묘사한 이른바 '현성용 모자이크'가 화려한 자태를 자랑한다. 6세기 말 유스티니아누스 황제가 죽은 후 수도원 신부들이 만든 것인데 한눈에 매우 우수한 예술 작품임을 알 수 있다.

이 모자이크는 동방교회가 소장한 가장 아름다운 모자이크 중 하나로 예술적으로는 이탈리아의 시비탈리우스 교회나 콘스탄티노플의 하기야 소피아 교회에 있는 모자이크 양식과 비슷하다.

현성용 모자이크는 그 주제를 마태복음 17장 2절에서 빌려온 만큼 예수가 중앙에 서 있고 예수의 좌우에 모세와 엘리야, 발 밑에 요한, 베드로, 야고보의 모습이 있다.

엡스의 끝 부분에는 예수의 12제자, 12명의 예언자, 모자이크 건설 당시 수도원 주교의 얼굴이 그려져 있다. 엡스의 바깥부분에는 원형으로 양각된 모세가 십계명을 받는 그림과 불떨기 나무 앞에서 신발을 벗는 모습이 있어 볼 만하다.

동쪽 창문을 통해 아침 햇살을 받은 모자이크는 보는 이로 하여금 "엿새 후에 예수께서 베드로와 야고보와 그 형제 요한을 데리고 높은 산에 올라가셨더니 저희 앞에서 변형되사 그 얼굴이 해같이 빛나며 옷이 빛과 같이 희어졌더라(마태복음 17:1~2)."라는 구절을 상기하게 해준다.

교회 본당 양쪽으로 늘어선 기둥 뒤로는 각각 세 개씩의 예배소와 성구 보관소가 마련되어 있다. 정면의 엡스 양쪽에는 두 개의 예배소가 있고, 엡스의 제단 뒤에는 불떨기 나무 예배소가 위치한다. 이곳에 들어가려는 사람은 모세가 그랬던 것처럼 반드시 신발을 벗어야 한다.

앞에서 말한 것처럼 이 예배소는 성모 마리아의 수태고지를 기념하기 위해 건설하였는데 성모 마리아가 예수를 안고 불떨기 나무 한 가운데 앉아 있는 모습에서도 이를 알 수 있다.

대개의 제단을 순교자들의 유해 위에 설치하는 것과는 달리 불떨기 나무 예배소의 재단은 나무 뿌리 위에 마련되어 있다. 불떨기 나무는 이 제단으로부터 수 미터 떨어진 곳에 이식되어 자라고 있다.

불떨기 나무는 시나이 반도에서는 유일하게 이곳에서만 자란다. 지금까지 여러 차례 이 불떨기 나무를 다른 지역에 이식하려고 시도하였으나 전부 실패로 끝났다고 한다.

수도원 경내에 있는 도서관은 소장한 필사본이나 성화의 양과 가치 양면에서 바티칸 도서관에 버금간다. 수도원에는 현재 대부분이 그리스어로 기록된 약 3,000개의 필사본을 소장하고 있다고 한다. 필사본의 주제는

대부분 기독교와 관련이 있으나 로마의 교황, 비잔틴의 황제, 터키 술탄의 금 혹은 납인장이 찍힌 역사적 가치가 있는 문서들도 있다.

현재 이 도서관에서 가장 중요한 것은 아마도 5세기경 고대 시리아어로 기록된 복음서 사본일 것이다. 옛날에 이 도서관에는 4세기 것으로 추정되는 그리스어로 기록된 성경(시나이본)이 있었으나 1865년 독일 학자 티센도르프가 빌려 페테스부르크에 간 후 반환하지 않았다고 한다.

이 귀중한 사본은 1933년 영국이 무려 10만 파운드를 주고 러시아로부터 사들여 현재는 대영박물관에 소장되어 있다. 현재 캐더린 수도원 도서관이 소장하고 있는 가장 오래 된 그리스어 복음서는 비잔틴 황제 테오도시우스 3세가 하사한 것으로 연대적으로는 717년으로 소급된다.

수도원 정문을 나오면 바로 맞은편에 오아시스처럼 생긴 정원이 있다. 이 정원은 수도원에서 살았던 수도승들이 지칠줄 모르고 먼 곳에서 퍼온 흙과 산에서 내려오는 눈 녹은 물을 저장하여 어렵게 만들었다고 한다. 정원에는 올리브, 살구, 자두, 체리 등의 과실수를 비롯하여 각종 채소가 자라고 있다.

▶12세기경의 성상화. 흰 옷을 입은 주
교와 수도승들이 사닥다리를 타고
천국에 오르고, 죄를 지은 사람들은
악마가 잡아 떨어 뜨리고 있다.

정원 한 켠에는 납골당을 안치하고 있다. 캐더린 수도원에서 생활하다
죽은 수도승들의 두개골과 뼈를 차곡차곡 쌓아 놓은 기괴한 형태의 납골
당이다. 캐더린 수도원 외에 시나이 반도에 있는 다른 수도원들에도 죽은
수도승의 뼈와 두개골을 쌓아 놓고 있는데, 아마도 흙이 별로 없는 땅에

◀불떨기 나무 예배소.

무덤을 파기가 어렵기 때문인 것으로 생각된다.

　정원을 출입할 때마다 지나치는 이 납골당의 주검들을 보면서 수도승들은 항상 죽음이 자신들의 곁에 있음을 상기하며 더욱 열심히 수도에 전념하지 않았을까.

　납골당에는 6세기경에 살았던 스테파노라고 하는 수도승의 유골이 있는데 보기에 섬뜩하다. 유골은 수도승이 입는 검은 가운을 걸치고 검은 모자를 쓰고 있는데 모자의 정면에는 하얀 십자가가 그려져 있다.

글을 마치며

'이집트는 나일강의 선물'이라고 할 때 '선물'은 일반적인 선물의 개념이 아니다. 그도 그럴 것이 이집트는 나일강이 주어도 되고 안 주어도 되는 선물이 아니라 나일강이 이집트 자체이기 때문이다. 부언하면 나일강은 이집트와 이집트 사람들에게 필요충분조건이며 존재의 근간이 된다. 이런 맥락에서 볼 때 이집트는 '나일강의 선물'이 아니라 '이집트가 곧 나일강'이라고 해야 더 정확할 듯 하다.

사실, 예로부터 지금까지 이집트인들은 나일강을 벗어나서는 살 수 없었다. 어쩔 수 없이 나일강을 잠시 떠나야 했던 사람들이라 해도 반드시 나일강으로 돌아왔다. 당연한 말이지만 이집트인들에게 나일강은 언제나 어머니의 품과 같이 포근한 마음의 고향이었다. 과거에 그랬고 현재에 그렇듯이 미래에도 여전히 나일강은 이집트인들과 함께 할 것이다. 기쁠 때나 슬플 때나 나일강은 언제나 이집트인들과 함께 있으면서 그들의 한탄과 절규를 들어주고 상한 마음을 위로해 주며 같이 기뻐해 줄 것이다.

오늘도 어김없이 나일강의 동편에서 떠오른 태양은 나일강 서편 사막 아래로 진다. 눈을 돌리면 그 태양 아래 오천년 역사의 이야기를 담은 나일강이 유유히 그리고 도도하게 흐른다. 나일강은 언제나 우리에게 말한다. 나에게 오너라, 신의 넓은 가슴으로 너를 안아 주리니. 나에게 너의 마음을 열어라. 그러면 내가 보여 주고 들려주리라. 나와 함께 흘러 온 장구한 이집트 문화재의 이야기를 ….

빛고을에서 정규영 씀

연 대 표

왕조 이전 시대 : 기원전 3300~3150

초기 왕조 시대(제1~2왕조)
3150~2690

고왕국 시대(제3~6왕조)
2690~2181

제3왕조(2690~2613)
네브카·사나크트(2690~2670)
조세르(2670~2650)
세켐케트(2650~2643)
세제스(2643~2637)
네페르카레
후니(2637~2613)

제4왕조(2613~2498)
스네푸르(2613~2589)
쿠푸(2589~2566)
제데프레(2566~2558)
카프라(2558~2532)
멘카우라(2532~2504)
쳅세스카프(2504~2500)

제5왕조(2500~2345)
우세르카프(2500~2491)
사후레(2491~2477)
네페리르카레(2477~2467)
네페레프레(2460~2453)

네우세레(2453~2422)
멘카우라(2422~2414)
제드카레 이세시(2414~2375)
우나스(2375~2345)

제6왕조(2345~2181)
테티(2345~2333)
페피1세(2332~2283)
메렌레 1세(2283~2278)
페피2세(2278~2184)
니토크리스(2184~2181)

제1중간기 : 제 7왕조부터 제 11왕조
초기까지

제7왕조~제 10왕조

제11왕조
멘투호텝 1세(2133~?)
안테프 1세
안테프 2세(2188~2069)
안테프 3세(2069~2060)

중왕국 시대(제 11왕조~제 12왕조)
2060~1785

제11왕조(계속)
멘투호텝 2세(2060~2010)
멘투호텝 3세(2009~1997)

멘투호텝 4세(1997~1991)

제12왕조(1991~1785)
아메넴하트 1세(1991~1962)
세소트리스 1세(1962~1928)
아메넴하트 2세(1928~1895)
세소트리스 2세(1895~1878)
세소트리스 3세(1878~1842)
아메넴하트 3세(1842~1797)
아메넴하트 4세(1797~1790)
소벡 네페루(1790~1785)

제2중간기(제 13왕조~제 17왕조)
1785~1570(힉소스 족의 점령)

신왕국 시대(제 18왕조~제 20왕조)
1570~1069

제18왕조(1570~1293)
아호모스(1570~1546)
아멘호테프 1세(1551~1524)
투트모세스 1세(1524~1518)
투트모세스 2세(1518~1504)
하트셉수트(1498~1483)
투트모세스 3세(1504~1450)
아멘호테프 2세(1453~1419)
투트모세스 4세(1419~1386)
아멘호테프 3세(1386~1349)
아멘호테프 4세/아크나톤(1350~1334)

스멘크카레(1336~1334)
투탕카문(1334~1325)
아이(1325~1321)
호렘헵(1321~1293)

제19왕조(1293~1188)
람세스 1세(1293~1291)
세티 1세(1291~1278)
람세스 2세(1279~1212)
메르네프타(1212~1202)
세티 2세(1202~1196)
아멘모세(1202~1199)
시프타(1196~1188)
타우세르트(1196~1188)

제20왕조(1188~1069)
세트나크트(1188~1186)
람세스 3세(1186~1154)
람세스 4세(1154~1148)
람세스 5세(1148~1144)
람세스 6세(1144~1136)
람세스 7세(1136~1128)
람세스 8세(1128~1125)
람세스 9세(1125~1107)
람세스 10세 (1107~1098)
람세스 11세 (1098~1069)

제3중간기(제 21왕조~제 25왕조)
1069~672

제21왕조(1069~945)
제22왕조~제 23왕조(945~715)
제24왕조(730~715)
제25왕조(750~656)

후기왕조 시대(제 26왕조부터 알렉산드로스 대왕의 정복까지): 672~333

제26왕조, 이른바 '사이스' 왕조 (672~525)
네코 1세(672~664)
프삼메티쿠스 1세(664~610)
네코 2세(610~595)
프삼메티쿠스 2세(595~589)
아프리에스(589~570)
아마시스(570~526)
프삼메티쿠스 3세(526~525)

제27왕조: 제1차 페르시아 점령기 525~405

제28왕조: 아미르테(405~399)

제29왕조(399~380)
네페리테스 1세(399~393)
아쇼리스(393~380)
네페리테스 2세(380)

제30왕조(380~342)

넥타느보 1세(380~362)
테오스(362~360)
넥타느보 2세(360~342)

(342~333)제2차 페르시아 점령기(제31왕조라고도 함)
(333~30)프톨레마이오스 왕조 시대
(기원전 30~서기395)이집트, 로마속주
(395~639)비잔틴 시대와 콥트 시대
(639~1517)아랍 시대
(1517~1798)오스만 터키 통치 시대
(1798~1801)프랑스의 이집트 지배
(1801~1881)이집트의 근대왕조 성립
(1882~1936)영국의 군사점령과 통치
(독립이후 1952년)왕정폐지, 이집트 아랍공화국 건립
나세르 대통령 취임
(1958년)이집트 - 시리아 아랍 연방 공화국 결성(1961년 탈퇴)
(1970년)사다트 대통령 취임
(1981년)무바라크 대통령 취임
(1999년)무바라크 4기 대통령 당선.

찾아보기

(ㄱ)
가나안 301, 304 ~ 306
가브리엘 2세 117, 177
가우하르 엘-시킬리 127
갈라비야 282, 287
개구(의)식 56, 60
게브 82 ~ 84
고왕국 시대 18, 24, 46, 83, 117, 140, 146
그레코 로망 박물관 76, 240, 252
기자 16, 21, 46, 110, 135, 137, 140, 143, 144, 146
~ 148, 155, 158, 160, 215, 216, 217, 227, 258, 267

(ㄴ)
나르메르 17, 18, 262
나세르 19, 129, 212
나세르 혁명 129, 212
나일강 13, 16, 17, 19 ~ 21, 23, 28, 29, 35, 36 ~ 38,
53, 76, 81, 85, 86, 88, 94, 96, 99, 101, 124, 126, 128,
129, 131, 132, 137, 148, 150, 151, 157, 179, 180,
191, 198, 202, 210, 215, 221, 227
나트룬 오아시스 167, 225
나폴레옹 52, 79, 149, 162, 190, 205, 235, 244,
250, 252, 255, 256 ~ 259, 265, 268, 308
네페르타리 119, 124
네페르티티 89, 90, 93
네프티스 71, 82, 83, 84
누비아 28, 41, 42, 99, 101, 119
누트 46, 55, 81, 82, 83, 84
눈 82

(ㄷ)
다리우스 왕 271
다라지 197
다윗 182
대추야자 나무 154, 290, 296
데모크라토스 189
데이르 엘-바호리 40, 41, 45, 52, 61
덴데라 10, 75 ~ 78, 81, 240, 242
델타 32, 33, 85, 97, 238, 239
드루즈파 197
디오도로스 시쿨로스 57, 59
디오클레시안 황제 169, 177

(ㄹ)
라마단 달 183
라쉬드 255
라하라크티 120
람세스 1세 35, 52, 111
람세스 2세 25, 29, 31, 32, 35, 41, 52, 63, 66, 67,
86, 87, 88, 105, 111, 114, 115, 119, 120, 164, 214,
216, 221, 223, 270
람세스 3세 10, 23, 52, 158
람세스 6세 63
레바논 삼나무 156, 174
로제타석 252, 255, 257 ~ 260, 262, 263, 265
루이 필립 31, 207

록소르 10, 17, 19, 23 ~ 26, 28, 29, 31, 32, 34 ~ 36,
38, 44, 61, 64, 67, 83, 88, 89, 94, 95, 97, 105, 108,
110, 111, 160, 207, 227, 242, 258, 296
르셉스 227, 267 ~ 273, 276, 277, 285, 286
리파이 모스크 209 ~ 214
린넨 58, 59, 119

(ㅁ)
마가 168, 169, 175, 200
마네토 23, 256
마리아 166, 167, 176, 311, 316
마리에트 40, 146, 223, 225, 226, 227
마물루크 204, 205, 251
마물루크 왕조 129, 190, 201, 204
마슈라비야 195
마스타바 양식 218
마스페로 61, 227
마으문 149
마크리지 201
마태복음 167, 173, 315
마호메트 85, 126, 182, 183, 191, 193
마흐무디야 수로 235
막시미안 황제 170
메르루카 221
메르네프타 39, 63, 115, 164
메소포타미아 161, 165
메이둠 140, 142, 143
메카 86, 126, 208
멘카우라 왕 142, 144, 146, 147
멤논 36 ~ 39, 40
멤피스 10, 18, 19, 29, 52, 81, 163, 214, 215, 217,
218, 222 ~ 224, 226, 243
모세 164, 179, 182, 303, 305, 306 ~ 315, 316
몬타자 궁 253
무스탄시르 197, 198
무슬림 86, 125, 168, 169, 181 ~ 183, 191, 193,
196, 208, 235, 244
무슬림 형제단 운동 283, 284
무앗진 210
무알라카 교회 169, 172, 177, 178
무트 28, 29, 34, 119
무하마드 알리 31, 108, 190, 204, 205, 208 ~ 210,
235, 237, 268, 272
무하마드 압두 190, 191
미라 4, 44, 47, 48, 52 ~ 62, 64, 66 ~ 70, 74, 83, 98,
119, 120, 149, 150, 156, 157, 202, 223, 226, 252
미흐랍 208, 210
민바르 210

(ㅂ)
바 26, 27, 221
바드르 엘가말리 198
바르자완 192
바빌론 성채 124, 165 ~ 167, 171, 181
베두인 292, 297, 298
베드로 149, 315, 316
베르베르 족 292
부하라스파 197
불떨기 나무 305, 306, 309, 311, 314 ~ 316,
319

비방 드농 258

(ㅅ)
사우디아라비아 10, 181, 204
사이드 파샤 227, 272, 273, 281, 282
사자의 서 49, 53, 56, 59, 74, 222
사카라 143, 148, 215, 216, 218, 219, 220, 223,
225, 227
3국 간섭 278, 285
살라흐 엘딘 129, 204
상형문자 24, 45, 66, 70, 83, 96, 108, 135, 163,
222, 223, 243, 250, 252, 254, 256 ~ 260, 262 ~ 266
샬랄 채석장 110
샹폴리옹 74, 223, 252, 255, 257 ~ 266
성모 마리아 교회 177 ~ 180
성 바르바라 교회 169, 170
세누세르트 166
세라피움 221 ~ 226, 246
세베크 24, 25, 97, 98
세트 82 ~ 86, 95, 97
세티 1세 28, 35, 52, 53, 66, 88, 98, 111, 270
세티 2세 29
센무트 43, 45
수에즈 운하 108, 211, 227, 267 ~ 279, 281 ~ 288,
304
쉐누다 3세 169, 170
순니파 186, 193
술탄 하산 모스크 209 ~ 211, 214
슈 81 ~ 83
솔론 189
스네푸르 142, 143
스핑크스 17, 34, 135, 145, 158 ~ 163, 216, 225,
226
스카렙 60, 61
스테파노 311, 314, 320
시나이 4, 168, 286, 288, 292, 303, 304 ~ 306, 309,
311, 313, 316, 318
시리아 32, 35, 41, 52, 85, 93, 111, 126 ~ 170, 183,
197, 201, 260, 265, 304, 312, 317
시아파 186, 188, 193, 196, 198
시타델 129, 204, 205
시와 오아시스 10, 243, 291, 292 ~ 296
신왕국 시대 18, 23 ~ 26, 29, 32, 41, 44, 46, 48,
52, 82, 88, 111, 295
십자군 전쟁 129, 235

(ㅇ)
아누비스 82
아멘호테프 2세 33, 53, 164
아멘호테프 3세 23, 25, 28, 29, 35 ~ 39, 88
아몬 24 ~ 26, 28 ~ 30, 32 ~ 35, 40, 41, 45, 62, 69,
82, 88, 294, 295
아몬 라 25, 28
아므르 브 알아스 181, 184, 187, 235, 248, 271
아바스 왕조 126, 127, 183, 186
아부 사르가 교회 167 ~ 171, 178
아부심벨 10, 17, 101, 114, 115, 119, 120
아부 엘-학가그 32, 33
아부 키르 해전 205, 251, 258, 259
아불 하불 159

이븐 툴룬 모스크 183 ~ 185
아비도스 10, 81, 83, 86, 88, 89, 227
아스완 10, 17, 19, 20, 21, 37, 76, 94 ~ 101, 108 ~
아피스 222, 223, 225
아크나톤 23, 29, 41, 45, 52, 62, 88, 89, 91 ~ 93
아톤 23, 29, 62, 88, 89
아흐마드 오라비 283
아흐마드 이븐 툴룬 127, 183
아흐모스 23, 26, 41, 43
안토니우스 42
알라 182, 196
알렉산드로스 52, 95, 125, 231, 232, 236, 240,
242, 243, 255, 294
알렉산드리아 125, 168, 169, 172, 181, 231 ~
235, 237, 238, 239, 240, 242, 244, 246, 247, 248,
250, 252, 255, 257, 266, 268, 269, 272, 282, 295
알리 모스크 129, 204, 205, 207, 208, 210, 214
영 260
예루살렘 85, 86, 129, 167, 168, 172, 196
에드푸 10, 75, 76, 83, 94, 97, 242
에스나 10, 92, 94 ~ 96
에오스 36, 38
에티오피아 52, 99, 161, 178, 292
엘리펀타인 96, 98 ~ 100, 227
우마위 왕조 126
유다 170
유세프 보쉬나 208
오마르 이븐 엘카탑 125
오벨리스크 31, 34, 35, 40, 105 ~ 110, 207
오스만 터키 129, 162, 190, 201, 235, 250, 257,
271
오시리스 24, 56, 60, 81 ~ 88, 95, 97, 103, 157
오이디푸스 159, 160
올드 카이로 126, 135, 165, 166, 170, 171, 179
와하비 운동 204
왕들의 계곡 10, 41, 44, 46, 48, 53, 60 ~ 64
왕비들의 계곡 48, 52
외베세누프 59
외제니 268, 272, 282
요셉 166, 167
이네니 47
이든 279
이븐 밧 투타 246, 248
이스마일 108, 186, 211, 268, 273, 281, 283
이스마일리야 276, 279, 281, 282 ~ 288
이스마일리야파 197
이스라엘 10, 275, 278, 279, 284 ~ 286, 288, 305
~ 308
이시스 2, 60, 77, 80, 82 ~ 86, 97, 100 ~ 103, 157
임호테프 219

(ㅈ)
장례신전 56, 148
중왕국 18, 23, 166
조세르 왕 219, 221

(ㅊ)
1952년 혁명 253, 254
천사 가브리엘 176
천사 미카엘 176

첨탑 183, 185, 209, 210, 248
출애굽 115, 165, 305, 306
출애굽기 305 ~ 307

(ㅋ)
카 48, 56
카데시 전투 31, 32, 111, 115
카라파 202 ~ 204
카르나크 28 ~ 30, 33, 34, 37, 40, 89, 110, 111,
160, 161, 258
카르투쉬 77, 79, 81, 96, 119, 216
카모스 23
카이로 10, 16, 18, 21, 31, 32, 37, 52, 81, 93, 98,
99, 107, 109, 119, 125 ~ 129, 131 ~ 133, 135, 150,
161, 165, 169, 183, 186, 195, 196, 198, 199, 202,
204, 212, 231, 235, 238, 258, 272, 281, 282, 284,
286, 287
카이로 대학 184, 191
카이사르 42, 77, 233, 246, 252
카이사리온 77, 240
카이트 베이 성채 248, 250, 251
카프라 137, 145, 146, 150, 159
칸 엘칼릴리 135, 199 ~ 202
칼데아어 265
칼릴리 왕자 199, 201
칼케돈 종교회의 169, 182
캄비세스 291, 292, 299
캐너번 경 61, 62, 64 ~ 70
캐더린 수도원 305, 309, 311 ~ 314, 317, 318
쿠푸 137, 143, 146 ~ 53, 156
코란 182, 188, 189, 193, 211, 283
코린토스 159
코린트 양식 173
콘수 28, 29
콘스탄티노플 234, 235, 315
콤 엘슈카파 지하무덤 244, 245
콤옴보 10, 94, 97, 98
콥트교 169, 174, 97, 98
콥트 박물관 165, 171, 178
콥터 93, 95, 99, 225, 262, 265
크눔 신 92, 95, 96
크니도스 247
클레오파트라 42, 76, 77, 106, 231, 233, 238, 240
~ 243, 252

(ㅌ)
탈레랑 257
탈레스 189
태양선 156, 157
테베 10, 19, 23, 24, 25, 28, 29, 37, 38, 41, 44, 48,
52, 159, 227, 258
테오도시우스 황제 256, 262
텔 엘아마르나 29, 88, 89
투트모세스 1세 35, 40, 41, 42, 46, 47, 48, 107
투트모세스 2세 42
투트모세스 3세 33, 35, 41 ~ 45, 52, 53
투트모세스 4세 61, 163, 164
투탕카문 29, 52, 53, 60, 64, 66, 67 ~ 73
투라비 203
툴룬 왕조 127, 183

토트 49, 83, 86, 87, 157, 230
티베리우스 77
팀사 호수 273, 275

(ㅍ)
파로스의 등대 232, 247, 248, 250
파이윰 10, 98, 140, 230
파티마 왕조 127, 132, 134, 170, 183, 186, 193,
194, 195, 197, 198, 199
파피루스 16, 17, 23, 37, 56, 81, 87, 97, 228, 232,
260, 263
펠로폰네소스 159
푸스타트 125 ~ 127, 132, 181, 183, 184, 199, 235
포트 사이드 273, 274, 275, 282, 286 ~ 288
폼페이 246, 247
폼페이우스 240, 244, 246
프타 26, 29, 120, 167, 222, 223
프톨레마이오스 34, 75, 76, 79, 92, 95, 96, 103,
125, 218, 223, 225, 232, 233, 234, 240, 242, 243,
246, 252, 263
프톨레마이오스 1세 243, 247, 256, 295
프톨레마이오스 5세 259
플라톤 189
플루타르코스 23, 84
피라미드 전쟁 162, 258
피타고라스 189
필경사 189
필레 섬 103, 105, 110

(ㅎ)
하기야 소피아 교회 208
하렘 195
하르마키스 159, 163
하워드 카터 61, 66, 68
하킴 193 ~ 197
하피 20, 23, 24, 59
하토르 16, 75 ~ 79, 98, 100, 119, 240
하트셉수트 26, 35, 38 ~ 46, 61, 66, 108, 110
햄 족 17, 215
헤라클레스 294
헤롯 왕 166, 167
헤르도토스 150, 151, 153, 154, 295
헤르모폴리스 81
현성용 모자이크 315, 316
헬리오폴리스 37, 81, 167
호메이니 212
호루스 58, 60, 63, 75, 76, 83, 86, 95, 97, 98, 100
호렘헵 29, 62, 111
호렙산 304, 307, 308
홍해 233, 267, 270, 273, 303, 305, 306
희망봉 202, 271, 272, 274, 279
힉소스 족 23, 25, 26, 304
힛타이트 족 31, 32, 111, 115

문명의 안식처, 이집트로 가는 길

지은이 | 정규영

펴낸이 | 김웅배

펴낸곳 | 도서출판 **르네상스**

1판 1쇄 발행 | 2004년 2월 28일
1판 2쇄 발행 | 2009년 8월 15일

주소 | 110-801 서울시 종로구 계동 140-50

전화 | 02)742-5945

팩스 | 02)742-5948

등록 | 2002년 4월 11일, 제13-760

이메일 | re411@hanmail.net

ISBN 89-90828-06-6 03930